Welcome, 마케터

WELCOME, 마케터

마케팅이 고민인 신입 마케터들을 위한
언제든 꺼내보는 실전 노하우

김예진 신하은 이수진 최기영 한예지 지음

WELCOME, MARKETER

Copyright © 2024 by Mobicareeredu
All rights reserved.

이 책의 저작권은 (주)모비커리어에듀, 저자들에 있습니다. 신저작권법
에 의해 보호를 받는 저작물이므로 무단전재와 복제를 금합니다.

프롤로그

우리는 모두 신입일 때가 있었다.

2022년 중기 신입직 조기 퇴사율 평균 17.1%

신입사원의 조기 퇴사 이유 1위:
"실제 업무가 생각했던 것과 다르다."(45.7%)

(출처: 잡코리아)

신입 때에는 질문을 가장 많이 해야 하고, 할 수 있는 시기라고 합니다. 하지만 머릿속에 떠오르는 사소하지만 막막한 질문을 정말 입 밖으로 꺼내기란 쉽지 않아요. 어느새 우리 사회는 '신입'에게 '기본 이상으로 준비된 직무 이해도'를 기대하고 있기 때문이죠. 신입사원이 실제 업무에 대한 확신을 갖지 못하고 조기퇴사하는 경우가 많아진 건 그래서일까요?

우리는 마케팅 업무에 대한 겉핥기 식의 얘기보다는 '어떻게 하면 신입 마케터의 궁금증과 막막함을 해결해주는 데 정말 도움이 될 수 있을까'에 대해 고민했어요. 그리고 그 해답은 바로 신입사원의 온보딩을 돕는 OJT 자료에서 착안했죠. OJT(On-the-Job Training)란 '직무수행과 병행하는 교육훈련'을 말하는데, 이는 신입의 첫 업무 간접체험이 되어요. 하지만 회사에서 효과적인 OJT 자료를 제공해주지 않는 경우도 있을 뿐더러 신입사원 또한 온보딩의 중요성을 인지하지 못하고 업무에 던져질 때도 있는 현실이죠.

제대로 이루어지지 않은 교육 후 상사의 구체적이지 않은 지시, 그리고 신입 마케터로서 해야 하는 일에 대한 어려움. 이를 해결하기 위해 퇴근 후 마케팅 직무 콘텐츠를 일일이 찾아가며 공부하는 신입 마케터의 마음을 백 번 이해해요. 따라서 『Welcome, 마케터』는 상사가 지시한 혹은 본인이 해야 하는 마케팅 실무에 대한 설명을 신입 맞춤형으로 해주고자 했어요. 정보를 탐색하는 시간도 아낄 수 있도록 마케팅 실제 업무 프로세스의 A to Z를 한 권에 담아냈어요. 광고대행사 모비데이즈의 실제 OJT 자료 내용을 직접 발전시켰고, 차근차근 따라올 수 있도록 쉬운 설명과 이미지도 함께 실었죠. 그리고 이 책을 읽는 독자의 부담을 덜어내기 위해 따뜻하게 설명해주는 선배의 화법을 담았어요.

이 책에 담긴 업무 가이드라인 만큼은 알고 있다면 마케팅의 기본적인 업무를 하는 데 막힘이 없을 것이라 믿는 바예요. 상사에게 눈치 보일 사소한 질문이 아닌, 정말 필요한 질문만 하며 어느새 주도적인 마케터 커리어를 쌓고 있을 여러분의 모습을 희망합니다.

'배우려는 것 자체가 엄청난 성과'
문화가 당연해질 때까지.

- 김예진, 신하은, 이수진, 최기영, 한예지 올림 -

목차

1장
디지털 광고시장 생태계

1-1. 미디어 시장의 이해	16
1-2. 미디어 시장의 주요 플레이어	37
1-3. 광고 진행 플랫폼과 애드 익스체인지	53

2장
기획 및 리서치

2-1. 제안요청서(RFP)	67
2-2. 캠페인 제안 프로세스	84
2-3. 미디어믹스 프로세스	99
2-4. 제안 Back Data	109

3장
디지털 광고 집행

3-1. 메타 광고	121
3-2. 네이버 성과형 디스플레이 광고	163
3-3. 네이버 검색광고	205
3-4. 카카오 비즈보드	250
3-5. 구글 앱 캠페인	276
3-6. 애플서치애드	287
3-7. 논리워드 광고	296
3-8. 리인게이지먼트와 리타깃팅	303

4장
마케팅 데이터 분석

4-1. 마케터가 봐야하는 데이터란?	323
4-2. 광고 데이터	329
4-3. 페이지 데이터	342
4-4. 유입 경로와 데이터 도구	362

1장

디지털 광고시장 생태계

미디어 시장의 이해

SUMMARY
- 미디어는 크게 TV, 라디오, 인쇄 미디어, 극장, 온라인 미디어로 구분
- 온라인 미디어의 과금 체계 -CPM, CPC, CPI, CPA, CPV, CPP
- 미디어 플래닝의 4단계 - 미디어 목표, 미디어 전략, 세부집행안, 미디어 예산

마케터의 기본! 미디어 이해도 높이기

여러분들은 각자 아침에 눈을 떠서 하루 동안 얼마나 많은 미디어에 노출되시는지 아시나요? 외출 준비를 하면서 메신저를 확인하고, TV를 보고, 대중교통을 이용하면서 유튜브와 인스타그램을 많이 볼 텐데요. 우리가 하루에 사용하는 이 모든 매체를 바로 미디어라고 해요. 즉, 우리는 하루 중 절반 이상을 미디어와 함께 있는 거예요.

그러면 사전적인 의미에서 미디어란 무엇인지 아시나요? 사전적으로 미디어는 **'정보를 전송하는 매체'**라고 정의돼 있어요. 마케팅 관점으로 보면 **'목표 소비자에게 도달하기 위한 소통 수단'**이라고 할 수 있어요.

그래서 마케터들은 항상 미디어를 활용해 소비자들에게 어떻게 적절한 카피 메시지를 전달하는지를 고민해야 해요.

마케터의 플레이 그라운드! 미디어 시장이란?

여러분도 아시다시피 과거에는 인쇄 매체가 대중적이었지만, 이젠 모바일 매체가 더 중요해졌어요. 특히 Z세대의 경우는 유튜브나 스마트폰 자체를 미디어로 인식하는 경우도 매우 뚜렷해지고 있다고 해요. 이런 변화는 소비자들의 구매 유형에도 영향을 끼치고 있어요. 예를 들어, 과거에는 인터넷으로 쇼핑하는 소비자들이 많아서 인터넷 쇼핑이나 인터넷 사업이 커졌어요. 그런데 오늘날에는 인터넷 시장보다는 모바일 시장으로 많이 바뀌는 추세예요. 이처럼 모바일의 중요성은 점점 커지고 있죠.

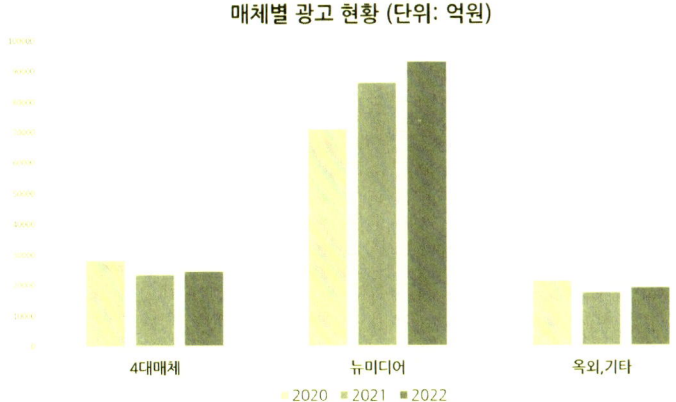

[그림 1-1] 2020~2022년 매체별 광고비 현황이다. 4대 매체라고 불리는 TV, 라디오, 신문, 잡지보다 뉴미디어에 대한 광고비가 지속해서 늘어나고 있음을 알 수 있다. (출처: 문화체육관광부)

미디어별 주요 특징 살펴보기

앞으로 마케팅을 하면서 내가 언제 어떤 매체를 담당하게 될지 예상하지 못하는 상황이 생길 수도 있어요. 그렇기 때문에 우리는 모든 매체의 주요 특징 정도는 알고 있어야 올라운더 마케터로 성장할 수 있겠죠?

미디어는 크게 **TV, 라디오, 인쇄 미디어, 극장, 온라인 미디어** 총 5가지로 구분할 수 있어요.

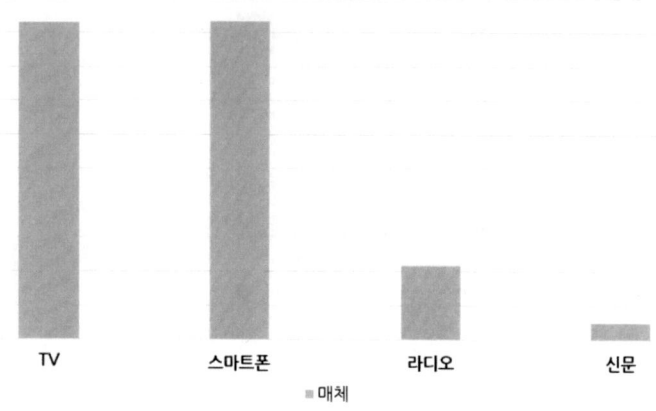

[그림 1-2] 2022년 대중들의 매체별 이용률이다. 스마트폰과 TV가 비슷한 수치로 가장 많이 사용되고 있고 라디오, 신문이 그다음이다. (출처: 방송통신위원회)

먼저 **TV**는 브랜딩을 가장 중요하게 생각하는 광고주들이 많이 사용해요. 하지만 TV는 단가가 꽤 높아서 광고비 부담이 많이 없는 광고주가 아니면 타깃들이 많이 보는 시간대에 광고를 진행하기에는 진입 장벽이 아주 높은 매체예요.

과거에는 공중파 TV가 가장 높은 광고비를 차지했다면, 이제는 케이블 TV도 단가가 많이 올라가고 있어요. 그러다보니 케이블 TV 보다 조금 더 저렴한 IPTV를 많이 활용하고 있어요. 각각 장단점이 있지만 공중파 TV가 제일 트렌드를 반영할 수 있다는 점에서 광고비가 아주 높기 때문에, 우리 브랜드를 알리고 싶다고 생각하는 광고주들은 공중파 TV보다는 IPTV를 활용하면 좋아요.

라디오는 충성도가 높은 청취자들이 많아요. 예를 들어 '김신영의 라디오'를 듣는 청취자는 계속 그 라디오 시간대에 맞춰 듣는 사람들이 많아서 해당 라디오에 광고하면 이 청취자들을 우리 타깃으로 만들 수 있다는 장점이 있어요. 그리고 CM송 같은 것들을 반복적으로 틀다 보면 자연스럽게 브랜딩을 극대화할 수 있는 매체이기도 해요. 이런 장점이 있긴 하지만 아무래도 라디오는 TV보다 소비자의 비중이 상대적으로 적어서 타깃과의 접촉률이 조금 떨어지는 매체라고 생각하면 좋을 것 같아요.

그다음으로 **신문, 잡지 매체**에 관해 설명할게요. TV와 라디오보다는 옛날 매체라고 생각할 수 있는데 그래도 여전히 신문을 보는 사람들이 있어요. 50~60대 연령층이나 회사를 예로 들면 많은 리더가 주로 구독하고 있어요. 그래서 신문 매체에 광고할 때는 리더들이 관심 가질 만한 상품들을 광고했을 때 효과가 가장 좋겠죠?

사실 신문은 타깃팅이 조금 까다로운 매체예요. 그래서 야구 잡지, 패션 잡지 등 비교적 종류가 다양한 잡지를 이용하는 광고주들도 많아요. 종류가 다양하고 타깃층이 분명할수록 더 효과적으로 광고를 할 수 있으니까요. 이런 장점 때문에 잡지에는 다양한 광고가 정말 많이 실려요. 그래서 오히려 많은 광고 중에서 우리 브랜드의 광고가 타깃들의 눈에 가장 잘 띄어야 한다는 점에 많은 신경을 써야 하죠. 이처럼 잡지는 장단점이 분명히 있는 매체입니다.

극장 광고는 영화가 시작하기 전에 상영되는 광고들을 생각하면 돼요. 불이 꺼지고 핸드폰도 잘 보지 못하는 상황에서 큰 스크린에 광고가 노출되면 몰입도가 높을 수밖에 없겠죠? 그래서 극장 광고는 TV 광고보다 단가가 높은 편이에요. 브랜드 인지도를 지금 당장 극대화해야 하는 광고주들이나 브랜드의 트렌드를 대중에게 노출하고 싶은 광고주들이 많이 활용하는 미디어 중에 하나예요.

마지막으로 가장 중요한 **온라인 광고**예요. 온라인 광고는 잘 아시겠지만 트래킹이 가능해요. 이 광고를 통해 얼마나 많은 수익이 났는지, 이 광고를 클릭하고 얼마나 많은 사람들이 우리 사이트에 방문했는지 등등 알 수 있는 사항들이 정말 많아요. 여자 주부, 야구를 좋아하는 사람 같이 세밀하지 않은 타깃팅만 가능했던 잡지에 비해, 온라인 광고는 '15세 이상 남자 중 소득이 20만 원 이상인 사람들' 같이 정교한 타깃팅이 가능해요.

꼭 알아둬야 하는 온라인 미디어의 과금 체계

지금부터는 온라인 미디어를 효과적으로 활용하기 위해 꼭 알아둬야 할 사항들을 알려줄게요.

첫 번째는 **과금 체계**예요. 현업에서 자주 쓰이는 용어들을 표와 함께 간단히 설명할게요. 어렵거나 헷갈리는 용어들은 책 부록에 포함되어 있는 용어집을 활용하면 좋아요. 퍼포먼스 마케터뿐만 아니라 마케터라면 온라인 미디어의 과금 체계 및 용어는 필수적으로 알아야 하는 사항입니다.

용어	뜻
CPM (Cost Per Mille)	1,000회 노출당 비용 전체 광고비 / 노출 × 1,000
CPC (Cost Per Click)	1회 클릭당 비용 광고비 / 클릭수
CPI (Cost Per Install)	1건 설치당 비용 광고비 / 설치수
CPA (Cost Per Action)	1회 액션당 비용 전체 광고비 / 액션수
CPV (Cost Per View)	1회 조회당 광고 비용 광고비 / 조회수
CPP (Cost Per Period)	집행 기간에 대한 광고 비용

[그림 1-3] 온라인 미디어에서 가장 많이 볼 수 있는 과금 체계 용어들이다.

가장 먼저 알려드릴 용어는 **CPM**(Cost Per Mille) 이에요. CPM은 간단하게 말해서 천 회 노출 당 과금입니다. 그래서 1,000회를 노출하는데 우리가 얼마의 단가를 내는지에 대해 생각하면 돼요.

그 다음은 클릭당 과금을 나타내는 **CPC**~Cost Per Click~ 입니다. 1회 클릭당 비용이 얼마나 들었는지에 대한 과금 체계인데, 클릭당 100원의 비용이 들 수도 있고 120원의 비용이 들 수도 있어서 과금 체계에 대한 이해가 정말 중요해요. 마케터는 광고비를 얼마나 효율적으로 쓸 것인지에 대해서 항상 염두에 두고 있어야 하기 때문이죠.

CPI~Cost Per Install~ 는 모바일에서 많이 사용하는 용어예요. 사용자가 앱을 설치한 한 건당 얼마의 비용을 내는지를 뜻해요.

CPA~Cost Per Action~ 는 소비자가 하는 행동 하나당 얼마의 비용을 내는지를 말하는 용어입니다. 여기서 행동이란 소비자의 구매를 뜻할 수도 있고, 회원 가입이나 이벤트 참여 등 모든 것들을 지칭할 수 있어요.

CPV~Cost Per View~ 는 동영상 광고에서 많이 사용하는 과금 체계예요. 소비자가 우리의 영상을 조회하는 건당 얼마의 비용이 드는지를 뜻합니다.

CPP~Cost Per Period~ 는 광고 집행 기간에 대한 비용을 말해요. 예를 들어 광고 집행을 7일간 한다고 할 때 7일 동안 우리가 내야 할 광고 비용을 말합니다.

온라인 미디어의 유형

우리가 현업에서 다루는 온라인 미디어에는 여러 유형이 있어요. 우선 상품 기준으로는 크게 **노출 광고**와 **검색 광고**로 구분할 수 있어요.

노출 광고는 'Display AD'라고도 할 수 있어요. 배너 광고나 동영상 광고, 네트워크 광고, SNS 광고를 가리키죠. Display AD는 **일반 배너, 영상 광고, 네트워크 광고, SNS 리마케팅**이 포함돼 있어요. **일반 배너**는 포털 배너나 커뮤니티에 노출되는 단일 매체 배너를 말해요. 예를 들어 네이버에 들어갔을 때 가장 위에 제일 먼저 노출되는 배너가 바로 일반 배너예요.

일반 배너는 보통 CPM이나 CPP 방식으로 진행합니다. CPP 방식은 기간당 노출 비용이기 때문에 대개 하루나 일주일간 집행해요.

[그림 1-4] 일반배너 (출처: 네이버)

영상 광고의 경우 유튜브를 생각하면 이해하기 쉬워요. 유튜브에 나오는 동영상 광고들이 모두 영상 광고라고 생각하면 됩니다. 영상 광고는 유튜브가 거의 80~90% 이상을 차지하고 있어요.

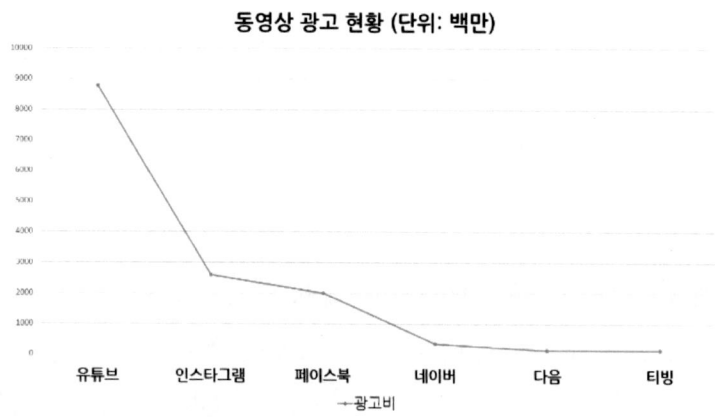

[그림 1-5] 2023년 11월 동영상 광고 현황 (출처: 리서치애드)

유튜브 이외에는 SMR_{Smart Media Representative}이라는 매체도 있어요. SMR은 보통 개인 크리에이터의 동영상을 기반으로 진행하기도 하고 방송국과 제휴하는 경우도 있죠. 방송사에서는 베스트 클립을 선택해 SMR 측에 노출을 해줄 경우 클립 사이사이에 광고가 들어가는 형식이에요. 그래서 유튜브광고만 돌려도 좋지만 유튜브와 SMR을 같이 사용하는 게 좋아요.

영상 광고는 CPV 과금 방식을 많이 사용하지만 CPM 방식으로 하는 상품도 있어요. 아니면 조회하거나 클릭했을 때 비용이 나가는 **CPVC**_{Cost Per View or Click} 과금 형식도 사용합니다. 영상 광고는 상품마다 과금 방식이 다르기 때문에 꼭 확인하고 진행하는 게 중요해요.

이제 **네트워크 광고**에 관해 설명해 드릴게요. 네트워크 광고는 **온라인 네트워크와 모바일 네트워크** 총 두 가지로 나눌 수 있어요.

먼저 **온라인 네트워크**에 대해 알려드릴게요. 우리가 하나의 매체와 계약을 했는데 광고는 다양한 지면에 노출될 때가 있어요. 이런 경우를 네트워크 광고라고 생각하면 됩니다. 예를 들어, 저희가 A라는 매체와 광고 계약을 했을 때 광고가 A사 지면에만 노출되는 것이 아니라, A사와 계약을 맺은 수많은 하위 매체에도 함께 노출되는 거예요.

네트워크 광고를 진행하면 계약은 한 매체와 했지만 여러 지면에 광고가 노출돼 다양한 타깃들이 우리의 광고를 접할 수 있다는 장점이 있어요. 네트워크 광고는 상품마다 차이는 있지만 보통 CPC 방식으로 진행되고 있습니다.

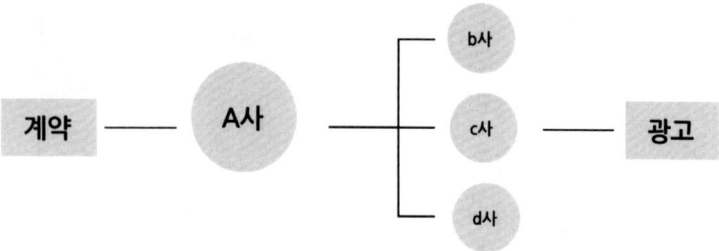

[그림 1-6] 온라인 네트워크의 구조

 이번엔 **모바일 네트워크**에 대해 알아볼까요? 모바일 네트워크는 단어 그대로 모바일에 특화된 네트워크 광고라고 생각하면 됩니다. 모바일 네트워크는 **리워드 광고(보상형 광고)와 논리워드 광고(비보상형 광고)**로 구성돼 있어요. **리워드 광고**는 광고를 본 사람에게 우리가 리워드를 주는 형식이에요. 예를 들어 '캐시 슬라이드'는 광고를 보면 유저에게 돈이나 음료 쿠폰 등을 제공하죠? 이런 형식이 바로 리워드 광고를 말해요.

 반대로 **비보상형 광고**는 소비자에게 리워드를 주지 않는 형식을 말하겠죠? 한국에서는 특히 보상형 광고의 시장이 많이 커지면서 보상형 광고를 구분하기 위해 보상형/비보상형 광고로 부르기 시작했어요.

 SNS 광고는 우리에게 너무나도 친숙한 인스타그램, 페이스북, 트위터 등을 떠올리면 됩니다. 이런 SNS에서 집행하는 광고를

SNS 광고라고 하는 거예요. SNS 광고는 보통 CPM과 CPC 방식으로 판매가 되고 있어요.

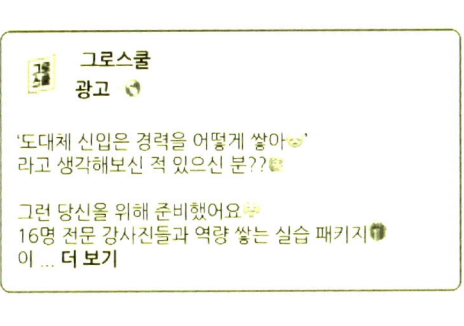 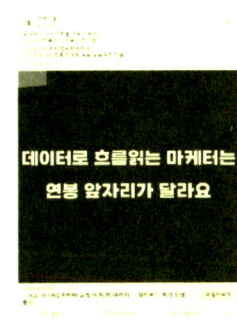

[그림 1-7] SNS 광고 (출처: 그로스쿨 페이스북 광고)

리마케팅 광고는 네트워크 광고를 집행하는 매체들이 많이 사용하는 타깃팅 중 하나예요. 리마케팅의 예를 들자면 화장품 이커머스 사이트에 들어갔다가 상품을 몇 개 보고 구매를 하지 않은 다음 사이트를 닫았다고 가정해 봅시다. 그리고 인터넷 기사를 보던 중 아까 봤던 화장품의 광고가 노출되는 것이 리마케팅이에요. 우리가 봤던 상품들을 다시 노출하고 웹사이트로 재유입시키면서 결국엔 구매까지 이어지게 하는 거죠. 그래서 리마케팅은 보통 웹사이트 유입이나 신규설치 목적으로 광고하기보단 구체적인 이벤트(회원 가입, 구매 등)를 위해 사용하는 경우가 많아요.

리마케팅의 상품은 크게 두 가지로 나눌 수 있어요. 바로 **피드**

형 상품과 **배너형 상품**입니다. 피드형 상품은 우리가 봤던 상품이 자동으로 단순히 노출되는 것을 말해요.

배너형 상품은 배너를 제작해서 배너를 노출하는 형식입니다. 각 상품마다 장단점은 있겠지만 보통 리마케팅을 할 때는 피드형 상품을 많이 선호하는 편입니다. 하지만 브랜딩을 정말 많이 해야 한다거나 브랜드 할인이 크게 들어갈 때는 고정 배너형 상품을 많이 사용해요.

과거에는 네트워크 광고에서 적은 비중으로 리마케팅 광고를 진행했지만 요즘엔 네트워크 광고를 하는 매체들은 거의 리마케팅 광고를 진행하고 있어요. 그래서 리마케팅 광고가 점점 더 발전하고 세분화되기 시작했어요. 온라인 앱 리마케팅이 그 예죠.

다음은 'Search AD'인 **검색광고**예요. 검색광고는 네이버나 구글 등 포털 사이트에서 어떤 키워드를 검색했을 때 나오는 광고들을 말해요.

검색 광고는 크게 **포털 검색광고와 브랜드 검색광고**로 나눌 수 있어요. **포털 검색광고**는 아시다시피 포털에 들어가서 키워드를 검색했을 때 상단에 나오는 광고들을 말합니다. 포털 검색광고는 CPC 방식으로 진행하기 때문에 소비자가 광고를 클릭하면 그

순간 비용이 나가는 형식이에요. 그래서 일부 광고주들은 효율이 나지 않으면 광고 종료를 요청할 때도 있습니다.

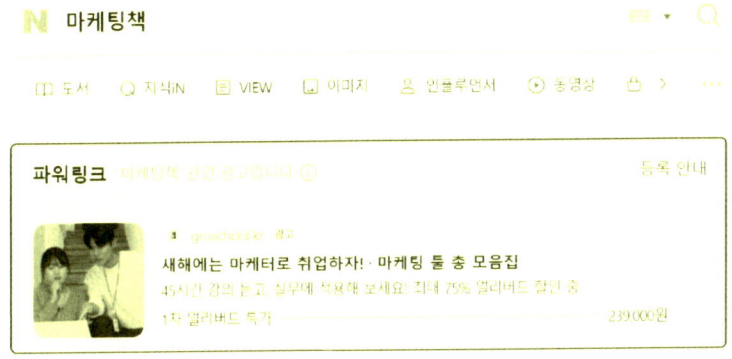

[그림 1-8] 네이버 포탈 '마케팅책' 검색 시 나오는 검색 광고 (출처: 네이버)

브랜드 검색광고는 특정 브랜드를 검색했을 때 나오는 광고예요. 예를 들어, A 화장품을 검색했을 때 하단에 바로 A 화장품 상품들의 이미지가 노출되고, 바로 해당 웹사이트로 랜딩될 수 있도록 하는 게 바로 브랜드 검색광고입니다. 브랜드 검색광고는 아무래도 브랜드를 한 번 인지하고 바로 검색하는 소비자들이기 때문에 구매나 회원가입, 전환율 등이 굉장히 높은 상품이에요. 하지만 소비자들이 이 브랜드를 정확하게 기억하기까지를 생각한다면 비단 브랜드 검색광고만으로는 어렵겠죠.

일부 광고주들은 효율이 좋은 브랜드 검색광고만 진행하겠다고 하는 경우도 있어요. 하지만 소비자가 해당 브랜드를 알게 되기까지 어떤 경로와 광고를 통했는지 고민해야 브랜드 검색광고와 시너지 효과를 낼 수 있답니다. 이외에도 기타로 분류되는 여러 유형의 광고가 있어요.

기타 광고에는 **바이럴 광고, 웹툰 광고, 사전 예약 매체**가 있습니다. **바이럴 광고**는 A 브랜드를 검색했을 때 블로그나 관련 커뮤니티 등에서 A 브랜드에 대한 정보만 나오는 경우를 말해요.

만약 A 브랜드를 검색한 소비자가 있다고 가정해 봅시다. A 브랜드가 궁금했던 소비자가 포털에 검색하자 B 브랜드의 정보만 얻을 수 있다면 소비자는 'A 브랜드는 별로 좋지 않은 브랜드구나'라고 생각할 수 있어요. 그래서 A 브랜드 위주로 작성된 포스트, 블로그, 기사 등이 검색창에 노출될 수 있도록 작업을 대신 해주는 것이랍니다.

웹툰 광고는 네이버 웹툰을 예로 들어볼까요? 네이버 웹툰 맨 하단에 노출되는 배너나 모바일로 웹툰을 봤을 때 큰 화면으로 노출되는 배너등 웹툰에서 노출되는 모든 광고가 해당되요. 최근엔 웹툰 내에서도 PPL을 하는 경우도 있어서 다양한 방면으로 상품이 노출될 수 있다는 점을 기억해 두면 좋아요.

사전 예약 매체는 게임에서 많이 사용하는 매체에요. 게임은 런칭 전에 사전 예약자를 모집하는 캠페인을 많이 진행해요. 런칭했을 때 대세감을 높이고 앱 스토어 순위를 높이기 위함이에요.

사전 예약 매체는 소비자가 사전 예약을 했을 때 게임에서 활용할 수있는 리워드를 주거나, 그저 재밌어 보일 사전 예약 매체에 무료로 진행하기도 합니다. 그래서 게임을 좋아하는 소비자들은 게임에서 아무 리워드를 주지 않아도 사전 예약 매체를 통해 해당 게임을 예약할 수 있어요.

여기까지 온라인 매체의 여러 유형을 살펴봤는데요. 정말 많은 온라 인 매체를 자세히 살펴본 이유는 바로 다음 파트에서 다룰 예정인 **'미디어 플래닝'** 때문이에요. 신입분들은 아직 다양한 매체를 다뤄보지 않았기 때문에 생소할 수 있겠지만, 기본적인 개념을 알고 업무를 한다면 조금 더 수월하게 진행할 수 있을 거예요.

미디어 플래닝이란?

미디어 플래닝은 광고를 진행할 때 어떤 방식으로 타깃에게 도달하고 미디어를 어떻게 활용할 것인지에 대해 계획을 세우는 것이에요. 무작정 TV 광고 효과가 높을 것 같다고 해서 TV 광고만 많이 돌린다고 좋은 게 아니에요. 한정된 예산 내에서 퍼포먼스를 극대화하는 방법을 고민해야 합니다.

특히 미디어는 트렌드가 계속 바뀌기 때문에 마케터는 급격하게 변화하는 미디어 환경 속에서 미디어를 잘 이해하고 어떻게 대응할지도 함께 고민해야 하죠.

최근 들어 미디어 플래닝이 각 광고 회사 간의 차별화 요인으로 부각되고 있어요. 그렇다면 미디어 플래닝은 어떻게 구성돼 있을까요?

미디어 플래닝은 크게 **미디어 목표, 미디어 전략, 세부 집행안, 미디어 예산 단계**로 구분할 수 있어요.

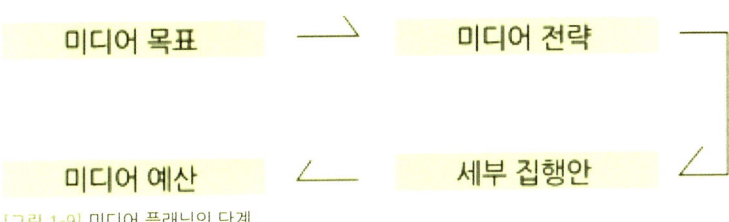
[그림 1-9] 미디어 플래닝의 단계

첫 번째 **미디어 목표**는 단어 그대로 목표, 즉 KPI를 뜻합니다. KPI는 광고주가 정해 줄 수도 있어요. 우리의 KPI가 회원 가입인지, 구매인지 광고주에 의해 정해질 수도 있지만, 대부분의 광고주는 KPI를 제안해달라고 요청하죠. 그러면 마케터는 어떤 KPI를 광고주에게 제안할지 선택해야 합니다.

두 번째는 **미디어 전략** 단계에요. 미디어 목표 단계에서 KPI가 정해진 후 해야 할 일은 미디어 전략을 짜는 일입니다. 어떤 미디어를 사용해야 할 지, 선택한 미디어는 어떤 역할을 하는지를 고민해야 해요. 앞에서 배운 온라인 미디어의 여러 유형을 고려해서 TV 광고를 돌린다면 TV 광고의 역할, 브랜드 인지 효과를 위한 브랜딩 배치 등 여러 사안들을 고려하고 선택하는 단계라고 이해하면 됩니다.

세 번째 단계에서는 **세부 집행안**을 세워야 해요. 먼저 일정을 고려해야 해요. 그 다음 CPM, CPC, CPV 단가도 고민을 해야 합니다. 만약 유튜브를 한다면 6초 동안 진행할지 15초 동안 진행할지 등 세부사항을 계획하는 것이 세부 집행안이랍니다.

마지막으로 가장 중요한 부분인 **미디어 예산**이에요. 예산이 한 달에 500만 원으로 한정돼 있는데 TV 광고를 진행할 순 없겠죠? 그래서 미디어 플래닝을 진행할 땐 예산을 꼭 고려해봐야 합니다.

이렇게 중요한 미디어 플래닝을 세우는 사람들을 바로 **미디어 플래너**라고 해요. 미디어 플래너의 역할은 미디어 플래닝을 어떻게 하면 잘할 수 있을지를 고민하는 것입니다. 미디어 집행을 통해 어떤 목표를 달성할 것인지, KPI, 타깃, 미디어 선택 등 고려해야 할 사항들이 정말 많아요. 기본적으로 미디어 플래닝에서 포함되어야 할 과제들은 다음 표와 같습니다.

미디어 플래닝 과제	접근틀
미디어 집행을 통해 무엇을 달성할 것인가?	Media Goal
누구에게 광고를 전달할 것인가?	Media Target
어떤 미디어를 활용할 것인가?	Media Mix
언제 미디어 집행을 할 것인가?	Media Schedule
어느 매체(수단)에 노출할 것인가?	Media Vehicle
광고위치(초수, Size 등)는 어떻게 할 것인가?	Media Unit
미디어 예산은 얼마나 할 것인가?	Media Budget
어느 지역과 시장에 노출할 것인가?	Coverage

[그림 1-10] 미디어 플래닝 과제와 접근 틀

그렇다면 미디어 플래닝은 어떻게 하면 잘 할 수 있을까요? 답은 '**미디어를 잘 알 것**'입니다. 당연하게 들릴 수 있겠지만 미디어를 잘 알고 목표를 정확히 이해해야 미디어 플래닝을 잘할 수 있어요. 그러기 위해서는 항상 미디어의 변화 트렌드를 인지하고 리드하려는 노력이 필요하죠.

미디어 시장의
주요 플레이어

> **SUMMARY**
> - 광고시장의 구조 : 기업, 시장, 광고대행사 서로 연관
> - 최근 광고시장의 주요 키워드 : '협업'
> - 디지털 광고시장의 규모가 커짐에 따라 디지털 에이전시의 역할 확대

종합광고대행사

광고대행사란 말 그대로 광고 업무를 대행하는 광고 회사예요.

광고시장의 구조는 [그림 1-11]과 같이 기업, 시장, 광고대행사가 서로 관련되어 있어요. 기업은 광고가 필요한 상품, 서비스, 브랜드가 있기 마련이고, 시장에는 광고와 관련된 다양한 업무를 수행할 수 있는 플레이어가 있어요. 이와 같은 시장 환경에서 광고주와 광고대행사라는 관계가 형성된다고 볼 수 있죠.

[그림 1-11] 광고대행사, 기업, 시장의 관계

광고대행사는 브랜드를 광고하기 위한 제반의 업무를 담당해요. 그 업무는 광고 기획, 제작 운영 등 전 단계를 소화할 수 있는 업무를 말해요. 이처럼 **특정 분야에 한정하지 않고 광범위한 영역에 걸쳐서 광고 업무 서비스하는 회사를 보통 종합광고대행사 (종대사)로 분류**하고 있어요.

마케터를 꿈꾸신다면, '제일기획', 'HS애드', '대홍기획'과 같은 굴지의 광고대행사들의 회사명을 들으신 적이 있으실 거예요. 이들이 대표적인 종합광고대행사로 한 가지 공통점은 대기업 계열의 인하우스 에이전시 성격을 지닌다는 점이죠.

그뿐만 아니라 국내에는 여러 글로벌 광고 회사들도 발견할 수 있어요. 현재 글로벌 비즈니스에 적극적이고 성과 차원에서도 많은 광고를 수주해 내며 활약 중인 기업은 대표적으로 TBWA 코리아, 레오버넷, 맥켄에릭슨&유니버설맥켄 등이 있어요.

광고시장의 주요키워드 : 협업

최근 디지털 미디어와 디지털 광고의 빠른 성장은 광고업계에도 큰 변화를 불러왔어요. 그러한 변화를 느끼게 해 준 대표적인 기업이 '차이 커뮤니케이션'과 '그랑 몬스터'가 있어요.

종합광고대행사 역시 새로운 광고 마케팅 전략을 모색할 필요를 느꼈어요. 이 과정에서 종합광고대행사는 디지털 에이전시와 같은 새로운 플레이어들과 경쟁하기도 하고, 각 전문 분야를 나누어 서로 협업하는 사례를 만들기도 했어요.

협업한 사례를 보면, A사의 신제품 출시 IMC 마케팅을 B 종합광고대행사가 맡아서 기획하고, 타깃 소비자 특성을 반영한 디지털 매체의 광고 캠페인은 C 디지털 마케팅 에이전시가 맡는 경우가 있어요. 이는 곧 각 광고회사의 전문성을 반영한 협업이라고 볼 수 있죠.

　따라서 **요즘 광고시장의 주요 키워드는 '협업'으로, 종합광고대행사의 광고 기획 전문성과 디지털 마케팅 에이전시의 디지털 매체 광고 캠페인 운영의 전문성을 존중하는 추세**예요.

종합광고대행사가 맡아서 기획하고, 타깃 소비자의 특성을 반영한 디지털 매체의 광고 캠페인은 C 디지털 마케팅 에이전시가 맡는 경우가 있어요. 즉, 각 광고회사의 전문성을 반영한 협업이라고 볼 수 있어요.

　따라서 요즘 광고시장의 주요 키워드는 '협업'으로 종합광고대행사의 광고 기획 전문성과 디지털 마케팅 에이전시의 디지털 매체 광고 캠페인 운영의 전문성을 존중하는 추세예요.

디지털 광고 시장 현황

최근 디지털 광고 시장은 꾸준히 빠른 성장을 보이고 있어요. 글로벌 미디어 투자사 GroupM(2023, 06)에서 올해 전 세계 광고 시장 규모는 전년 대비 5.9% 성장한 8,734억 7천만 달러(단, 미국 정치 광고는 제외함)에 달하며, 이 중 76.3%에 해당하는 6,668억 5천만 달러가 디지털에서 발생할 전망이라고 발표했어요.

또한, 2022년 12월 한국방송광고진흥공사(이하 Kobaco)가 발표한 '방송통신광고비 조사'에 따르면, 2023 우리나라 디지털 광고 시장 규모는 9조 2,831억 원으로 2022년 일시적인 하락세를 딛고 반등한다는 점에서 글로벌과 궤를 같이할 전망이라고 합니다.

향후 전 세계적 흐름이 지속될 가능성이 큰데, 이에 대해 Statista(2023, 08, 'Statista Market Insights)는 2023~2027년 우리나라 디지털 광고 시장 연평균 성장률을 6.3%로 추정하는 상황이에요.

이렇듯 **국내 디지털 광고 시장 규모가 넓혀지면서 디지털 마케팅 에이전시의 성장 또한 기대**해 볼 수 있어요.

디지털 광고 시장을 더 자세히 살펴보면, 먼저 크게는 기기를 기준으로 PC 광고 시장, 모바일 광고 시장으로 분류되어요.

초기에 PC 광고를 중심으로 디지털 광고 시장이 형성되었고, 이후 스마트폰 사용의 일상화와 앱 비즈니스의 성장에 따라 모바일 광고 시장이 빠르게 성장하고 있죠.

PC와 모바일 기반 인터넷 광고 시장에서는 글로벌과 우리나라 모두 '모바일'이 주도하고 있고, 특히 우리나라는 2019년부터 2022년까지 PC 광고의 역성장이 지속되면서 모바일 의존도가 가파르게 상승하는 양상이에요. 자세한 시장 현황은 [그림 1-12], [그림 1-13] 에서 확인해 볼 수 있어요.

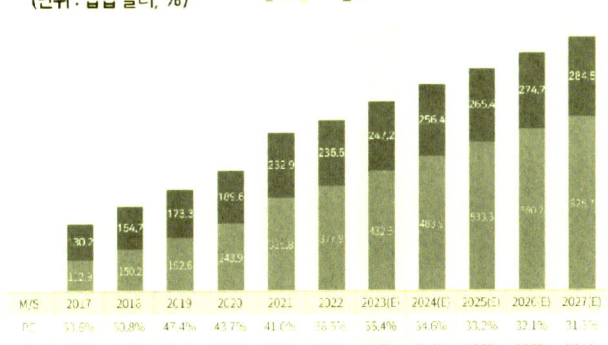

[그림 1-12] 2017 ~ 2027년 전 세계 디바이스별 인터넷 광고 시장 규모 (출처 : Statista, 'Statista Market Insight' (2023, 08), DMC REPORT)

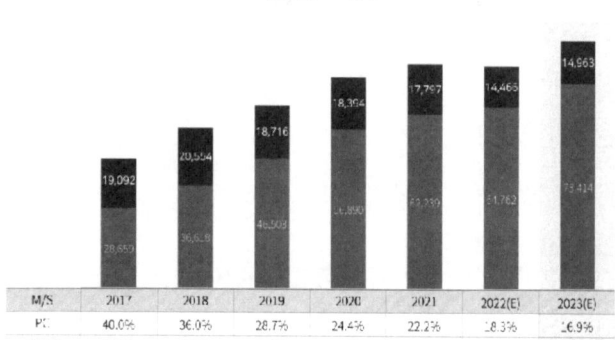

[그림 1-13] 2017 ~ 2027년 국내 디바이스별 인터넷 광고 시장 규모 (출처 : Kobaco, DMC REPORT)

디지털 광고는 광고 유형 상품을 기준으로 검색광고와 노출형 광고로 분류할 수 있는데요. 여기서 검색광고 시장이 오랜 기간 꾸준히 높은 점유율을 유지해 오고 있지만 **최근 동영상 광고와 함께 노출형 광고가 빠르게 성장하는 추세가 주목할 점**이에요. 동영상 광고 시장의 성장은 최근 유튜브 등 동영상 콘텐츠 플랫폼의 성장 사례를 생각해 본다면 쉽게 이해할 수 있을 거예요. 그리고 2023년 전 세계 '노출형 광고' 시장 규모는 3,384억 달러, 대한민국은 5조 3,119억 원으로 추산되고 있죠.

여기까지 본다면 단순히 기술과 디지털 미디어의 발달에 따라 디지털 광고 시장이 자연스럽게 성장한 것으로 이해할 수 있을 것 같아요. 그런데 이보다 더 중요한 점은 **디지털 마케팅 역량을 갖춘 플레이어가 등장해서 시장의 역동적인 성장을 견인했다는 점**이에요. **디지털 마케팅 에이전시, 디지털 또는 모바일 광고 대행사**가 바로 이에 해당하죠.

오늘날 많은 광고주가 디지털 마케팅 에이전시와 협업하는 이유는 앞서 말한 디지털 광고 시장의 확장도 있겠지만, 바로 퍼포먼스 마케팅 때문이에요. 과거 TV, 신문과 같은 광고는 불특정 다수에게 메시지를 전달할 수밖에 없는 매체적 특성이 있었어요.

그러나 디지털 환경에서의 광고주는 직접 타깃 대상의 범위를 좁힐 수 있고, 게재한 광고가 몇 명에게 도달하는지까지 살펴볼 수 있어요. 이렇게 디지털 환경에서 진행되는 광고는 기술적으로 측정할 수 있죠. 이런 측정 가능성 덕분에 디지털 마케팅 에이전시는 고객사별 마케팅 솔루션을 제공하며 광고주와 협업하고 있답니다.

디지털 마케팅 에이전시

디지털 마케팅 에이전시의 마케팅 솔루션 중 하나는 퍼포먼스 마케팅이에요. 광고주가 캠페인에서 원하는 목표를 설정하고, 오로지 목표 달성을 향해 집중할 수 있는 구조를 만들어주는 것이 퍼포먼스 마케팅이에요.

이에 따라 큰 규모의 광고비를 집행할 수 없는 기업들도 퍼포먼스 마케팅을 통해 효과적으로 광고를 집행하면서 투자한 광고비보다 더 큰 매출액을 기록하기도 하며, 과거보다는 마케팅을 통해 보다 손쉽게 성장할 수 있는 길이 열린 것이죠. 특히 **최근에는 각 기업에서 직접 퍼포먼스 마케터를 채용하면서 디지털 마케팅 역량을 개발하는 추세**예요.

사실 오늘날 많은 기업이 디지털 마케팅 에이전시와 협업하는 이유는 퍼포먼스 마케팅 뿐만이 아니에요. 그 이유를 살펴보면 다음과 같아요.

먼저 **디지털 마케팅 에이전시는 디지털 매체를 이해하고 활용할 수 있는 역량이 높아요**. 수많은 디지털 미디어의 다양한 광고 상품에 대한 이해와 운영 레퍼런스를 보유하고 있죠. 이를 바탕으로 디지털 마케팅 에이전시는 광고주에게 디지털 마케팅 과정에 대한 컨설팅을 제공할 수 있어요. 매체 광고를 집행할 때 수수료 등 비용적인 측면에서도 우수한 협상 역량을 보여주죠.

다음으로 **에이전시의 경우 여러 산업군에 걸쳐 캠페인 레퍼런스를 축적**하고 있어요. 수년간 쌓은 데이터와 경험을 바탕으로 광고주에게 필요한 솔루션을 제공하는 동시에 최적화된 디지털 마케팅 전략을 제안할 수 있어요.

마지막으로 **몇몇 에이전시의 경우 애드 테크 솔루션(Ad Tech Solution)을 자체 개발하고 운영하면서 차별화된 기술 서비스를 제공**하고 있죠. '모비데이즈'의 경우, 애드 네트워크(Ad Network)인 '모비 커넥트(MOBI CONNECT)'를 통해 모바일 마케팅 환경에 최적화된 방향으로 매체 운영을 지원하고 있는데요. 모바일 앱 분석 서비스인 'App Ape'를 활용해서 주요 앱 서비스의 성과 지표를 분석하고 인사이트를 도출하고 있어요.

여기서 중요한 것은 '어떠한 플레이어가 활약하고 있느냐'보다는 '지금 시장이 어떠한 구조인가'의 문제예요. 또한 사회가 빠르게 변화하는 과정에서 급부상한 디지털 광고 시장 현황에서도 알 수 있듯이, 앞으로도 어떻게 변화할지 모르는 것이 광고 시장이에요. 그래서 지금의 플레이어가 앞으로도 경쟁력 있는지는 미지수이죠.

따라서 디지털 광고 시장에 관심을 갖고 있다면, 앞서 설명한 디지털 광고 시장의 전반적인 생태계를 조망해보면서 이 시장에서 어떤 가능성과 기회를 취할 수 있을지 고민해 보는 걸 권장해요.

미디어 렙

혹시 '미디어 렙'이라는 단어를 들어봤나요? 광고 마케팅 업계에 많은 관심이 있지 않았다면 생소한 단어가 아닐까 싶어요. **미디어 렙**Media Representative**은 미디어의 대리인**을 뜻해요.

광고주와 광고대행사가 매체에서 광고를 집행하려면 해당 매체의 광고 계좌를 구매해서 운영하고자 할 때가 있어요. 이때 특정 매체는 이 거래 과정에 **중개인**을 두는 경우가 있는데요. 여기서 거래 과정의 중계기업이 바로 미디어 렙입니다.

미디어 렙 회사라는 의미로 '미디어 렙사'로 줄여 부르기도 합니다. 국내 업계에서 대표적인 디지털 미디어 렙사는 네이버 광고 공식 파트너사가 있어요. 미디어 렙사는 특정 매체의 광고 운영에 있어 **'미디어 바잉**Media Buying**'** 즉, **해당 광고 매체를 확보하고 운영할 수 있는 배타적인 지위를 확보한 기업**이에요.

디지털 광고 시장의 주요 플레이어를 종합해서 정리하면, [그림 1-14]와 같아요.

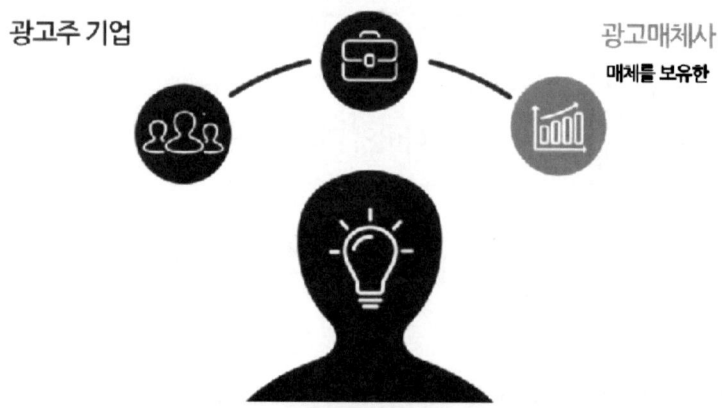

[그림 1-14] 디지털 광고 시장의 주요 플레이어

　광고주 기업은 상품을 광고하는 기업이에요. 이러한 광고주 기업의 광고 전략기획 및 집행과 운영을 전문으로 하는 광고대행사와, 광고매체를 보유한 광고 매체 회사가 광고 시장을 구성하죠. 예를 들면, 국내 시장에서 네이버와 같은 특정 매체 광고 상품의 경우, 미디어 렙사를 통한 미디어 바잉 프로세스를 필요로 해요.

　지금까지 미디어 렙에 대해 알아봤어요. 지난 시간 배웠던 디지털 에이전시와는 어떠한 차이가 있는지 이제 쉽게 이해할 수 있겠죠?

더 알아보기 : 미디어렙사

국내시장에서 네이버는 왜 미디어 렙사를 필요로 하는지 알아볼까요? 그 전에, 미디어 렙의 역할을 일반 디지털 광고대행사와 비교해 보면서 쉽게 이해할 수 있도록 한 가지 문제를 내 볼게요.

스타트업 A사에서 새로 런칭한 제품을 홍보하기 위해 디지털 마케팅을 준비한다고 해봅시다. 빠듯한 마케팅 예산에도 불구하고 신제품의 시장 가치에 자신 있는 만큼 최대한 많은 소비자에게 광고를 노출하기를 원해요. 그렇기에 상품 판매를 촉진하고자 최대한 많은 미디어에서 광고를 운영하고 싶어하죠.

이 A사의 디지털 마케팅 팀 에이스 B 대리는 디지털 에이전시에서 업무 경력을 쌓았는데요. 이전 회사에서 네이버, 유튜브, 페이스북 등 직접 캠페인을 운영하며 역량과 경험을 쌓았다고 해요.

그럼 여기서 문제를 낼게요.

QUIZ

Q1. A사에서 신제품 마케팅 캠페인을 준비하면서, B 대리를 주축으로 디지털 마케팅팀 자체 인력만으로 디지털 마케팅을 진행한다고 해요. 이때 B 대리가 직접 미디어 바잉을 할 수 없는 매체의 상품은 무엇일까요?

(1) 네이버 타임 보드

(2) 페이스북 피드 광고

(3) 유튜브 인스트림 광고

혹시 바로 답이 떠올랐나요? **정답은 바로 1번 네이버 타임 보드입니다!**

물론 A사는 '페이스북 비즈니스 프리미엄 파트너' 또는 '구글 프리미어 파트너' 자격의 디지털 에이전시와 협업할 수 있어요. 하지만 페이스북과 유튜브 광고 운영 시스템상 광고주 기업이 직접 광고를 운영하는 데에는 아무 제약이 없죠.

그러나 **네이버에서 타임 보드 광고 상품을 구매한다고 할 때, 네이버에서 선정해 준 공식 대행사를 중개인으로 꼭 두어야 합니다.** 바로 이 공식 대행사가 미디어렙사예요.

네이버 타임보드는 **보장형 광고 상품**에 속하는데요. 이때 해당 상품은 네이버 DA~Display Advertisement~ 공식 파트너 렙사를 통해 'NOSP(NAVER Open Sales Platform)'라는 플랫폼에서 구매와 운영이 가능한 구조이기 때문이에요.

이러한 프로세스와 관련해서는 의견이 분분해요. 하지만 미디어 렙사를 보유한 것의 장점은 **이들을 통해 전문적이고 효율적인 광고 운영이 가능하다**는 거예요. 미디어 렙이라는 전문가를 통해 광고를 운영하므로 일정 수준 이상으로 높은 퀄리티의 광고 운영이 가능해지기 때문이죠.

지금까지 미디어렙사에 대해 알아보았어요. 이제 광고시장의 구조가 한눈에 보이기 시작할 거예요!

광고 진행 플랫폼과 애드익스체인지

> **SUMMARY**
> - DSP: 광고주 측 서비스 제공. 광고 구매 플랫폼
> - DMP: 효율적인 데이터 수집, 관리 활용 위한 소프트웨어 플랫폼
> - SSP: 퍼블리셔를 위한 광고 거래 솔루션 제공 플랫폼

광고 진행 플랫폼의 등장

지난 시간까지는 미디어 시장에서 볼 수 있는 주요 플레이어들에 대해 살펴봤어요. 이번 시간에는 기술의 발전에 따라 변화된 디지털 광고 시장의 모습을 플랫폼별로 살펴보려고 해요.

하지만 먼저 **광고 진행 플랫폼**이 왜 생겨났고, 어떤 종류들이 있는지 알아야겠죠?

광고 시장에서 상품이 되는 것은 기업의 광고를 실을 수 있는 **지면 매체**예요. 광고 시장의 수요자라고 할 수 있는 광고주는 광고를 노출할 수 있는 매체의 지면을 구매해서 그 매체를 시청하는 사람들에게 자신이 원하는 메시지를 전달하죠. 같은 원리로 우리가 온라인 환경에서 광고를 보게 된다는 것은 그러한 광고를 싣는 광고 상품, 광고 지면을 운영하는 매체 기업이 있다는 것을 의미해요. 즉, 매체 기업에서 광고 구좌 및 광고 인벤토리를 구매해 그곳에 광고를 송출하고자 하는 주체가 광고주 기업인 거예요.

디지털 광고 시장은 일종의 양면 시장의 성격을 가져요. 한쪽으로는 광고주 측면에서 매체에 대한 수요가 있고, 또 한쪽으로는 매체 기업 측면에서 광고 상품, 광고 지면에 대한 공급이 있어야 합니다. 이러한 원리에서 광고 콘텐츠의 공급과 광고 상품의 소비라는 시장 활동이 발생하게 되는 것이죠.

과거에는 이러한 광고 시장 거래 과정에서 전화 예약 또는 팩스로 계약서를 작성하면서 이루어졌다면, 디지털 대전환 시기인 현대 사회에서는 거래 방식이 보다 디지털스럽고 자동화된 방식으로 변화했어요. 이 변화의 한가운데에서 많이 등장하는 용어로 **RTB, 프로그래매틱 애드, 애드 익스체인지, 애드 네트워크, SSP 그리고 DSP**가 있습니다.

이 중 광고주 쪽에서 도움을 주는 플랫폼으로 **DSP와 DMP**가 있고, 두 기술 서비스는 광고주가 효율적으로 디지털 광고 인벤토리를 구매할 수 있도록 지원해요. 매체 쪽에서는 **SSP** 서비스가 매체들의 여러 인벤토리를 관리하면서 판매가 이루어지도록 지원합니다. **애드 네트워크**는 이러한 여러 매체와 SSP를 묶어서 관리하는 네트워크예요. 이때 종합적인 광고 매체 거래가 이루어지는 플랫폼을 **애드 익스체인지**라고 한답니다.

 이러한 서비스들로 구축된 디지털 광고 시장의 많은 부분은 디지털화되어 있는데, 이때 이 기술적 특성을 반영하면서 **프로그래매틱 광고 내지 실시간 입찰 경쟁 시스템을 뜻하는 'RTB'**라는 용어가 등장했어요.

 여기까지 기술의 발전으로 등장한 광고 진행 플랫폼의 배경과 종류에 대해 알아봤어요. 이 중 우리는 DSP, SSP, DMP 그리고 애드익스체인지에 대해 더 자세히 알아볼 거예요.

[그림 1-15] 광고 진행 플랫폼의 구조

DSP(Demand Side Platform)란?

　DSP란 말 그대로 광고 시장의 수요자, 즉 **광고주 측에서 서비스를 제공하는 것**을 의미해요. '광고 구매 플랫폼'이라고도 부릅니다. DSP의 중요 개념은 **프로그램 바잉**이에요. 실시간으로 사용자 활동이 발생하는 디지털 매체 공간에서 광고주가 이를 실시간으로 체크하면서 광고 인벤토리를 일일이 구매하기는 어려워요. 이 때문에 DSP는 광고주가 광고 인벤토리를 구매하면서 가격, 타깃팅 등 광고주가 설정한 일정 요건에 맞춰 자동으로 광고를 구매할 수 있도록 도와주죠.

　그렇다면 DSP의 장점은 어떤 것들이 있을까요? 우선 DSP는 편리하다는 큰 장점이 있습니다. 효과가 가장 높을 것으로 판단되는 매체를 프로그래밍하고 고도의 알고리즘 모델에 기반해 판단하고 선택할 수 있기 때문이에요. 고도로 프로그램된 알고리즘을 통해 수많은 디지털 매체 중에서도 광고주에게 가장 도움이 되는 매체를 선별한 후, 결국 그것을 구매하도록 연결해줄 수 있습니다. 특히 구글, 네이버, 페이스북 등 흔히 활용하는 광고 매체만으로 커버할 수 없는 광고 영역에 대한 **'광고사각지대'**를 커버하면서 보다 넓은 범위로 사용자에게 도달하도록 지원해 줄 수 있어요.

결국 DSP의 성능이 발전하고 우수해질수록, 광고주가 희망하는 유형의 사용자를 정확한 타이밍으로 타깃팅 할 수 있는 매체를 자동으로 구매할 수 있게 되는 거예요.

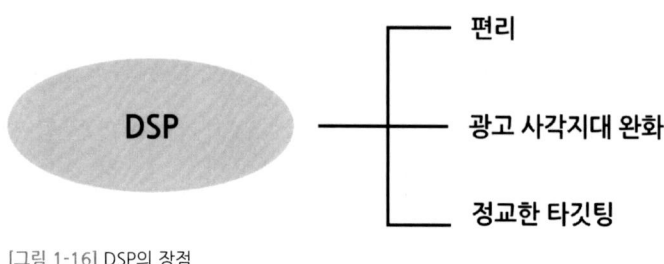

[그림 1-16] DSP의 장점

DMP(Data Management Platform)란?

DMP란 데이터를 효율적으로 수집, 관리 및 활용하기 위해 사용하는 소프트웨어 플랫폼을 의미해요. 현재 디지털 광고 시장은 애드테크를 바탕으로 빠르게 발전하고 있다는 사실에 대해 잘 알고 있죠? DMP는 이 애드테크 솔루션 중 가장 대표적인 기술이라고 할 수 있어요.

DMP가 필요한 이유는 다음과 같아요. 광고를 송출할 때 효과적으로 타깃팅을 진행하고 인벤토리를 확보하기 위해서는 고객 데이터가 필요하죠. 우리가 자주 활용하는 페이스북의 경우, 사용자들이 '좋아요'를 누른 페이지 콘텐츠를 주요 데이터로 분석하고 사용자의 관심사를 추정해요. 이와 비슷하게 **소비자의 관심사나 행동에 대한 데이터를 제공해 주는 것**이 바로 DMP의 핵심 역할이랍니다.

이런 DMP를 다양하게 활용할 수 있는데요. 일반적으로 DSP 플랫폼에서 DMP를 구축하고 있는 경우가 많아요. 미디어랩과 광고 에이전시 등 많은 마케팅 회사는 자신들이 보유한 데이터를 더욱 효과적으로 활용하고 광고 효율을 높이기 위해 자체적으로 DMP를 구축하기도 한답니다.

DMP를 활용하면 희망하는 타깃 오디언스를 대상으로 하는 **팀 포인트 마케팅**을 할 수 있어요. 원하는 대상을 중점적으로 정확한 광고 집행이 가능하다는 점에서 광고 효율성 증대, 리타깃팅, 가설 검증 등 다양한 목적으로 이용할 수 있게 됩니다. 예를 들어 특정 앱을 설치했으나, 광고주의 앱을 설치하고 있지 않은 수도권 거주의 10대 남성, 로드샵에 방문한 이력이 있는 전국의 30대 여성 등 타깃팅과 리타깃팅을 적절히 조합할 수 있다는 거예요.

즉, DMP를 잘 활용하면 특정 브랜드나 서비스의 페르소나에 일치하는 타깃 오디언스만 추출하여 마케팅 캠페인을 진행할 수 있다는 것이죠. 마케팅 목적에 따라 필터만 다르게 적용하면서 반복적으로 활용할 수 있기 때문에 DMP는 더 많은 데이터를 처리할 수 있는 방향으로 발전하는 중이에요. 결국 DMP는 **데이터 드라이븐 마케팅**을 이끌어 가고 있다고 할 수 있어요.

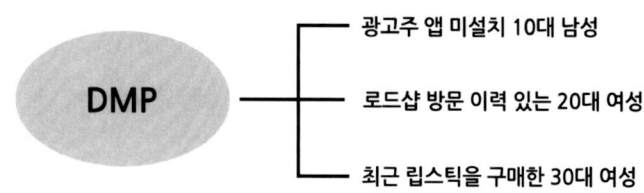

[그림 1-17] DMP의 활용 예시

그렇다면 DMP 시장의 플레이어로는 어떤 기업이 있을까요? 국내에서는 'TG360', 'DATMAX' 등이 있고 해외로는 가장 유명한 '어도비'가 있어요.

DMP 시장은 지난 2020년 8월부터 시행되고 있는 데이터 3법 개정안에 따라 데이터 경제 시대가 도래되며 더욱 발전했어요. 서비스 분야가 보다 활발해지고 기술도 고도화되고 있기 때문이에요. 당연히 전문가들은 DMP 시장이 앞으로도 더 거대해질 것으로 예측하고 있어요. 국내에서 소비자 데이터를 확보한 많은 기업은 이미 기존 데이터를 양질의 데이터로 활용하는 DMP로 발전시키는 데 큰 관심을 보이고 있는 상황이랍니다.

SSP(Supply Side Platform)란?

SSP에 대해 이해하기 전에 우선 **퍼블리셔와 트래픽**에 대해 알아야 해요.

퍼블리셔란 온라인 커뮤니티, 뉴스와 같은 다양한 웹서비스는 물론 모바일 게임과 같은 앱 서비스를 운영하는 주체예요. 퍼블리셔는 해당 서비스를 직접 개발한 기업일 수도 있고, 별도의 개발사가 존재하며 서비스의 운영 부분만 담당할 수도 있어요. 많은 퍼블리셔들은 광고 상품을 서비스의 수익 모델로 고려해서 서비스 지면에 광고를 게재함으로써 수익을 창출하죠. 발생하는 광고 수익은 퍼블리셔가 일반 사용자들에게 서비스를 무료로 제공할 수 있게 하는 재정적 기반이 되어줍니다.

인터넷 사용자들이 여러 서비스와 웹 페이지를 방문하는 것과 같은 개별 활동을 '**트래픽이 발생했다**'고 해요. 퍼블리셔들은 트래픽이 발생할 것으로 예상되는 서비스 곳곳에 광고 지면을 만들어 준답니다. 그리고 광고를 집행하고자 하는 기업에 광고 지면을 판매하고 도달률, 노출과 같은 일부 성과에 따른 일정 수익을 지급받아요.

그러나 트래픽만 잘 나온다고 해서 퍼블리셔가 안정적인 광고 수익을 기대할 수 있는 것은 아니에요. 광고의 효율성과 효과를 위해서는 사용자 관점에서 불편함을 제거할 수 있는 방향으로 광고 환경을 개선해야하고, 여러 기술적 문제도 해결해야 하기 때문이에요.

광고 수익을 극대화하기 위해서는 변화하는 미디어 환경에 맞는 광고의 형태를 고민해야 하고, 또 광고가 거래되는 프로세스와 같은 비즈니스 측면까지 신경써야 하는 등 고려해야 할 부분이 많아요. 퍼블리셔가 서비스 개발, 운영뿐만 아니라 광고 비즈니스의 여러 부분을 체크해야 하는 상황에서 **SSP**는 하나의 해결책으로 등장한 거죠.

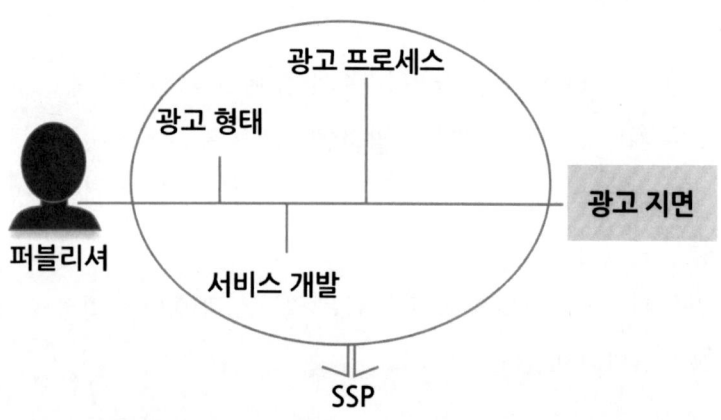

[그림 1-18] 퍼블리셔와 SSP

그렇다면 SSP는 어떤 역할을 하는 걸까요? SSP는 광고 지면의 공급자들, 즉 **퍼블리셔 차원에서 최적화된 서비스로서 기업을 위한 광고 거래 솔루션을 제공**해요. SSP의 등장으로 퍼블리셔들은 서비스의 개발과 운영에 보다 집중할 수 있는 환경이 마련된 거예요.

초기 SSP는 퍼블리셔가 확보한 트래픽의 수익화를 지원하는 플랫폼으로서의 성격이 강했어요. 모든 퍼블리셔 기업이 광고 플랫폼을 직접 구축하고 운영할 수 있는 여건이 되지 않는 상황에서, SSP는 퍼블리셔가 보유한 광고 지면을 가지고 이들의 잠재 고객을 대상으로 일종의 세일즈 과정을 담당했기 때문이에요.

그런데 최근 디지털 광고 시장이 성장하고 다양한 플레이어들이 등장한 상황에서 퍼블리셔, SSP, 광고주 간의 관계가 복잡해졌어요. 퍼블리셔 입장에서는 다수의 SSP와 연동함으로써 자신이 보유한 광고 지면을 더욱 효율적으로 운영하려는 전략을 취하고 있죠. 이에 애드 익스체인지 또한 보다 더 큰 틀에서 광고주와 퍼블리셔의 광고 거래를 지원하는 플랫폼으로 성장했고, **SSP는 퍼블리셔 및 애드 익스체인지와도 밀접하게 비즈니스 관계를 맺는 상황**이 되었어요.

최근 트렌드로는 규모가 큰 SSP가 광고 주체와 직접 관계를 맺으면서 애드 익스체인지의 역할을 겸하거나, 반대로 애드 익스체인지가 퍼블리셔로부터 지면을 확보하면서 SSP의 영역에 진출하기도 합니다.

애드익스체인지란?

드디어 이번 시간의 마지막 챕터인 **애드익스체인지**예요. 애드익스체인지는 **여러 애드네트워크와 연동된 틀에서 광고주와 퍼블리셔 간의 거래를 지원하는 플랫폼**이에요. 디지털 광고 시장이 복잡해지고 크기가 확대됨에 따라 DSP, SSP, 애드네트워크의 시스템만으로는 전체 시장의 효율적인 거래를 운영할 수 없는 상황이 발생했어요.

이런 상황에서 애드익스체인지는 밸류체인이 복잡한 디지털 광고 시장에서 RTB 방식을 지원하며 광고 거래의 효율성을 높이는 데 기여하고 있어요.

애드익스체인지와 관련해 주목해야 할 이슈들이 있는데요. 바로 **투명성**이에요. 다양한 플레이어가 거래에 참여하고 관계를 맺는 거래 방식에서는 수수료를 비롯한 여러 부대 비용, 내지는 시스템 절차, 데이터 관리 등에 대한 문제가 제기될 수 있어요. 이에 많은 기업들이 광고 거래 프로세스와 각각의 과정에서 발생하는 부가가치를 추적함으로써 투명성을 실현하려는 노력을 보이고 있죠.

예를 들어 '스틸러스 제이슨'이라는 문서를 활용해 퍼블리셔로부터 인벤토리 거래를 허가받았음을 증명하거나, 광고물의 새로운 기술 표준인 'Supply Chain Object'를 도입해 퍼블리셔로부터 최종 광고주까지의 모든 거래 여정을 관리하는 것 등이 있어요.

애드익스체인지 서비스가 앞으로 이 문제점들을 어떻게 개선해나가는지의 과정과 노력이 곧 애드 서비스의 시장 경쟁력으로 이어질 수 있어요.

여기까지 마케터가 가장 기본적으로 알고 있어야 할 미디어 시장의 전반적인 이해에 대해 다뤄봤어요. 기사나 뉴스 등으로 어렴풋이 알고 있었던 사항들도 있었겠지만, 생소한 용어나 내용도 있었을 거예요. 앞으로 어느 회사에서든 마케팅 직무를 맡는다면 꼭 숙지해야 할 내용들이니 이에 익숙해지면 실무에 온보딩하는 데 분명 도움이 될 거예요.

다음 시간부터는 본격적인 실무 단계의 첫 번째 '기획 및 리서치'에 대해 알려드릴 거예요. 항상 많은 양의 정보를 알고 있어야 하는 마케터는 리서치 경쟁력도 갖춰야 한답니다. 리서치에 대해 단계별로 배우면 제안서 작성, 광고주 커뮤니케이션 등등 많은 업무에서 큰 도움이 될 수 있어요. 그럼 여기서 1장 '디지털 광고 시장 생태계'를 마칠게요. 수고했어요!

2장

기획 및 리서치

제안요청서 (RFP)

> **SUMMARY**
> - RFP: 광고주 측에서 광고대행사에게 요청 사항을 기재해 전달하는 제안 요청서
> - 광고 대행사는 RFP를 분석해 제안서를 작성

제안서의 첫 단계, RFP

RFP는 'Request For Proposal'의 약어로, 제안요청서를 뜻해요. 구체적으로 말하자면 발주자(광고주)가 특정 프로젝트 수행에 필요한 요구사항을 체계적으로 정리해 제시함으로써, **제안자가 제안서를 작성하는 데 도움을 주는 문서**예요. 제안서를 작성해 수주를 따내야 하는 입장인 광고대행사는 **RFP를 철저하게 분석해서 제안서에 잘 적용해야 수주에 긍정적인 영향**을 끼칠 수 있어요.

RFP 분석의 중요성

'클라이언트가 직접 제공한 회사 내부 정보를 담은 자료이기 때문에 그대로 반영하면 되지 않느냐'라는 생각을 할 수도 있는데요. 요구사항을 그대로 반영하는 것도 좋지만, RFP 내 클라이언트의 의도나 니즈를 잘 파악하는 것이 중요해요. 이를 얼마나 분석하고 제안서에 어떻게 녹여내는가에 따라 **수주 여부가 결정날 만큼 RFP 분석은 중요한 사항**이죠.

결국 RFP 이면에 있는 니즈를 잘 파악해서 충족시키는 것, 그리고 광고주가 생각하는 방향성과 우리의 제안이 같은 방향인지 파악하는 것이 RFP 문서 분석의 핵심이에요.

세일즈	기획	운영	PM
정보의 객관화/주관화	RFP 설명회 코어 내용 공유	유사 집행 레퍼런스 파악	미디어 바잉 파워 확인
중요 정보 정리	RFP vs 세일즈 정보 일치 확인	광고주의 이전 성과 파악	미디어 선공유
업데이트,변경 내용 적극 공유	제안 핵심별 비중 도출	신규 미디어 TEST 가능 여부	회사 수익성 고려한 미디어
필수업무와 추가업무 구분	제안 완결성 집착	BM의 특성 미디어 전략에 적용	신규 미디어 발굴
광고주 커뮤니케이션	피드백 내용별 영향 비중 확인	미디어적 독창성에 대한 고민	매체 Side 비용

[그림 2-1] RFP 분석 과정

RFP 문서는 광고주 측에서 대행사에게 원하는 방향이나 정보를 담은 문서이기 때문에, **최종적으로 제안서를 만드는 작업**으로 이어져요. 필수 사항을 점검하고, 여기서 나올 만한 추가적인 질문들을 취합하고, 목차를 완성해서 제안서 작성이 1차적으로 완료되면 어떤 부분을 강조해야 하는지를 점검해요. 이러한 과정을 거치며 제안서를 디벨롭시키죠.

RFP 확인 업무

RFP는 메일로 전달되는 경우도 있지만, 설명회를 열거나 개별적으로 미팅을 하는 경우도 있어요. 만약 미팅을 한다면, **담당자끼리 프로젝트를 똑같이 이해하고 공유하기 위해 녹취**를 해요. 다음 녹취된 내용을 바탕으로 요약을 하는데요. 미팅 내용과 RFP가 다른 부분이 있는지, 경쟁사를 콕 집어서 말한다든지, 클라이언트의 니즈가 담긴 멘트를 언급하는 등 **중요한 부분들을 정리한 후 담당자 회의를 진행하고 협업방에 공유**해요. 이처럼 녹취하고 요약하는 과정이 필요한 이유는 **해당 프로젝트에 대한 일관된 이해가 곧 업무 효율성으로 이어지기 때문**이에요.

Informal, Formal RFP 문서

RFP는 고객사의 스타일, 담당자의 성향, 프로젝트의 긴급도에 따라 다른 형태로 전달이 됩니다. 보통 Informal, Formal 형으로 구분할 수 있는데요. 상대적으로 소규모 프로젝트이거나 급한 의사결정이 필요할 때, 또는 기존의 프로젝트를 이어서 하는 경우에는 정형화된 형태가 아닌 주요 정보만 메일로 보내는 식의 Informal RFP가 사용됩니다.

반면, 프로젝트를 새롭게 시작하거나 규모가 크고 중요한 프로젝트여서 경쟁입찰까지 필요한 경우에는 상세한 요구사항과 제안 가이드라인이 포함된 Formal RFP가 쓰입니다.

Informal RFP	Formal RFP
약식	정식
긴급	신규
소형	경쟁 PT
연속적 제안 건	대규모 제안 건

[그림 2-2] Informal RFP, Formal RFP 문서 비교

1. Informal RFP 문서

약식으로 진행되고 긴급한 시점일 때 사용되는 문서예요. 다른 캠페인을 진행하다가 추가적인 캠페인이 필요할 경우에는 정식 RFP가 필요 없기 때문에, 약식 RFP인 Informal 문서로 받게 돼요.

A 카드사 Informal RFP (메일 발췌)
- 타깃: 3040 이상 / 기혼자 / 6개월 -8살 이전 자녀 보유자
- 기간: 2018년 7월-12월(6개월)
- 예산: 1억
- KPI: 앱 다운 8만명
- 집행 매체: 선호하는 매체 없음

[그림 2-3] Informal RFP의 A카드사 예시

[그림2-3]처럼 메일 형식으로 간단하게 소개나 목적, 캠페인 기간, 요청 집행 매체 등을 심플하게 요청하는 경우예요. "예산은 1억인데 브랜딩을 하고 싶어요.", "우리는 퍼포먼스를 하고 싶어요."라는 간략한 요청만 들어있죠. 하지만 가끔 제안에 필요한 정보들이 불충분한 경우가 있기 때문에, 우선 제안을 수락한 후 광고주에게 추가적인 문의를 해요. 타깃, 예산 분배, 매체 활용 등 필요에 따라 추가 질문 후 답변을 받는 형태로 진행해요.

Informal RFP의 주요한 특징은 **긴급하게 제안 요청**이 온다는 점이에요. 촉박하게 준비해야 하므로 여러 가지 확인할 사항이 필요하죠. 첫째, **기간 내 가용 가능한 리소스가 있는지 파악**한 후 인력이 배분돼요. 둘째, **제안 상황에 대한 이해**가 필요해요. 우리 회사의 단독 제안인지 이미 수주가 완료된 건의 팔로업 건인지 등을 파악해야 해요. 마지막으로 **명확한 사전 협의**가 필요해요.

Informal RFP 같은 경우엔 워낙 약식으로 급하게 진행되다 보니 오차 범위가 넓어요. 그래서 짧은 시간 내 제안의 키포인트가 무엇인지, 어떤 부분들을 중점으로 다뤄야 하는지 등 **최대의 효율을 도출하기 위해서는 피드백이나 커뮤니케이션이 굉장히 중요하죠.**

2. Formal RFP 문서

정식 RFP이며 경쟁 PT를 요구하고, 큰 제안일 경우에 사용되는 문서예요. 연간 제안이나 금융, 보험처럼 보수적인 성향의 회사일 경우에는 RFP가 굉장히 길고 꼼꼼하게 작성되는 경우가 많아요.

식품 기업 C사 Formal RFP

1. KPI

- 전년도 동기간 대비 매출 및 객수 증대
- 광고 노출량(Imp), 반응(Action) 등 매체별 성과 지표를 반영한 광고 효율성

2. 예산

- 월 1억 원~ 5억 5천만 원씩 내외 (VAT 별도)
- 콘텐츠 제작비, 매체 광고비 등

3. 제안 요청 사항

 1) 월별 프로모션 디지털 마케팅 기획, 운영

- 월별 프로모션 및 SNS 이벤트 홍보

   a. 미디어믹스 (매체 선정 및 예산 편성)

> 각 매체별 예산 선정 및 상품 및 게재 위치
>
> b. 콘텐츠 시안
>
> 각 매체별 최적화 콘텐츠 및 메시지
>
> c. 바이럴 기획안
>
> 타깃 설정 및 콘텐츠 계획안
>
> 2) C사 SNS 기획, 운영
> - 인스타그램
> - 페이스북
> - 카카오톡 플러스 친구

[그림 2-4] Formal RFP 예시

대부분 클라이언트는 여러 후보의 회사들을 보고 적합하다고 생각되는 회사를 인바이트한 후, 정식으로 제안서를 요청해요. 그렇기에 보통 3, 4곳과의 경쟁 PT를 통해 수주를 따낸다고 생각하면 돼요.

[그림 2-4]의 Formal RFP를 보다시피, Informal RFP와 다르게 굉장히 세부적으로 작성되어 있는 걸 볼 수 있어요. 특히 연간 제안 같은 경우에는 PPT 형태의 굉장히 긴 분량으로 오는 경우가 많아요. 때문에 **더욱 꼼꼼한 확인이 필요**하죠. 또한, 누락된 내용

이나 부족하다고 생각되는 부분들이 있을 수 있기 때문에 빠르게 질문을 리스트업한 후에 관계자와 커뮤니케이션을 해야 해요.

연간 제안이나 금액이 큰 프로젝트 같은 경우에는 일어날 수 있는 변수가 더 많기 때문에, 질의할 내용을 빨리 해결하는 것이 작업하는 데에 좋은 영향을 끼칠 수 있어요.

수주 영향 요소 점검

수주에 영향을 끼칠 수 있는 요소도 사전에 미리 확인하는 것이 좋겠죠? 크게 관계, 제안 과정, 제안 후로 나누어 볼 수 있어요.

관계	제안 과정	제안 후
회사간의 관계	제안 내용 구성 적합성	발표 후 빠른 소통
의사 결정자 관계	저작물 완결성	결과 분석
실무자와의 관계	발표 UX	이후 관계 형성
기타 정치적 관계		상호 피드백

[그림 2-5] 수주 영향 3요소

1. 관계

주로 회사, 의사 결정자, 실무자, 기타 정치적 관계 등 각자 특성을 고려하고 니즈에 맞게 제안서를 작성해야 해요. 상대가 의사 결정을 하는 상무, 이사 등인지 또는 결정권이 없는 실무자인지 등을 고려하는 것도 하나의 중요한 포인트예요.

2. 제안 과정

광고주, 제안 배경, RFP, 정보, 신뢰성 판단 등이 중요한 요소로 작용해요. 특히 어떤 루트를 통해 우리 회사에 요청을 하게 됐는지 파악해야 하죠. 광고주가 우리 회사를 어떻게 바라보고 있는지 가늠할 수 있는 부분이기 때문에 파악하면 좋은 요인 중 하나입니다.

모든 점검이 완료되면 광고주 상대로 PT를 하게 되는데요. **여기서 발표자가 제안서를 100% 어필할 수 있는지가 굉장히 중요**해요. 실제로 광고주가 직급이 높은 발표자를 선호한다는 소문을 우연히 듣게 되어서 대표님이 직접 PT를 진행한 경우도 있어요.

다른 사례로는 우리 회사의 전담 인력이 다른 캠페인도 동시다발적으로 맡는 것이 아닌, 오직 광고주의 캠페인만 다루길 원한다는 정보를 들들은 적이 있어요. 그래서 "전담 인력이 100% 충원되고 광고주의 프로젝트에만 참여할 예정이다"라고 어필했어요. 이처럼 **각 요소를 잘 파악해 대처한다면 센스 있는 PT를 진행**할 수 있을 거예요.

3. 제안 후

발표가 끝난 후, 광고주 측에서 제안 내용을 보고 호기심을 갖는 부분에 대해 추가적인 내용 요청이 오는 경우가 있어요. 이때 사무실로 복귀한 후 **추가 요청에 대해 빠르게 회신하며 팔로업**을 해요.

우리 회사 같은 경우에는 광고주에게 직접 제안하는 형태와, 대행사와 함께 컨소시엄 제안하는 형태로 나뉘어요. 전자 같은 경우엔 수주를 따내지 못하더라도 **지속적인 커뮤니케이션을 통해 추후 다시 제안을 진행할 수 있는 가능성을 열어두려 해요**. 또한 **경쟁사에 비해 어떤 부분이 뒤처졌는지, 콘텐츠의 질이 어땠는지 등을 분석**해요. 이것을 토대로 다른 제안 건에서 유사한 카테고리를 제안할 때 참고 사항이 될 수 있도록 논의하죠.

반면, 후자의 경우에는 **컨소시엄 하는 회사와 함께 피드백**을 가져요. 상호 피드백을 통해 지속적인 학습이 이루어지게 되면, 똑같은 실수를 반복하지 않게 되고 약점을 보완할 수 있기 때문에 함께 분석하는 시간을 가지는 것이 중요해요.

수주에 영향을 끼치는 요소에 대해 설명했지만, **가장 중요한 것은 모든 과정에 있어서 '판단'은 객관적인 지표**를 통해 이루어져야 한다는 거예요. 가장 실수하는 부분 중 하나가 세일즈 담당자 또는 제안 마케팅 기획 담당자가 '내 생각에는 이런 걸 좋아할 것 같아요'라고 주관적인 판단을 하는 거예요. 성과를 내야 하는 상황에서 주관적인 의견을 말하는 것은 단순한 예측에 불과하기 때문에, 이러한 태도는 지양하는 것이 좋아요. **모든 내용은 각 담당자나 클라이언트가 했던 내용을 바탕으로 이루어져야 한다는 점, 꼭 유의해 주세요.**

직군별 필수 역할

제안을 하는 데에 있어서 반드시 여러 직군과 함께 협업하게 돼요. 그렇다면 담당자 별로 어떤 업무를 담당하고 있는지를 파악해야겠죠?

세일즈	기획	운영	PM
정보의 객관화 /주관화	RFP 설명회 코어 내용 공유	유사 집행 레퍼런스 파악	미디어 바잉 파워 확인
중요 정보 정리	RFP vs 세일즈 정보 일치 확인	광고주의 이전 성과 파악	미디어 선공유
업데이트,변경 내용 적극 공유	제안 핵심별 비중 도출	신규 미디어 TEST 가능 여부	회사 수익성 고려한 미디어
필수업무와 추가업무 구분	제안 완결성 집착	BM의 특성 미디어 전략에 적용	신규 미디어 발굴
광고주 커뮤니케이션	피드백 내용별 영향 비중 확인	미디어적 독창성에 대한 고민	매체 Side 비용

[그림 2-6] 직군별 비교

1. 세일즈팀

초기 미팅을 한 후, 주관적인 내용을 배제하고 객관화된 정보를 요약해 전달해요. 만약 광고주 측에서 업데이트된 내용이나 변경된 내용이 있을 때 빠르게 회신하고, 다른 팀에게도 공유하죠. 필수 업무나 추가 업무를 명확하게 구분지어서 다른 팀과의 협업을 효율적으로 할 수 있게 도와줘요. **세일즈 팀은 광고주와의 긴밀한 커뮤니케이션을 담당하는 부서**라고 할 수 있어요.

2. 마케팅 기획팀

미팅에서 나왔던 객관적인 정보를 공유하는 것, RFP와 세일즈 팀이 말한 정보가 일치하는지, 제안 핵심의 비중을 어디에 둘 것인지 등을 초기에 논의할 필요성이 있어요. 팀별 피드백이 있을 때 유연하게 받아들이고 적용해야 하므로 **제안에 가장 많은 힘을 쏟아야 하는 팀**이에요.

3. 운영팀

GA 대시보드, 앱스플라이어와 같은 트래킹 툴을 통해 광고주가 이전에 어떤 성과를 냈었는지를 보아야 해요. 미디어 믹스 전략을 짤 때 정확도를 높일 수 있기 때문에 광고주의 이전 성과를 파악할 수 있다면 확인해 두는 것이 좋아요.

PM팀과 함께 신규 매체를 어떻게 구성할지에 대해 적극적으로 논의해요. 광고주에게 새로운 매체에 대해 제안했을 때, 긍정적인 반응을 보이는 경우가 많기 때문이에요.

서비스 또는 BM과 핏이 맞는 미디어 전략이 있을 때 광고주에게 긍정적으로 어필할 수 있기 때문에, 각각 특성에 맞춘 미디어 전략이 필요하죠. 하지만 뻔한 미디어 전략을 쓰는 것이 아닌, **미디어 독창성도 요구**돼요. 같은 유튜브 채널을 쓰더라도 어떤 형태의 상품과 전략을 조합하는지에 따라 차별화된 전략이 될 수 있기 때문이에요. 이들을 잘 조합한다면 다른 회사와 비교했을 때 경쟁력을 갖출 수 있겠죠.

4. PM팀

매체를 사용할 때 발생하는 수수료, 바잉 파워 등에 대한 확인이 우선적으로 이루어져야 해요. 또한 KPI와 핏이 맞는 미디어에 대한 선 공유가 필요하죠. 예를 들어 광고주가 배달 앱이고, KPI가 '1020 충성고객 확보'라 한다면, 우리의 목표는 해당 타깃들이 많이 활용하는 매체를 발굴하는 것이 되겠죠. 10대를 겨냥할 수 있는 매체는 시간표 앱 또는 공부 시간을 체크해 주는 앱이 있고, 20대를 겨냥할 수 있는 매체는 커뮤니티 사이트 등이 있겠죠. 이처럼 엣지 매체들을 운영팀에게 빠르게 전달함으로써 광고 전략을 짤 때 도움을 주는 것이죠.

다음으로 PM팀은 **전체적인 회사의 수익에 도움이 될 수 있도록 컨트롤하는 역할**을 해요. 매체를 활용할 때 수수료와 부가세처럼 별도 비용이 발생하는데요, 수익에 도움이 될 수 있도록 더 효율적인 매체들을 적극적으로 발굴하는 거예요. 예를 들어 무료 채널을 찾는다거나, 수수료가 적은 매체를 알아보는 등의 활동은 최소 비용 최대 효율을 노리고자 하는 것이죠.

신규 미디어에 대한 디벨롭이나 사이드 매체에서 나오는 최신 정보를 공유함으로써, 운영팀이 **미디어 전략을 짤 때 최신화된 내용을 반영할 수 있도록 하는 움직임**이 필요해요.

RFP 분석을 잘하려면?

결국 수주를 따내기 위해, RFP에 대한 확실한 인지와 철저한 분석이 가장 중요합니다. 질문을 적극적으로 리스트업해 미팅을 한다든지 정량적인 자료를 수집해 아카이빙 하는 등의 행위가 분석에 긍정적인 영향을 끼칠 수 있겠죠.

단순히 읽고 휙 넘기는 자료가 아닌, 문서 내의 클라이언트의 니즈와 의도를 잘 분석해 수주로 연결되게끔 하는 마케터가 되어보아요.

더 알아보기 : 미디어렙사

Q. 마케터들은 왜 연말연시에 가장 야근이 많을까요?

A. RFP가 가장 많이 오는 시기이기 때문이에요. 특히 11월~후년 2월까지 가장 몰린다고 생각하면 돼요. 난이도가 높고 스케일이 큰 연 제안 같은 경우엔 일 년 내내 진행되기 때문에 연말 또는 연시에 가장 몰리는 편이죠.

Q. 아직은 생소한 PM팀, 무슨 조직일까요?

A. **PM은 Partnership&Media의 약어예요. 즉 광고를 내보내는 다양한 매체를 담당하는 팀이죠.** 대행사가 여러 광고주의 광고를 네이버에 내보내면, 각 광고의 총합산 광고비가 꽤 크겠죠? 이때 네이버와 광고비에 대한 협상을 진행하기도 하고, 광고 지면에 대한 우선권을 요구할 수도 있어요. 반대로 각 매체는 PM 팀에게 광고 구좌 영업을 할 수도 있죠. 그럼 PM팀은 실제 광고를 집행할 팀에게 "이런 매체를 활용할 수 있으니 사용해 보세요"라고 제안하기도 해요.

캠페인 제안 프로세스

SUMMARY

- 캠페인 제안 유형: WORD 제안, MIX 제안, PPT 제안, FULL 제안 / 단독제안, 컨소시엄 제안광고 대행사는 RFP를 분석해 제안서를 작성
- 제안 프로세스: 선제안 / 인바운드 → 캠페인 업무 플로우 작성 → 제안 요청 → 제안 킥오프 회의 → 업무 R&R 및 TODO 일정 지정 → 제안서/믹스/크리에이티브 기획 및 제작 → 광고주에게 전송 → (PPT비딩 / 미팅) → 수주 결과 발표

캠페인 제안 유형

1. 제안 범위에 따른 유형

제안 유형	제안 범위	관여팀
WORD 제안	캠페인 방향성 기획과 예산을 문서 형태로 제안	마케팅기획, 운영, 세일즈
MIX 제안	캠페인 니즈에 맞는 미디어를 믹스 형태(엑셀)로만 제안	운영, 세일즈
PPT 제안	미디어 전략, 캠페인 기획이 포함된 제안서 + MIX 제안	마케팅기획, 운영, 세일즈
FULL 제안	미디어 전략, 캠페인 기획과 크리에이티브 제작물이 포함된 가장 넓은 범위의 제안	마케팅기획, 운영, 세일즈, 디자인

[그림 2-7] 제안 범위에 따른 유형

2. 외부 협력 여부에 따른 유형

 단독 제안과 달리 컨소시엄 제안은 자사가 담당하지 않는 업무를, 각부문별로 전문성을 가진 협력 대행사와 협업하는 거예요.

단독제안	컨소시엄 제안
자사 내부에서만 제안 준비	자사 내부+협력대행사와 제안 협업

[그림 2-8] 외부 협력 여부에 따른 제안 유형

캠페인 제안 프로세스 뜯어보기

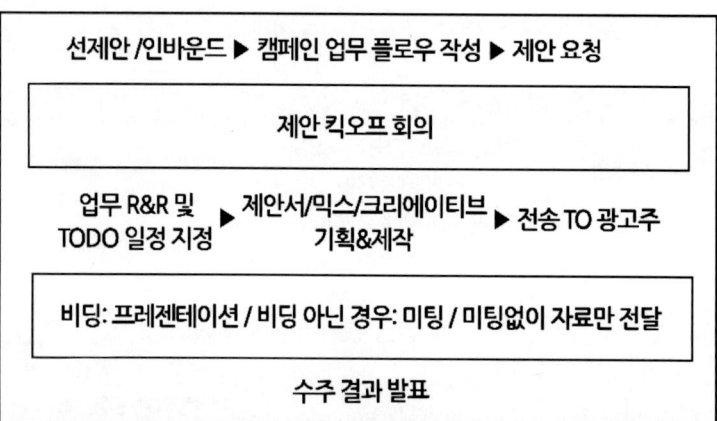

[그림 2-9] 캠페인 제안 프로세스 구조

1. 선제안 / 인바운드

모든 프로세스의 시작은 제안 요청 접수로 시작하는데요. 2가지 형태로 나타날 수 있어요. 먼저 선제안은 **자사에서 광고주에게 제안을 선요청하는 것이고, 반대로 인바운드는 광고주 측에서 자사에 요청하는것**을 말해요. 두 가지 경우 모두 미팅이나 유선으로 제안 요청 건에 대해 2차적인 파악을 하고요. 이렇게 제안 요청 단계 이후 제안이 승인되거나 캠페인이 진행될 거라고 판단되면 '캠페인 업무 플로우'를 작성하게 돼요.

2. 캠페인 업무 플로우 작성

> **캠페인 업무 플로우 문서란?**
>
> - 제안에 중요한 정보를 최대한 객관적으로 전달하기 위해 작성하는 초기 공유 문서
>
> - 초반 제안 컨셉 및 방향성을 결정하는 중요한 핵심이 되는 문서
>
> - 포함 항목: 서비스명, 카테고리, 집행 목적(Goal), 주요 지표(KPI), 광고주 마케팅 현황, 집행 기간, 전체 예산, 소재 제작 주체, 운영 수수료, 어트리뷰션 툴, 제안 마감일, 타깃고객, 필수 요청 매체, 제외 요청 매체, 희망 단가 수준, 특이사항 등

[그림 2-10] 캠페인 업무 플로우 문서의 개념

선제안/인바운드 후 세일즈 담당자는 캠페인 업무 플로우 시트를 작성해요. 여기에는 광고주에 대한 정보, 집행 기간, 집행 예산, 타깃에 대한 내용 그리고 특이사항 등의 다양한 정보를 기입할 수 있어요. 문서 작성이 완료된 후 본격적으로 제안 요청을 하게 돼죠.

3. 제안 요청 및 담당자 지정

제안 요청은 정해진 양식에 정보를 기입하는 방식으로 이루어져요. 하지만 예시로 든 기본 포맷 외에도 추가 정보를 기입할 수 있어요. 세일즈 담당자마다 간단한 정보만 기입하는 경우도 있고, 제안의 키 포인트를 적어두거나, 이전 미팅 히스토리를 링크로 입력해놓는 등 형태가 달라지기도 해요.

제안 요청이 완료되면 각 운영 담당자와 마케팅 기획팀 담당자가 지정돼요. 이 담당자들은 킥오프 회의를 진행하게 됩니다.

제안 요청서 양식 예시

- **제안명:**

1) tier (1 / 2 / 3 / 4):

2) 성숙도 (A / B / C / D / E):

3) 캠페인 중요도 (S / A / B / C):

4) 캠페인 유형 (기입범위 탭 확인 필수):

5) 카테고리 (기입범위 탭 확인 필수):

6) 세일즈루트 (기입범위 탭 확인 필수):

7) 국가구분 (기입범위 탭 확인 필수):

8) 제안 데드라인 (기입범위 탭 확인 필수):

9) 제안 범위 (미디어믹스 제안 / PPT 제안 / WORD 제안 / FULL 제안):

10) 제안 금액 (VAT 별도 여부 기재):

11) 제안집행예정 월 및 월별 예산: (예: 2023.12~2024.02, 3개월 간 월5000만 원)

12) 캠페인 업무플로우 링크:

[그림 2-11] 제안 요청서 양식 예시

4. 제안 킥오프 회의

　제안 킥오프 회의에서는 필요 시 사전 미팅을 하거나, 추가 데이터를 요청하는 과정 또는 컨퍼런스 콜이 이루어져요. 먼저 비딩 정보를 공유할 때에는 RFP를 활용해요. 그리고 추가적인 정보가 필요할 때, 광고주에게 문의할 사항을 선별해서 미팅을 하거나 메일을 통해 정보를 제공받죠. 예를 들어, 성수기/비성수기에 따라 어떤 매체를 활용했는지, 노출수/클릭수/구매수/ROAS 등 성과지표가 어떻게 나왔는지 등과 같은 데이터를 요청하는 것이죠.

　이러한 데이터가 중요한 이유는, **클라이언트사에서 효율이 좋았던 매체를 파악해야 니즈에 맞는 제안을 할 확률을 높일 수 있기 때문이에요.** 그래서 최대한 광고 집행 데이터를 수집해야 하죠. 추가적으로 경쟁사에 대해 어떻게 생각하고 있는지, 비딩을 열게 된 계기는 무엇인지 등에 대한 답변을 참고하기도 해요.

추가 데이터 요청 Tip

실제로 자사에서 진행했던 비팅 PT 피드백을 보면, 사전에 많은 정보와 수치를 탐색하는 모습을 보여준 것이 인상적이었다는 인사이트를 얻을 수 있었어요.

> 실제 광고주에게 받은 피드백: "제안 전 사전 질문을 많이 하는 데에서 우리 서비스에 대한 로열티를 확인할 수 있어 좋았습니다. 사전 질문을 많이 하는 방식을 그대로 유지하는 것이 좋을 것 같습니다."

따라서 **적극적으로 데이터를 요청하는 자세를 통해 클라이언트사에게 긍정적인 인상을 남기는 것을 권장**해요. 다만, 금융이나 보험처럼 고객 데이터에 민감한 클라이언트 같은 경우에는 데이터 오픈이 곤란하기 때문에 상황에 따라 적재적소의 데이터를 요청해야 하는 게 좋겠죠?

> **컨퍼런스 콜**
>
> 사실 데이터 요청만으로 해결되지 않는 정보가 간혹 있어요. 이때는 컨퍼런스 콜을 진행하게 되는데요, 컨퍼런스 콜을 위한 질문을 내부적으로 리스트업하고 어떤 구성원으로 진행할지, 누가 어떤 질문을 맡을지에 대해 사전 협의가 이루어져요. 컨퍼런스 콜의 장점은 정보를 얻을 수 있다는 것인데, **데이터 뿐만 아니라 서면으로 알기 힘든 담당자의 성향 등을 파악할 수 있다는 점**이 제안에 특히 도움돼요. 이 외에도 **해당 캠페인에 얼마나 의지를 갖고 있는지 보여줄 수 있는 전략이 되기도 해요.**

5. 업무 R&R 지정 및 TODO 일정 계획

이렇게 모든 사전 작업이 끝나면 킥오프 회의를 통해 나왔던 업무 **R&R**_{Roles and Responsibilities}을 지정하고 TODO 일정을 계획해야 해요. 경우에 따라 제안 목차 구성을 초반에 하는 경우도 있고, 각 운영/마케팅/기획/세일즈 직무별로 어느 기간 내에 업무가 완료될지 역으로 추정해서 일정을 계획하기도 해요.

6. 제안서/믹스/크리에이티브 기획 및 제작

이제 **본격적인 실무를 진행하는 단계로, 제안서/믹스/크리에이티브를 기획하고 제작**합니다. 이때 중간 피드백 회의를 굉장히 많이 진행해요. 전체적인 전략이나 자사 어필 등 모든 부분이 중요한, 즉 중요도가 높은 캠페인일 경우 또는 제안 금액이 높은 경우에는 중간 피드백을 2-3회 이상 진행할 정도로요. 피드백을 통해 제안의 흐름이 통으로 바뀌는 경우가 생기기도 해요. 결국 제안서가 완성되면 광고주에게 전달하겠죠?

7. 광고주에게 전달 그리고 그 후

이후에는 비딩을 위한 프레젠테이션을 진행하거나, 비딩이 아닌 경우 미팅 또는 미팅 없이 자료만 전달하는 과정을 거쳐요. 마지막으로 광고주가 수주 결과 및 피드백을 발표하면 본격적인 프로젝트 진행 여부가 결정될 거예요!

제안서 제작 / 크리에이티브 Tip

B사 클라이언트와 진행한 캠페인을 예시로 들면, 제안서는 **[자사 소개 - 시장 분석 - 타깃 설정 - 미디어 전략 - 크리에이티브 제안]** 등으로 구성됐어요. 이때 제안서 분량은 적으면 15-20페이지, 길면 200페이지를 넘어가는 경우도 있었어요.

B사는 신규 매체에 대한 니즈가 높았기 때문에 재미있는 소재 또는 **매체에 대한 이해도가 높은 소재**를 제안하기도 했어요. 예를 들어 페이스북/인스타그램/카카오 매체 지면에 들어갈 클라이언트사 컨셉과 어울리는 배너를 제안하고, 유튜브 캠페인에 어울리는 퍼포먼스 영상 캠페인 시안, 모바일 세로 화면에 최적화된 시안, 스토리 탭 기능을 재미있게 활용한 소재를 제작함으로써 '**매체 최적화 소재**'를 어필했죠. 따라서 **크리에이티브는 광고주의 니즈를 충실히 적용하는 것이 중요해요!**

캠페인 제안 Case Study - Best Case 1, 2

CASE STUDY

1. A사
- 캠페인 중요도: S급(매우 높음)
- 제안 데드라인: 워킹데이 기준 5일

TODO 일정
- 제안요청 받은 당일: 킥오프 회의 진행 + 데드라인 설정
- 워킹데이 기준 2일째: 기존 백데이터 정리 및 요청 / 러프 기획안 디벨롭 / 운영팀 믹스 1차 도출

이 케이스는 수주 후 대형 광고주로 성장한 경우인데요, S급으로 분류된 중요도 높은 제안임에도 불구하고 워킹데이 기준 5일의 촉박한 시간을 부여받았어요. 그래서 **초반에 캠페인 방향성을 빠르게 수립하고, 킥오프 회의에서 중요 포인트를 도출해서 그에 맞게 담당자와 업무 분담을 진행했죠. 제안서의 중간 목차를 구성한 이후, 활발한 피드백으로 내용 구성을 여러 번 고도화**했어요.

그 결과 짜임새 있고 설득력 있는 제안서가 완성될 수 있었어요. 캠페인을 진행한 후 A사는 월 3~5억을 스펜딩하는 주요 광고주로 성장할 수 있었습니다.

Case Insight → 제안 캠페인에서 촉박한 기간을 부여받은 경우, 초반 캠페인 방향성 수립과 빠른 호흡의 업무 처리가 중요하다.

CASE STUDY

2. B사

- 캠페인 중요도: A급
- 제안 데드라인: 워킹데이 기준 10일

이 케이스는 **킥오프 회의 이후 클라이언트사와의 미팅을 통해 외부 정보를 잘 파악해서 유리한 제안을 진행할 수 있었던 경우**예요.

B사 측에서 대행사를 변경하고 싶어하는 니즈가 있었는데요, 이 변경 이슈를 통해 **광고주가 원하는 방향성을 잘 파악해**

서 수주가능성을 높일 수 있었어요.** B사의 불만족 사항은 바로 소재(크리에이티브) 부분이었는데요, 그래서 크리에이티브 제작 능력과 대응 능력, 매체 최적화에 대한 강점을 최대한 강조하여 제안서를 작성했어요. 다양한 컨셉과 타깃에 맞춘 크리에이티브 아웃풋을 제안했죠. 예를 들어 세로형 모바일 화면에 최적화된 시안, 기존 B사가 진행했던 브랜딩과 어울리면서도 CTA 버튼을 클릭하도록 유도하는 애니메이션 시안, B사 어워즈의 공신력을 강조하는 시안 등을 제작했어요.

결국 비딩 PT를 진행한 후에는 자사의 크리에이티브가 만족스러웠다는 피드백을 받았어요. **소재를 많이 만들고 최적화하는 것이 우선순위였던 B사의 현 상황에 걸맞는 제안을 했다고 말이죠.**

그리고 이 케이스에서는 **PT나 제안에서 다양한 요소가 수주에 영향을 미칠 수 있다는 걸** 느꼈어요. PT에 많은 담당자가 참석했다는 점에서 캠페인에 대한 의지와 적극성을 느낄 수 있었다는 피드백을 받았거든요. **즉, 제안에 대한 적극성을 어필하는 것도 수주에 영향을 미칠 수 있다는 점을 알아둬야겠죠?**

Case Insight → 이 케이스에서는 3가지 사항을 통해 제안의 성공을 이끌 수 있었다.

- 광고주와의 미팅을 통해 핵심 니즈 파악
- '크리에이티브'에 대한 니즈에 걸맞게 다양한 USP를 강조한 시안 어필
- PT를 대하는 태도를 통해 제안에 대한 적극성 어필

캠페인 제안 Case Study - Worst Case

CASE STUDY

3. C사

- 컨소시엄 제안: 미디어 전략(자사) + 크리에이티브(협력사)
- 제안 데드라인: 워킹데이 기준 7일

이 케이스는 **미디어 전략에 대한 부분을 자사가, 크리에이티브의 전반적인 부분은 협력대행사가 진행한 컨소시엄 제안 형태**였어요. 협력 대행사와 불분명한 R&R 지정이 실패 원인이 되었는데요. 초반 업무 파악이 미흡하게 이루어졌고, 또 문제점을 파악했을 시점에는 데드라인이 1-2일 정도가 남아있는 상태였어요. 시장분석 단계부터 다시 진행해야 한다는 점에서 퀄리티 있는 제안을 완성하기에 무리가 있었죠. 결국 제안을 드롭하기로 결정했어요.

Case Insight → 컨소시엄 제안의 경우 내부적인 업무 분배를 잘하는 것도 중요하지만, 협력사와의 명확한 R&R 지정 또한 제안의 완성도에 영향을 미치는 요소다.

미디어믹스
프로세스

SUMMARY
- 모비데이즈만의 미디어믹스 프로세스 방법
- 미디어믹스 수치를 보수적으로 잡아야 하는 이유
- 미디어믹스 이해 : Gross & Net 거래 방식

미디어믹스란?

미디어믹스는 **광고주가 요청한 광고 캠페인의 KPI를 효과적으로 달성하기 위해 적절한 광고 매체들을 찾아서 조합하는 일**을 말해요.

주로 광고주가 광고대행사에 요청하는 내용은 '자신들이 어떤 목적을 가지고 어떠한 캠페인을 진행하려고 한다' 등의 대략적인 경우가 많아요. 예를 들면, 제약회사에서 광고대행사에 요청할 때, '노년층을 대상으로 한 약품을 최대한 많이 팔고 싶다'와 같은 구체적이지 않은 요구를 하는 경우예요.

그러나 광고대행사에서는 이러한 요청에도 구체적인 광고 캠페인 프로세스를 전달해야 하므로 미디어믹스 전략안을 세워야 합니다. 즉, 광고대행사 측은 광고주가 원하는 KPI 달성을 위해서 어떤 매체를 사용할지, 광고 운영은 어떻게 해나갈지, 예산은 어느 정도 되는지 등과 같은 전략과 그 결과값을 광고주에게 서류 형태로 전달해요.

그렇다면, 실제 광고대행사에서는 어떻게 미디어믹스 전략을 완성해 나가는지 그 프로세스를 하나씩 살펴볼까요?

미디어믹스 프로세스 (모비데이즈만의 방식)

전체적인 프로세스는 '**제안요청 및 업무 플로우 시트 확인 → 킥오프 회의 → 버짓팅 → 매체 컨택 → 미디어믹스 완성 → 제안팀과 세일즈팀의 리뷰 및 피드백 → 제안서와 미디어믹스 완성 및 제출**'의 순으로 이루어져요. 주의할 점은, 이것이 모비데이즈 안에서 이루어지는 진행방식이기 때문에 타 광고대행사의 방식과는 다를 수 있어요. 그럼 모비데이즈에서 진행하는 미디어믹스 완성 과정들을 자세히 살펴볼게요.

RFP 분석을 잘하려면?

  맨 처음 제안요청은 세일즈 팀이 광고주 혹은 대행사와 미팅하면서 새로운 제안권을 가지고 오면서 시작해요. 그리고 새로운 **제안권**과 함께 업무 플로우시트에 대한 링크 URL도 공유하죠.

  업무 플로우 시트에는 제안권에 대한 캠페인 예산, 기간, KPI 등 여러 정보가 담겨있어요. 그 내용들을 각 팀의 매니저(팀장)가 읽어보고 담당자를 배정해요. 담당자 배정이 완료되면, 해당 담당자들 간의 협의를 통해 프로젝트의 첫 시작을 알리는 킥오프 회의 일정을 잡게 됩니다.

킥오프 회의

킥오프 회의 때는 세일즈 팀이 공유한 업무 플로우 시트를 확인하면서 **구체적인 전략 방향성에 대해 논의**해요. '이 캠페인은 어떤 방향으로 진행하면 되겠다.', '이런 전략은 어떨까?' 혹은 '앞으로 제안 준비하는 과정에서 어떻게 진행해 나갈까' 등 구체적인 협의를 하죠. 이때 업무 플로우시트 정보가 부족할 경우, 운영 담당자 혹은 기획 담당자가 추가로 필요한 정보를 확인해 주기도 합니다. 혹은 맨 처음에 제안을 준 세일즈 담당자에게 추가로 물어보기도 해요.

버짓팅

킥오프 회의 때 전략 방향성을 논의한 것을 바탕으로 예산을 결정하는 것이 버짓팅 단계예요. 버짓팅이 결정되어야 해당 내용을 바탕으로 기획팀은 제안서를 작성하고, 운영팀은 미디어믹스 작성을 완성해 나가면서 매체 컨택을 진행할 수 있어요.

버짓팅 단계는 미디어믹스의 뼈대를 세우는 일이라고 생각하면 돼요. 우선, **마케팅 목적에 따라 매체를 선정**해요. 브랜딩, 퍼포먼스 등 마케팅 목적에 따라 선정한 매체가 다르고, 그에 따라 예산도 달라지는 것을 확인할 수 있어요. 그리고 매체가 선정되면, **매체별로 상품을 구성하고 그 상품별로 얼마씩 지출할 것인지를 구상**해요. 이는 타깃 특성을 고려하여 매체별 예산 비중을 조정하는 방식으로 진행되죠.

물론 유튜브는 약 1억 3,500만 원 정도 쓰면 될 것 같다는 식으로 가볍게 생각해서 예산을 나누는 건 아니에요. 캠페인을 의뢰한 광고주의 특성, 핵심 타깃의 특성 혹은 KPI, 광고 시기와 상황 등 다양한 요인들을 생각하면서 예산을 결정해요. 그렇기 때문에 모든 예산 측정 결과값에는 그 근거가 있어야 합니다. 근거 없이 진행되는 경우는 미흡한 버짓팅이며, 그 결과 좋지 않은 미디어 믹스의 결과로 이어질 수 있기 때문이죠.

실제로 모비데이즈에서 광고 대행을 진행할 때, 예산 결과값의 근거를 최대한 고민하고 세부 사항들을 디테일하게 고려했을 때 수주율도 더 높았던 것으로 나타났어요.

미디어믹스 완성

이제 미디어믹스 표를 엑셀로 작성하는데요. 앞서 버짓팅 단계에서 결정한 마케팅 목적, 매체, 광고 예산 등을 기재해요. 그리고 광고 단가, 예상 CTR, 예상 클릭 수 등 제안내역의 수치 부분을 채우죠. 수치에 대한 정보는 매체에서 얻은 견적서 혹은 기존 정량적 레퍼런스에서 확인한 단가를 입력하면 됩니다.

보통 미디어믹스를 엑셀로 작업할 때, 제안내역 칸 전부에 수식이 연결되어 있어서 각 칸에 수치를 입력하게 되면 그 결과값을 엑셀이 알아서 계산해 줍니다. 미디어믹스에 관한 실무를 할 때, **수식을 이용한 엑셀 작업**을 하게 될 거예요.

제안팀 & 세일즈 팀과 리뷰 및 피드백

단가와 수식이 기재된 미디어믹스 표를 작성하면, 해당 문서를 캠페인 **메신저 방에 공유**하게 돼요. 이때 문서만 전달하는 것이 아니라 작성한 미디어믹스에 대한 요약과 왜 이러한 미디어믹스 전략을 구성했는지 등을 같이 전달해요.

또한 매체가 많을 경우, 매체별 수수료가 다를 때가 있어 **각 매체의 수수료**도 같이 안내해요. 그러면 기획팀에서 완성된 제안서를 같이 공유해줄 거예요. 보통 제안서가 완성되는 시점과 미디어믹스가 완성되는 시점은 서로 다르지만, 완성되는 대로 서로 올려주고 피드백하는 과정을 거치게 됩니다.

피드백 부분에서 서로 고쳤으면 좋겠는 포인트를 짚고 문제가 없을 때 세일즈 팀에 전달해요. 세일즈 팀은 제안서와 미디어믹스 문서를 광고주에게 메일로 전달하고, 그 결과를 바탕으로 수주의 성공 여부가 결정되게 됩니다.

더 알아보기 : 미디어믹스 수치

　미디어믹스를 완성하는 단계에서 미디어믹스 표를 작성하죠. 예상 노출 수, 단가 등 각 정보에 해당하는 수치들을 표에 기재하는데요, 이때 해당 수치를 보수적으로 잡는 것이 좋아요. 왜냐하면 해당 수치들은 광고주와의 약속이기 때문이에요. 예를 들면, 100만큼 하겠다고 했는데 80을 달성한 것과, 60만큼 하겠다고 했는데 80을 달성하는 것은 느낌이 전혀 다르기 때문이죠.

　때로는 광고주가 '수치를 너무 보수적으로 잡지 말고, 더 높게 공격적으로 잡아달라'라고 요청할 때도 있는데, 이런 상황이어도 일반적으로 '그 정도는 힘들 수 있다/어려울 수 있다, 지금 연말 시즌이라 광고가 많이 몰려서 말씀하신 단가는 맞추기 어려울 수도 있다, 실제로 달성하기 어려울 수도 있다' 등 이런 식으로 광고주에게 미리 안내하는 편이에요.

　안내를 했음에도 광고주가 여전히 수치를 공격적으로 높여달라고 한다면 서로 이제 합의가 된 거기 때문에 이슈가 생길 일이 없어요. 그런데 광고주와의 합의 없이 믹스를 공격적으로 나가서 달성하지 못했을 경우에 항의가 있을 수 있고, 때때

> 로 금액적 보상을 요구하는 광고주들도 있어서 미디어믹스 수치는 보수적으로 잡는 편이 좋아요.

더 알아보기 : 미디어믹스 이해 - Gross & Net 거래

미디어믹스를 작성할 때, 'Gross 금액'과 'Net 금액'의 개념을 알고 있으면 좋아요. 신규마케터에게는 어렵고 혼동될 수 있는 개념이지만, 광고대행사 입장에서 광고주에게 대행 사비를 받아야 하기에 꼭 알아야 할 개념이에요.

'Gross 금액'은 실제 집행하는 광고 금액에 광고대행사 수수료까지 포함한 금액이에요. 그리고 'Net 금액'은 실제로 광고에 집행하는 금액만을 표기한 거예요. 그래서 미디어믹스를 작성할 때, 광고주에게 우리(광고대행사)가 대행비를 무조건 받아야 하므로 Gross 금액과 Net 금액을 꼭 표기합니다. 만약 Gross 금액을 표기하지 않고 Net 금액만 기재했을 시, 광고대행사는 대행 수수료를 받지 못하게 되는 거죠. 그래서 광고대행사에서 종사하고 있다면 이 개념을 잘 알고 있어야 해요.

다시 한번 짚고 넘어가자면, 'Gross 금액'은 [실제 광고 집행 금액 + 대행 수수료 금액]이에요. 그 중 실제 광고 집행 금액이 'Net 금액'이죠. 그럼 Gross 금액과 Net 금액의 개념을 실제 사례를 통해 정리해 볼까요?

이를 실제 사례에 대입해서 생각해 보면, 광고주가 제시한 총 광고비는 1천만 원이고, 대행 수수료는 여기서 30%라고 가정해볼게요. 그렇다면 대행 수수료를 포함한 실제 광고 집행비는 1천만 원이므로, 1천만 원이 Gross 금액이에요. 그리고 우리 수수료 금액은 1천만 원의 30%이므로, 3백만 원(1000*0.3)이죠. 그리고 [Gross 금액 - 대행 수수료]가 Net 금액이므로, 1천만 원에서 3백만 원을 뺀 7백만 원이 Net 금액이 되죠.

이렇게 Gross와 Net 거래 방식은 광고주에게 정확한 대행 수수료와 총광고비의 구분을 알리기 위해서 필요한 개념이랍니다.

제안 Back Data

> **SUMMARY**
> - Back data: 모든 자료의 근거, 자료의 신뢰도를 부여하는 근거
> - Searching 데이터, Making 데이터, Creating 데이터

Back Data(백데이터)란?

Back data는 **모든 자료의 근거**라고 보면 돼요. 마케터가 백데이터를 활용하는 이유는 자료의 신뢰도를 부여하기 위해서죠. 설문조사, 리서치 자료, 블로그, 논문 등을 통해 백데이터를 만들 수 있어요.

Back data는 크게 3가지 유형으로 나눠볼 수 있어요.

1. Searching: 전문적인 사이트나 보고서 탐색을 통해 자료 도출 많은 마케팅 기획팀 및 대행사 리서치에서 활용

2. Making: 찾은 자료 및 백데이터를 1차 가공

3. Creating: 데이터에 주관을 넣어 유의미한 데이터로 생성

그러면 각 유형의 핵심을 자세히 알아볼까요?

Searching 데이터

Searching 데이터 중요 포인트

1. 신뢰도 높은 원본 자료 확보: Searching 데이터는 원천 자료를 기반으로 하기 때문에 자료의 신뢰도가 중요해요.

2. 목적을 강화하는 자료인지의 여부: 이 자료가 실제로 목적 또는 니즈를 강화할 수 있는 자료인지 확인하는 것이 중요해요. 예를 들어 뷰티 트렌드에 대한 소비자의 니즈를 파악해야 할 때, 방대한 범위의 자료에서 광고 목적과 니즈에 맞는 부분을 선별해야 하죠.

3. 자료의 효과적인 시각화: 찾은 자료를 얼마나 효과적으로 시각화할 수 있는지도 중요해요.

[그림 2-12] Searching 데이터의 중요 포인트

Searching 데이터의 예시를 들면, 뷰티 광고주가 월간 동향 자료를 요청한 경우 전문적인 트렌드 리서치를 통해 자료를 아웃풋 해야겠죠. 이는 상황에 따라 국내/글로벌 자료를 활용하는데, 주로 월간 리포트나 트렌드 리포트를 활용해요. 이러한 리포트는

방대한 양의 데이터를 담고 있기 때문에 목적에 맞는 자료를 선별해서 Searching 데이터를 만들어야 하죠. 그리고 필요한 내용을 PPT 형식에 적절하게 배치해서 시각화할 수 있어요.

Searching 데이터 툴

회사마다 다를 수 있지만, 모비데이즈가 보유하고 있는 데이터 툴은 'App Ape(앱에이프)'와 'Research ad(리서치 애드)'가 있어요.

1. App Ape(앱에이프) : App 분석 툴

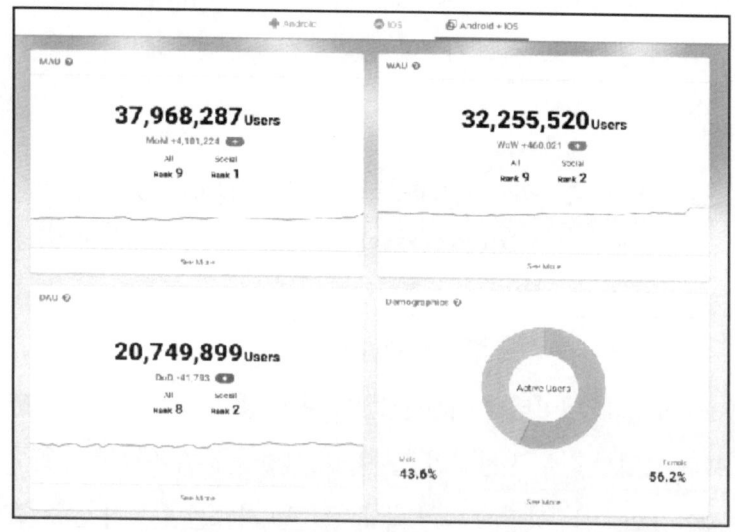

[그림 2-13] App Ape 'User Activity' 화면 (출처: App Ape 홈페이지)

앱 검색 시 AOS-iOS별 앱 사용자 수, 성별, 연령대비율, 사용시간대, 이용빈도 등에 대한 데이터를 살펴볼 수 있어요. App Ape를 활용할 때 유의해야 할 점은, 보여지는 데이터가 실제 데이터와 100% 일치하지 않을 수 있다는 거예요. 패널 기반으로 추정하는 것이기 때문에 데이터가 대략적으로 맞다고 판단할 수 있지만, 앱 특성 또는 성장 상황에 따라 데이터가 부정확할 수 있어요.

따라서 **App Ape**를 활용한 백데이터를 클라이언트(광고주)에게 전달할 때 데이터의 부정확성에 대해 미리 안내할 필요가 있어요.

Research ad(리서치애드) : 광고비 분석 툴

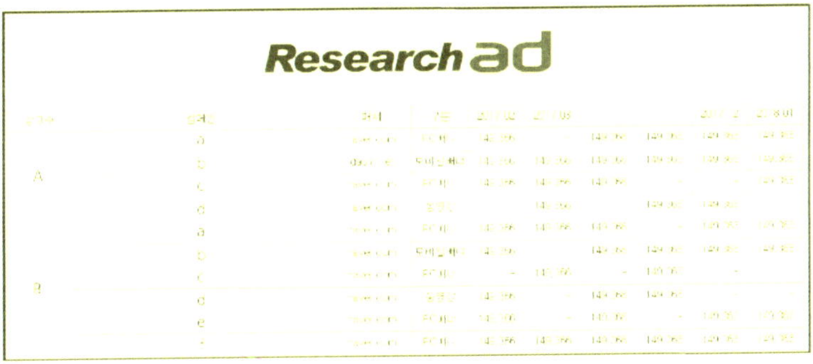

[그림 2-14] Research ad 로고(위), 데이터 샘플 화면(아래) (출처: Research ad 홈페이지)

Research ad는 모바일 및 PC 광고비, 광고지면 위치, 활용 매체에 대해 파악할 수 있는 툴이에요. 파악가능한 매체에 한해서는 지면, 캠페인명, 매체 종류에 대한 정보까지 탐색할 수 있죠. **즉, Research ad를 통해 광고주가 최근 어떤 매체를 활용하고 있는지, 그리고 해당 매체에 광고비를 얼마나 소비했는지의 데이터를 통해 매체에 대한 인사이트를 도출할 수 있어요.**

참고로 Research ad에서 포털사이트 및 네트워크 배너에 활용된 소재와 매체비를 파악할 수 있다는 점이 유용한데요. 광고주와 브랜드에 따라 포털별 광고예산을 천 원 단위로 파악할 수 있어요. 하지만 오프라인 광고의 경우 특정한 지점에 대한 캠페인 광고비는 서칭할 수 없습니다.

Making 데이터

Making 데이터 중요 포인트

> 1. 원본자료의 핵심 파악
>
> 2. 자료의 강조점 선정: 해당 자료에서 어떤 부분을 강조점으로 가져갈 지 결정해야 해요.
>
> 3. 원본을 무시하지 말고 출처 기록: 원본 자료의 출처를 기록하고, 가공할 수 있는 내용을 잘 살펴봐야 해요.

실제로 대형 브랜드의 소재 전체에 대해 각 소재별 소구점/CTR/성과 수치 지표를 분석해서, 어떤 소구점을 조합할 때 효율이 높게 나타나는지 리포트를 만들거나 백데이터로 활용한 후 클라이언트에게 긍정적인 피드백을 받은 사례가 많았어요.

Creating 데이터

Creating 데이터 중요 포인트

> **1. 목적, 변수의 명확한 기준 수립:** Creating 데이터는 원본 데이터를 그대로 사용하는 것이 아니라, 목적에 따라 여러 변수를 조합해서 데이터를 재창조하는 거예요. 그래서 목적과 변수에 대한 명확한 기준을 수립하는 것이 중요해요.
>
> **2. Fact를 근거로 한 추정 (우주적 상상 금지):** 직관적인 예상보다는 데이터, 수치와 같은 팩트를 기반으로 한 추정이 필요해요.
>
> **3. Q&A에 대비해 데이터 작성 기준 기록:** Creating 백데이터가 나왔을 때에는 다양한 질의응답이 들어올 수 있어요. 그래서 질의응답에 대비해 데이터 작성 기준에 대한 기록을 남겨놓는 것도 굉장히 중요한 포인트가 돼요.

Back data를 통한 기획 Case Study - A사

 이 사례는 A사와 진행한 캠페인이었어요. A사의 앱이 속해 있는 시장 현황 분석을 다양한 리서치를 통해서 했었고, 이를 통해 앱의 성장률과 이에 영향을 미친 요소, 관련 시장에 대한 이용자의 인식 등의 내용을 파악할 수 있었어요. Back data를 통해 시장과 A사에 대한 자사의 이해도가 높다는 것을 어필할 수 있었던 사례입니다.

> **BACK DATA**
> - A사의 앱은 신뢰도 확보가 중요해짐
> - 전년도 대비 급성장한 B사와 C사
> - 앱이 얼마나 많은 사람들이 쓰는지에 대한 의 여부가 이용자 인식에 중요하게 작용함

1. 마케팅 전략
 먼저 경쟁사의 장단점과 현황을 분석하여 클라이언트의 포지셔닝을 도출했어요. 그리고 시장 상황을 반영한 2가지 마케팅 전략을 제안했죠. 즉, 다양한 시장 리서치를 통해 A사 마케팅 캠페인을 진행할 때 '앱 활성화'와 '서비스 신뢰도 확보'라는 핵심을 도출해낼 수 있던 거예요.

Back Data를 통해 도출한 A사 마케팅 전략

1. **앱 활성화:** 구매자와 판매자의 균형이 있어야 앱 활성화가 이루어질 수 있다.
2. **서비스 신뢰도 확보:** 많은 고객수와 실제 활성화된 거래 수 확보가 앱의 성장을 보여줄 수 있다.

2. 경쟁사 타깃 분석

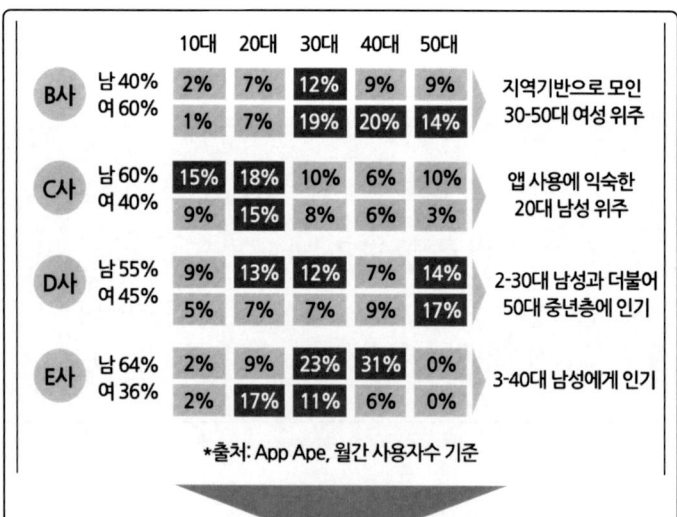

[그림 2-15] App Ape를 통한 경쟁사 타깃 분석 및 전략 도출

[그림 2-16]과 같이 Back Data를 통해 타깃 설정에 대한 근거 또한 마련할 수 있었어요. App Ape로 경쟁사의 이용자 데이터를 추출했을 때 모두 다른 양상을 띠고 있었는데요. 그 이유는 각 앱이 어필하는 USP나 서비스의 종류가 다르기 때문이었죠. 초기 시장인 A사의 경우, 타깃을 설정할 때 성별/연령보다는 판매자와 구매자로 타깃을 나눠서 이에 맞는 미디어 전략을 진행하는 것이 맞다고 판단했어요. 클라이언트가 이 내용에 동의를 해서 제안 내용대로 캠페인을 진행했던 사례였습니다.

이렇게 Back data의 유형과 중요 포인트, 그리고 사례까지 살펴봤는데요. 마지막으로 여러분이 Back data를 만들 때 데이터가 기획안의 취지에 맞고 유의미한 인사이트를 도출할 수 있다면 어떤 종류의 것이든 전부 Back data가 될 수 있다는 걸 알았으면 좋겠어요!

여기까지 기획과 리서치에 대해 자세히 알아보았는데요. 기획과 리서치를 이토록 면밀하게 하는 이유는 무엇일까요? 바로 '효율적인 광고 집행'을 하기 위해서죠! 그래서 다음 시간부터는 '광고 집행'에 대해 본격적으로 다뤄볼 거예요. 메타, 네이버, 구글 등 다양한 광고 플랫폼이 기다리고 있는데요, 걱정하지 말아요! 원리부터 집행 실습까지 차근차근 풀어나가볼까요?

3장

디지털 광고 집행

메타 광고

> **SUMMARY**
> - 메타 광고 구성 요소: [캠페인 ⊃ 광고 세트 ⊃ 광고
> - 메타 광고 타깃팅: 상세 타깃, 맞춤 타깃, 유사 타깃
> - 메타는 KPI에 맞는 캠페인을 지원하고, 브랜딩부터 퍼포먼스까지 활용한 효과적인 마케팅 플랫폼

광고의 기본, 메타 광고

페이스북과 인스타그램, 그 외 연결된 노출 지면에 뜨는 광고를 통틀어 **메타 광고**라고 불러요. 광고 관리자를 통해 메타 광고 세팅을 할 수 있죠. 실무에서 **"메타 광고만 잘 다루면, 다른 광고 플랫폼도 다룰 수 있게 된다"**라는 말이 있을 만큼 성능이 우수한 **플랫폼**이에요.

가끔 '스마트폰이 날 도청하나?'라는 생각이 들 정도로 내가 관심 있어 하거나 필요한 상품·서비스의 광고가 뜨지 않나요? 이건 우연이 아니라, 철저한 메타 알고리즘 덕분이에요. **메타는 로그인 베이스의 플랫폼**이기 때문에, 유저의 관심사/행동/인구통계

학 정보를 기본적으로 가지고 있어요. 또한, 메타 픽셀과 SDK로 사용자의 행동을 추적하는 타깃팅이 가능한 거죠.

메타의 기본, 메타 픽셀

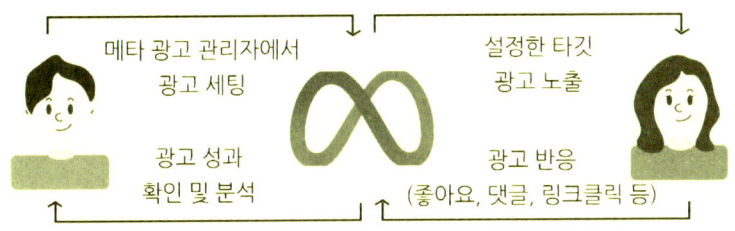

[그림 3-1] 메타 광고 노출 과정

메타 광고 관리자에서 광고를 세팅하면 **캠페인 목표에 따라 특정 액션을 취할 것 같은 타깃에게 광고를 노출**해요. 광고를 본 유저는 좋아요, 댓글, 링크 클릭 등과 같은 반응을 보이게 되고, 이를 종합한 **성과는 광고 관리자에서 모니터링**할 수 있죠.

이때 메타의 머신러닝은 어떤 방식으로 우리의 잠재고객에게 다가가고 성과를 나타낼 수 있는걸까요? 바로 **'메타 픽셀'을 통해 사용자의 행동을 추적하고 데이터를 수집**하는 것이죠. 사용자가 웹사이트에서 장바구니에 상품을 담거나 상세페이지를 조회하는 등 **유의미한 행동**을 취하면 픽셀을 통해 정보가 수집되고, 이를 트래킹할 수 있어요. 그래서 메타 광고의 첫 단계는 **메타 픽셀 설치**예요.

- **메타 픽셀:** 웹사이트에서 사람들이 취한 행동을 파악해(트래킹) 광고 성과를 측정할 수 있게 하는 분석 및 최적화 도구

- **페이스북 SDK:** 모바일 앱에서 사람들이 취한 행동을 파악하고, 광고 성과를 측정해 최적화하는 분석 도구

메타 광고의 3가지 요소

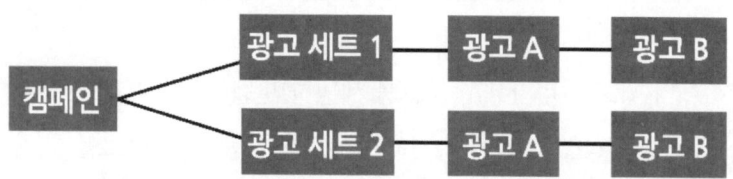

[그림 3-2] 메타 광고 3요소

- **캠페인:** 광고하고자 하는 목표 설정
- **세트:** 타깃, 노출 위치, 예산 일정 등의 세부적인 설정 세팅
- **광고:** 광고 크리에이티브 동영상, 이미지 소재, UTM 등 세팅

메타는 캠페인, 세트, 광고 총 3단계의 구조로 이루어져 있어요. 캠페인 안에서 광고 세트를 설정하고, 광고세트 안에서 광고를 설정하는 체계예요.

메타 광고의 3가지 요소

　메타 픽셀은 구체적으로 어떤 타깃을 트래킹할까요? 우리는 '광고 세트' 단계에서 어느 타깃을 기준으로 최적화할 것인지 설정할 수 있어요. 타깃의 종류에 대한 이해를 위해 상세/맞춤/유사 타깃에 대해 알아볼까요?

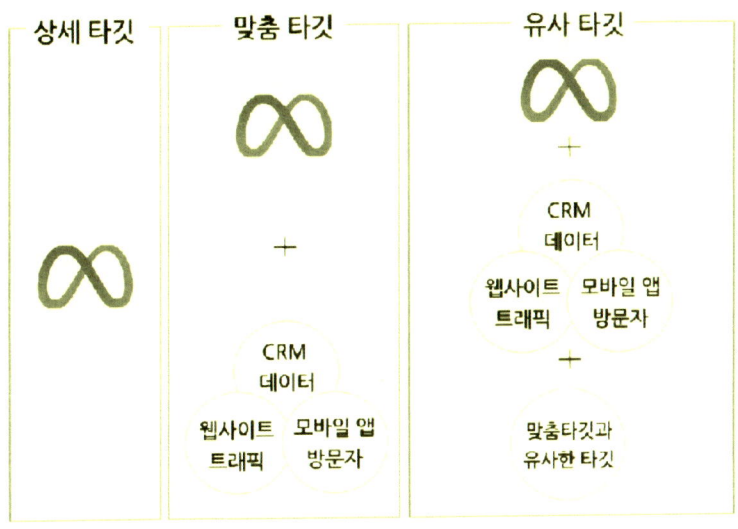

[그림 3-3] 상세 타깃, 맞춤 타깃, 유사 타깃

1. 상세 타깃

위치, 인구 통계, 관심사, 행동, 연결 관계 등 다양한 타깃팅 옵션을 조합해 생성하는 타깃팅이에요. **메타가 가지고 있는 기본 정보와 데이터를 활용**하죠.

2. 맞춤 타깃

CRM 데이터, 웹사이트 트래픽, 모바일 앱, 방문자의 정보 또는 메타 콘텐츠에 참여한 정보를 바탕으로 타깃팅하는 거예요. 이는 광고주 CRM 데이터, 유저의 연락처/정보를 직접 광고 관리자에 업로드해 타깃을 직접 설정하는 방식이죠. 보통 **자사의 픽셀에 쌓여있는 모수를 대상으로 광고를 노출시키는 경우가 많아요.**

3. 유사 타깃

유사 타깃과 맞춤 타깃은 짝꿍이에요. **맞춤 타깃이 설정되어 있어야만 유사 타깃 설정이 가능하죠. 맞춤 타깃을 기반으로 유사한 행동을 할 것이라고 판단되는 타깃을 알고리즘이 찾아간다고 생각**하면 돼요. 맞춤 타깃을 기반으로 보다 더 다양하고 넓은 타깃으로 확장시킬 수 있다는 장점이 있어요.

메타 예산 전략 ABO, CBO

광고를 세팅하기 전 파악해야 할 또 다른 개념이 예산인데요. 광고비를 많이 쓰면 쓸수록 많은 사람에게 광고가 노출되기 때문에, 광고 목표에 맞게 어떻게 예산 전략을 짤 것인지 논의할 필요가 있어요. 효율적인 광고를 집행하기 위해서는 메타의 예산 전략에 대해 알아야겠죠?

1. CBO

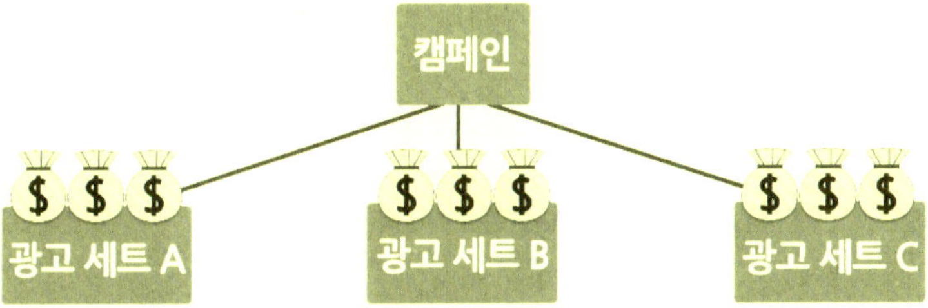

[그림 3-4] CBO 예산 전략

CBO$_{\text{Campaign Budget Optimization}}$는 STEP 1 캠페인 단계에의 '어드벤티지 캠페인 예산'을 설정하고, STEP 2 광고 세트 단계에서 '일 예산'을 미입력해 주세요.

CBO는 머신러닝이 스스로 판단해서 실시간으로 예산을 배분해요. [그림 3-4]처럼 하나의 캠페인 안에 3개의 광고 세트가 세팅되어 있을 때 B 광고 세트가 가장 성과가 좋다면, 메타는 'B광고

세트의 타깃이 우리가 원하는 특정 액션을 가장 많이 취할 거야'
라고 판단해요. 이때, 메타 머신러닝은 B 세트에 가장 많은 예산
을 할당하고, 성과가 가장 좋은 순서대로 남은 예산을 할당해 더
많은 노출을 유도해요.

이러한 특성 덕분에 **CBO는 캠페인 예산을 효율적으로 사용 가
능하다는 장점**이 있어요. 하지만 머신러닝이 자동으로 예산을 배
분해 주기 때문에 **특정 광고 세트만 노출시켜 다른 그룹의 타깃들
이 묻힐 수 있다는 단점**도 존재해요.

2. ABO

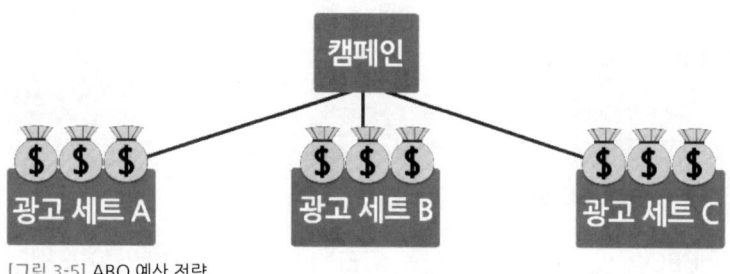

[그림 3-5] ABO 예산 전략

ABO_{Ad set Budget Optimization}는 STEP 1 캠페인 단계에서 일 예산을 미
입력하고, STEP 2 세트 단계에서 일 예산을 입력해 주세요.

ABO는 **각 광고 세트에 일 예산을 수동으로 직접 입력하는 방식**
이에요. 보통 초기엔 광고 세트에 동일한 예산을 분배해요. **같은**

환경에서 어떤 세트가 더 성과가 좋은지 비교해, 우리 제품이 어떤 타깃에게 반응이 좋은지 알 수 있다는 장점이 있죠.

하지만 성과가 좋은 세트는 제한된 예산 때문에 노출량에 있어서 한계가 있고, 효율이 좋지 않은 세트는 예산을 소진하기 위해 무의미한 타깃에게 광고를 노출시켜 최적화하는 데에 한계가 있을 수 있어요.

Q. CBO로 세팅하면 머신러닝이 알아서 타깃을 찾아주고, 광고비도 효율적으로 쓸 수 있으니까 무조건 CBO가 좋지 않나요?

A.무조건 좋다고 할 수는 없어요. CBO 특성상 성과가 좋은 세트에 많은 예산이 할당돼 노출이 많이 되지만, 그만큼 다른 세트들의 노출량은 적어져요. 적은 예산을 할당받은 광고 세트에서 의미 있는 유저를 찾아내기 힘들 수 있기 때문에, 무조건 좋다고 할 순 없어요. **초기에 ABO로 세팅해 어느 타깃이 우리의 상품에 반응하는지 1차적으로 확인한 후, CBO로 다시 캠페인을 세팅해 효율적으로 운영하는 것을 권장해요.**

이제 본격적으로 메타 광고 집행 단계로 넘어가볼게요. 참고 자료와 함께 단계별로 차근히 알아봅시다.

STEP 1. 캠페인 설정

목표 유형 설정

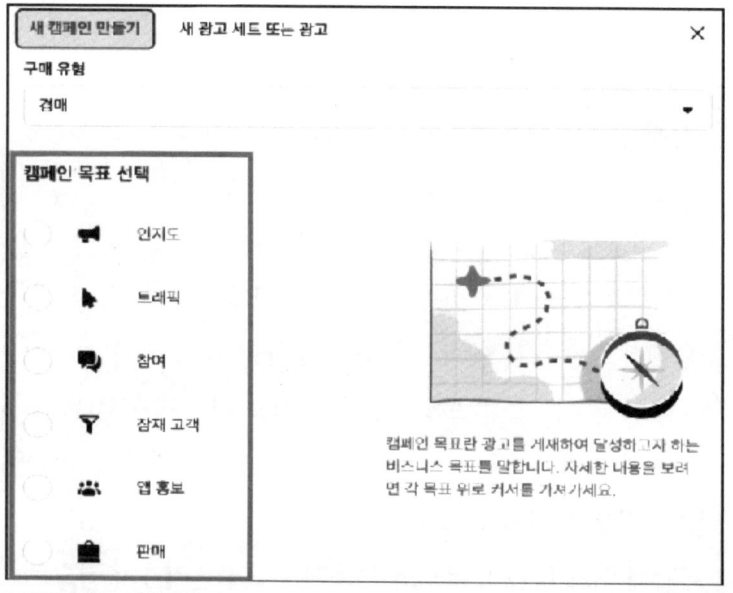

[그림 3-6] 목표 유형 설정 창

첫 화면으로 위와 같은 창이 뜨는데요. KPI 맞게 선택해 주시면 돼요.

- 인지도: 최대한 많은 사람들에게 도달
- 트래픽: 앱/웹 랜딩페이지 유입 극대화
- 참여: 광고를 보고 좋아요/공유/저장 등 행동 유도
- 잠재 고객: 예비 고객에게 노출
- 앱 홍보: 앱 다운로드 유도 및 최적화
- 전환: 구매를 할 것 같은 사람에게 노출

머신러닝이 해당 목표를 가장 많이 취할 것 같은 사람에게 노출시켜 준다고 이해하면 돼요. 인지도 캠페인이 가장 단가가 저렴하고, 전환 캠페인으로 갈수록 단가가 올라간다는 점 알아두면 좋을 것 같아요. 저는 트래픽 캠페인으로 선택해 보여주도록 할게요.

캠페인 이름, 특별 광고 카테고리

캠페인 이름은 보통 직관적으로 알 수 있도록 **입력**해야 해요. '집행 기간_캠페인 KPI_캠페인 목표_N차_예산 전략'과 같은 정보를 담아요.

특별 광고 카테고리는 전 세계적으로 쓰는 플랫폼이기 때문에, 특정 국가에서 필요한 요구사항이 있는 광고에 적용돼요. **카테고리별로 광고에 대한 승인을 받는다거나, 불법적인 차별로부터**

유저를 보호하기 위함 등의 사유로 해당이 된다면 **선택**해야 해요. 만약 해당 사항이 없다면, [그림 3-7]처럼 선택하지 않고 넘어가 주세요.

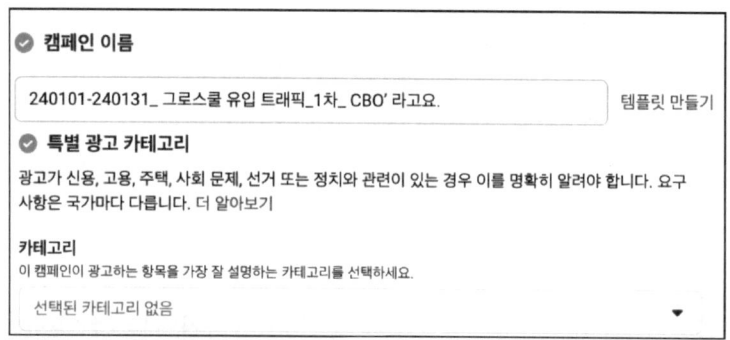

[그림 3-7] 캠페인 이름, 특별 광고 카테고리 창

어드벤티지 캠페인 예산

어드벤티지 캠페인 예산은 'CBO로 예산 전략'을 세웠을 때 사용하는 기능이었죠? 현재 메타 측에서 권장하고 있는 기능인데, 각자 KPI와 예산 전략에 맞게 선택해 주면 될 것 같아요.

만약 CBO로 캠페인을 운영할 거라면, 오른쪽 상단 파란 버튼을 눌러 활성화시키고 일 예산 또는 총예산을 입력하면 돼요.

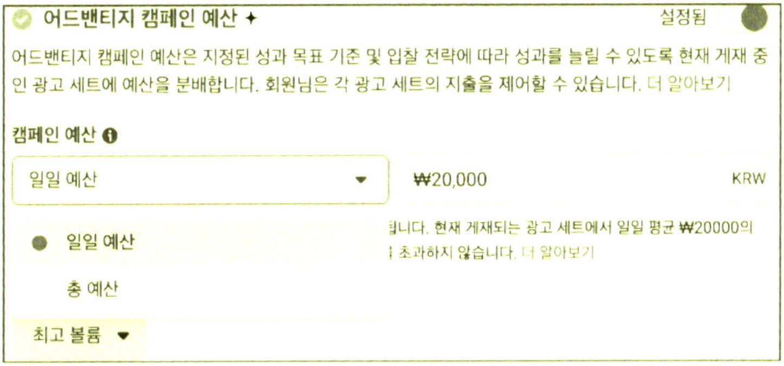

[그림 3-8] 어드밴티지 캠페인 예산 창

STEP 2 광고 세트

세트는 광고를 노출시킬 지면, 타깃 등을 설정하는 중요한 단계예요.

광고 세트 이름, 전환

광고 세트 이름 또한, 직관적으로 알 수 있는 정보를 담아요. '타깃_노출 지면' 등 특징적인 요소로 기재하는 것이 좋아요.

전환 같은 경우에 랜딩페이지로 유도할 플랫폼을 선택해요. 웹사이트/웹/프로필 등을 선택하면 돼요.

```
◉ 광고 세트 이름
  2030 취준생_ ALL 노출                    템플릿 만들기
◉ 전환

전환 위치
트래픽을 유도할 위치를 선택합니다. 랜딩 페이지에 대한 상세 정보는 나중에 입력합니다.

  ◉ 웹사이트
    웹사이트에 트래픽을 보냅니다.
  ○ 앱
    앱에 트래픽을 보냅니다.
  ○ 메시지 앱
    트래픽을 Messenger, Instagram 및 WhatsApp에 보냅니다.
  ○ Instagram 프로필
    회원님의 Instagram 프로필로 트래픽을 보냅니다.
  ○ 통화
    사람들이 비즈니스에 전화를 걸도록 유도합니다.

성과 목표 ⓘ
  링크 클릭수 극대화                           ▼
```

[그림 3-9] 광고 세트 이름, 전환 창

예산 및 일정

광고 세트에서의 예산 설정은 'ABO 예산 전략'을 사용할 경우 사용하는 기능이라고 언급했었죠. STEP 1 캠페인 목표에서 '어드벤티지 캠페인 예산'은 넘기고, 현 단계에서 입력하면 돼요.

예약은 캠페인 시작 날짜와 종료 날짜를 설정해서 자동으로 광

고를 시작하고 종료할 수 있어요. 만약 예약을 걸지 않는다면 수동으로 캠페인을 OFF 해야 하는데요, 실수로 끄지 않게 되면 집행 기간을 초과해 예산 낭비로 이어지는 불상사가 발생할 수도 있어요. 여기서 주의할 점은 시간인데요. **일 예산은 0시 0분부터 23시 59분까지 사용되는 예산**이에요. 만약 시간을 다르게 설정하면 미리 짜두었던 예산에 오차가 생길 수 있으니 시작/종료 날짜를 같게 입력해주세요.

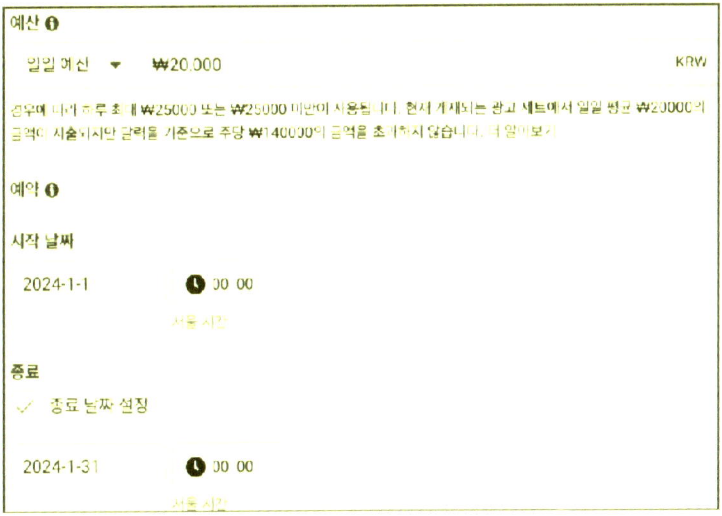

[그림 3-10] 예산 및 일정 창

타깃 관리

　타깃의 위치, 최소 연령, 맞춤 타깃 제외, 언어를 선택할 수 있어요. 전세계적으로 광범위하게 광고를 할 것이 아니라면 **위치는 대한민국과 언어는 한국어로 설정해 두시는 걸 추천**해요. 불필요한 타깃에게 광고가 노출되는 것은 예산 낭비이기 때문이에요.

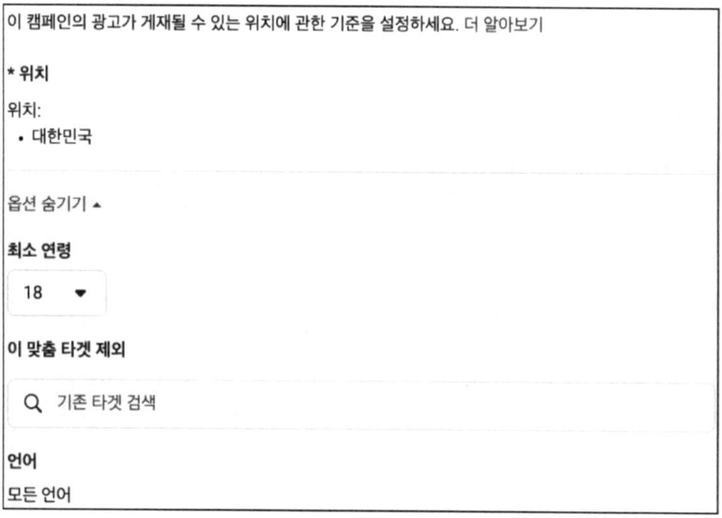

```
이 캠페인의 광고가 게재될 수 있는 위치에 관한 기준을 설정하세요. 더 알아보기

* 위치
위치:
  • 대한민국

옵션 숨기기 ▲

최소 연령
[ 18 ▼ ]

이 맞춤 타겟 제외
[ 🔍 기존 타겟 검색 ]

언어
모든 언어
```

[그림 3-11] 타깃 관리 창

어드벤티지+ 타깃

광고 세트 세팅에서 가장 중요한 타깃 설정 단계예요.

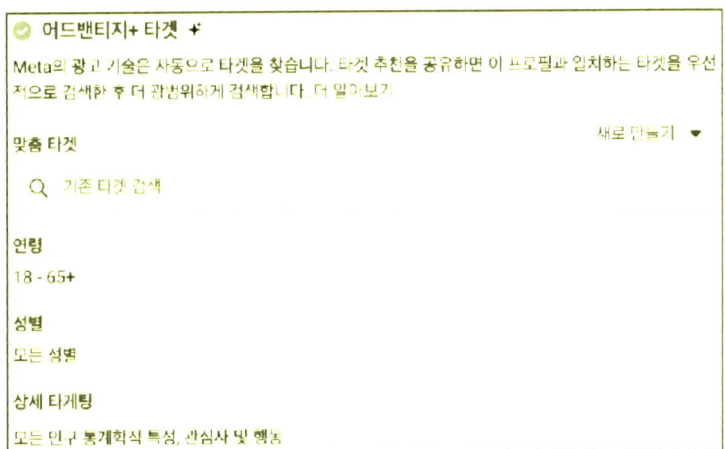

[그림 3-12] 어드벤티지+ 타깃 창

위 그림처럼 **타깃 설정과 연령, 성별 선택이 가능**해요. 연령대는 최소 연령부터 최대 연령까지 선택해, 특정 나이대만 노출시킬 수 있어요. 성별 또한, 모든 성별/ 남자/ 여자에게만 선택해 노출시킬 수 있지만 **'모든 성별'로 세팅해 두는 걸 권장**해요.

앞 단에서 설명해 드렸던 상세 타깃, 맞춤 타깃, 유사 타깃에 대해 언급을 했었죠. **각 타깃들은 모두 여기서 설정**할 수 있어요. 상황과 KPI, 어떤 타깃으로 세팅할 건지에 따라 방식이 다르기 때문에 하나씩 안내할게요.

상세 타깃팅일 경우

```
일치하는 사람 포함 ⓘ
Q  도서|                           추천 찾아보기
    구글 도서                              관심사
    도서관                                관심사
    공공 도서관                            관심사
    전자 도서관                            관심사
    대영도서관                             관심사
    프랑크푸르트 도서전                      관심사
```

[그림 3-13] 상세 타깃팅 창

　상세타깃팅은 내가 특정하고 있는 타깃이 선호할 만한 키워드를 **직접 입력**하는 거예요. 〈Welcome, 마케터〉같은 경우에는 '책에 관심이 많은 사람이 읽겠다'라는 가설을 세워, '도서'라는 키워드를 검색해봤어요. [그림3-13]처럼 밑에 다양한 키워드가 나왔죠. 이때 각 항목에 마우스 커서를 놓으면 타깃 규모를 확인할 수 있어요.

> **상세 타게팅**
> 일치하는 사람:
> - 관심사: 웹 만화, 웹툰, 온라인 소설, 크라우드펀딩, 타로, 자조론, 향수, DIY, 쥬얼리 또는 웹 서비스

[그림 3-14] Welcome, 마케터 메타 광고 상세 타깃팅 예시

실제 〈Welcome, 마케터〉 메타 광고 상세타깃팅 예시에요. 텀블벅 유저를 특정하고자 했기 때문에 **텀블벅의 주 인기 카테고리 키워드를 활용**했어요. 이는 실제로 좋은 성과로도 이어졌었죠. 예시를 보고 '상세 타깃팅 키워드의 개수가 중요한 거 아닌가?' 라고 생각할 수 있는데, **개수는 중요하지 않아요. 가장 중요한 것은 타깃 규모**에요.

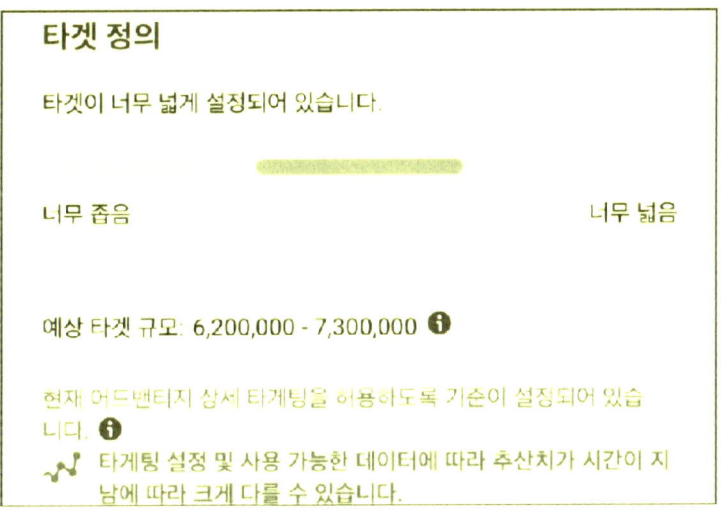

[그림 3-15] 타깃 정의 창

메타 세팅을 할 때, **타깃 정의란에서 예상 타깃 규모를 확인**할 수 있어요. 타깃 규모 또한 **n만 명이 중요하다는 기준은 없고, 예산이나 KPI에 맞게 적정 타깃 규모를 찾아가는 것이 바람직**해요.

- **맞춤 타깃팅**

Q 기존 타깃 검색	
전체 유사 타깃 **맞춤 타깃**	
● ㅁ	웹사이트
● 230609 그로스쿨 방문자 180일	웹사이트
● 그로스쿨 홈페이지 방문자(최근 90일)	웹사이트
● 그로스쿨 인스타그램 방문자(50일)	참여 - Instagram
● 그로스쿨 방문자	웹사이트
● 그로스쿨 인스타 참여자	참여 - Instagram

[그림 3-16] 맞춤 타깃팅 창

기존에 있는 맞춤 타깃을 설정할 경우, [그림 3-16] **처럼 메타 픽셀이 추적한 맞춤 타깃 목록**이 뜨게 돼요. 이때 마우스 커서를 해당 타깃에 올려놓으면, 모수 규모 /이름 /유형/사용 가능 여부 /설명이 나타나요. 각 요소들을 참고해 맞춤 타깃을 선택하면 돼요.

만약 새로운 맞춤 타깃을 설정하고 싶다면, 오른쪽 상단에 새로 만들기▼ 를 클릭해주세요.

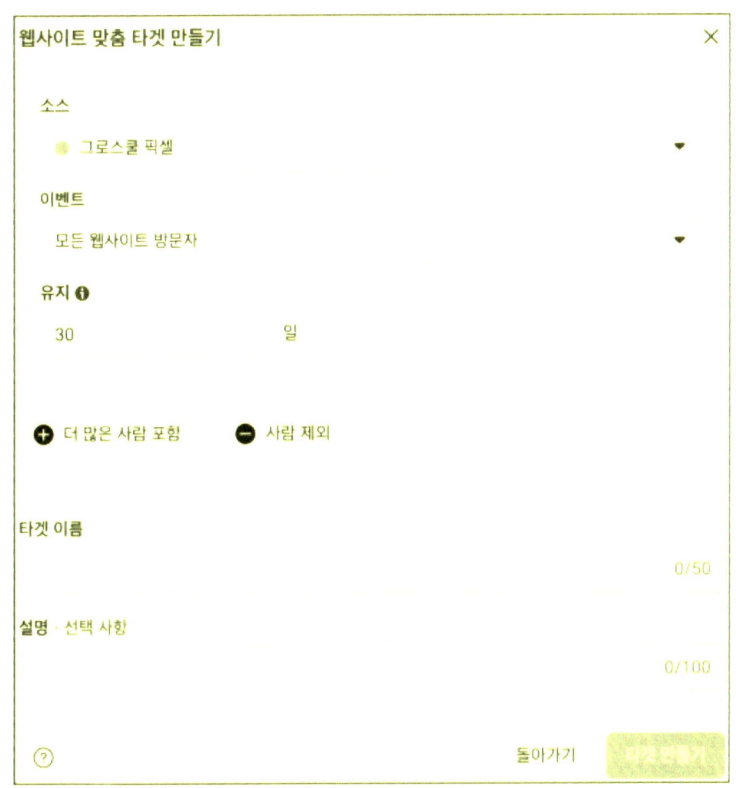

[그림 3-17] 맞춤 타깃 만들기 창

소스에선 사용할 픽셀/이벤트/유지를 입력해 주시면 돼요. 맞춤 타깃은 내가 원하는 액션과 기간을 수동을 설정해 타깃팅하는 개념이라고 이해하면 될 것 같아요.

이벤트를 클릭해 보면, 많은 옵션이 있어요. 모든 웹사이트 방문자/ Page View/ Purchase/ Add to cart 등 다양한 전환 액션들

139

이 있으니 만들고자 하는 타깃에 맞춰 선택해 주세요. **해당 액션을 설정할 기간을 입력하고, 타깃 이름도 직관적으로 작성**해 주시면 돼요. 예를 들어 '그로스쿨 웹사이트에 30일 이내 방문한 사람'과 같이요.

유사 타깃팅

웹사이트	
그로스쿨 홈페이지 방문자(최근 90일)	

Q 기존 타겟 검색

전체 **유사 타겟** 맞춤 타겟

● 유사 타겟 (KR, 2% to 3%) - 230609 그로스쿨 방문자 180일	유사 타겟
● 유사 타겟 (KR, 2%) - 230609 그로스쿨 방문자 180일	유사 타겟
● 유사 타겟 (KR, 1%) - 230609 그로스쿨 방문자 180일	유사 타겟
● 유사 타겟 (KR, 5%) - 그로스쿨 홈페이지 방문자(최근 90일)	유사 타겟
● 유사 타겟 (KR, 5%) - 그로스쿨 인스타그램 방문자(50일)	유사 타겟
● 유사 타겟 (KR, 3%) - 그로스쿨 인스타그램 방문자(50일)	유사 타겟
● 유사 타겟 (KR, 3%) - 그로스쿨 홈페이지 방문자(최근 90일)	유사 타겟
● 유사 타겟 (KR, 3% to 7%) - 사이드_인스타_이벤트_참여_행동 유저	유사 타겟
● 유사 타겟 (KR, 3% to 7%) - 사이드_페이스북_유저 참여, 행동, 방문, 광고	유사 타겟

[그림 3-18] 유사 타깃팅 창

유사 타깃은 맞춤 타깃과 짝꿍이라고 비유했었죠. [그림 3-18]에는 이미 **그로스쿨 홈페이지 방문자(최근 90일)과 같은 맞춤 타깃이 설정**되어 있어요.

다음, 유사 타깃을 보면 퍼센테이지(%)로 얼마나 유사성이 높은가 확인할 수가 있어요. 마찬가지로 규모와 유사성을 보고 적절한 타깃을 선택하면 돼요. 참고로 **유사 타깃은 개수 제한 없이 선택할 수 있어요**.

노출 위치

메타는 인스타그램/페이스북/메신저/오디언스 네트워크 등 다양한 지면에 노출이 가능해요. 그 중 '노출 위치'라는 기능을 통해 해당 지면을 직접 선택해 노출시킬 수 있는 기능이에요.

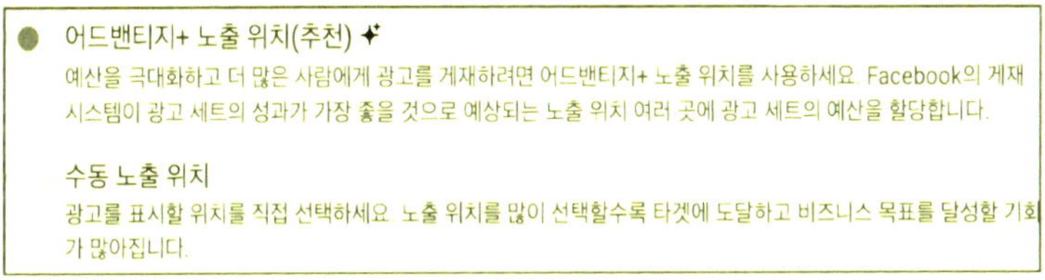

> ● 어드밴티지+ 노출 위치(추천) ✦
> 예산을 극대화하고 더 많은 사람에게 광고를 게재하려면 어드밴티지+ 노출 위치를 사용하세요. Facebook의 게재 시스템이 광고 세트의 성과가 가장 좋을 것으로 예상되는 노출 위치 여러 곳에 광고 세트의 예산을 할당합니다.
>
> 수동 노출 위치
> 광고를 표시할 위치를 직접 선택하세요. 노출 위치를 많이 선택할수록 타겟에 도달하고 비즈니스 목표를 달성할 기회가 많아집니다.

[그림 3-19] 노출 위치 창

어드밴티지+ 노출 위치와 수동 노출 위치를 먼저 선택해야 하는데요. '**어드밴티지+노출 위치**'란 메타 머신러닝이 판단할 때 성과가 더 좋을 것이라고 예측되는 지면에 자동으로 **노출**시켜주는 것이에요.

반면, '**수동 노출 위치**'는 직접 노출시킬 지면을 선택하는 거죠.

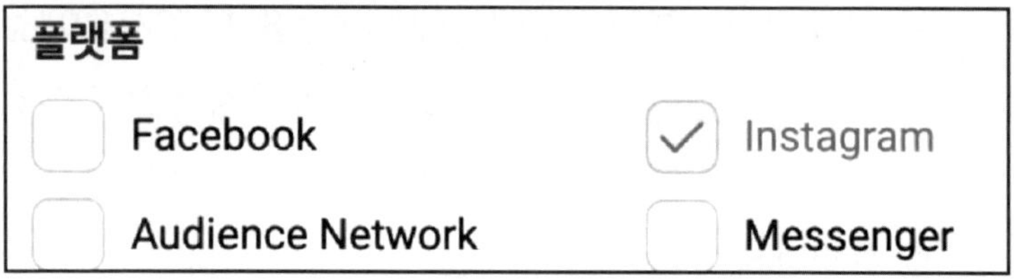

```
플랫폼
    ☐ Facebook              ☑ Instagram
    ☐ Audience Network      ☐ Messenger
```

[그림 3-20] 수동 노출 위치 창

    수동 노출 위치를 설정한다면, [그림 3-20]과 같은 화면이 뜨게 돼요. 이때 **원하지 않는 지면의 체크 박스를 해제**하면 돼요. 요즘엔 IG과 FB의 연령대와 성격이 많이 다르기 때문에, 특정 지면에만 노출하는 경우가 많아요. 또한 FB의 유저보다 IG 유저가 과거에 비해 더 많아졌기 때문에 인스타그램 노출만을 선호하는 추세죠.

STEP 3 광고 소재

광고 세트 이름, 전환

```
✓ 광고 이름
  1:1이미지_자기계발                        템플릿 만들기
✓ 대표 계정
  * Facebook 페이지 ⓘ
    ▸ Groschool                                    ▼
  Instagram 계정 ⓘ
    ▸ groschool.kr                                 ▼
```

[그림 3-21] 광고 이름, 대표 계정 창

    광고 이름 또한 직관적인 정보를 담아야 해요. 보통 광고소재는 '이미지 사이즈_소재 이름_' 등을 기재해요. 참고로 대부분의 광고 소재는 1080X1080의 사이즈로 제작돼요.

    대표 계정은 우리 광고가 노출될 때, 어느 계정으로 보여줄지 선택하는 부분이에요. 보통 자사 브랜드 계정을 사용하죠.

광고 설정, 광고 크리에이티브

이제 우리 유저들에게 도달될 광고 소재를 업로드하는 단계예요.

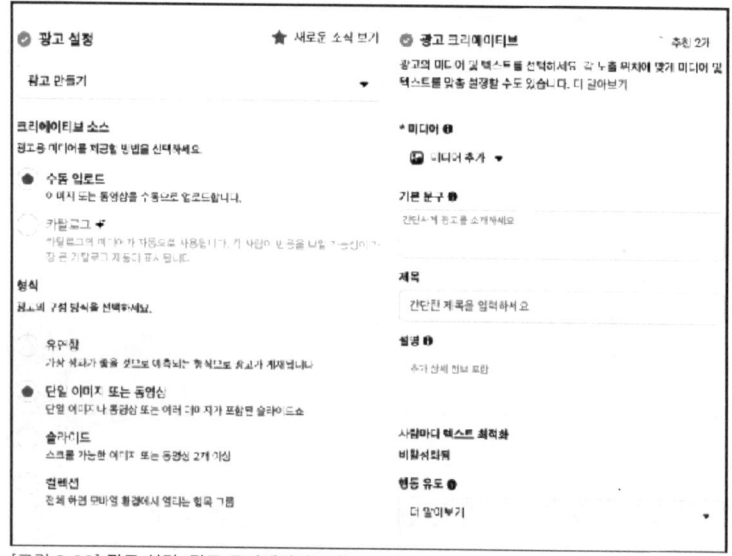

[그림 3-22] 광고 설정, 광고 크리에이티브 창

우선 형식 부분에서 단일 이미지 또는 동영상/슬라이드/컬렉션 중 하나를 선택해야 해요. 다음 광고 크리에이티브에서 미리 제작해 둔 소재를 업로드하면 돼요. 미디어 추가를 클릭해, 업로드할 소재를 선택해 주세요. 모두 원본 사이즈를 권장하고, 모든 최적화를 'ON' 해주세요.

기본 문구/제목/설명은 광고가 노출될 때 보이는 텍스트를 기입하는 단계예요. **세팅할 때 오른쪽 '광고 미리보기'로 어떻게 노출**이 되는지를 대략 볼 수 있는데, 기본 문구/제목/설명의 위치를 확인해주세요.

행동 유도는 더 알아보기/지금 주문하기/다운로드 등 뱃지 역할을 해요. **행동을 유도하는 문구**를 선택한다고 이해하면 돼요.

랜딩페이지

유저들이 우리 광고를 클릭했을 때 연결되는 URL을 입력하는 단계예요. 캠페인 목표나 설정에 따라 입력란이 다를 수 있다는 점 참고해 주세요.

```
◐ 랜딩 페이지
사람들이 광고를 누르거나 클릭했을 때 어디로 연결할지 설정하세요. 더
알아보기

    📱  인스턴트 경험
        사람들을 빠르게 열리는 모바일에 최적화된 환경에 연결합니다.

    🔗  웹사이트
        사람들을 웹사이트에 연결합니다.

    * 웹사이트 URL ⓘ
    ┌──────────────────────────────────┐
    │ http://www.example.com/page      │
    └──────────────────────────────────┘
    광고의 웹사이트 URL 필드를 입력하세요.

    URL 매개변수 만들기
```

[그림 3-23] 랜딩페이지 창

연결하고자 하는 웹페이지의 링크를 삽입하면 돼요. 보통 **자사의 홈페이지 또는 상세페이지의 URL**을 입력하죠.

혹시 UTM에 대해 알고 있나요?

가끔 인터넷을 하면서 URL을 복사하면 엄청나게 긴 주소를 본 적 있나요? 그런 경우의 대부분은 방문자를 구별하기 위해 만들어진 링크예요. **UTM은 GA에서 활용되며, 방문자의 유입 경로를 확인하기 위해 URL로 구별해둔 것**이죠. 주로 자사 사이트 뒤 매체 소스/매체/캠페인 명/소재명 등을 입력해요. ([그림 3-24, 4-18] 참고)

| 공유하는 URL | UTM(보라색) |

https://groschool.kr/?utm_source=**facebook**&utm_medium=**display**&utm_campaign=**spring_branding**&utm_content=**logo_v1**

| 어떤 채널에서 클릭했는가 | 어떤 방식으로 보여졌는가 | 어떤 캠페인에 속해 있나 | 어떤 콘텐츠를 봤는가 |

[그림 3-24] UTM

이렇게 UTM을 달아두면 어디서 유입이 됐는지 파악할 수 있어 성과 분석할 때 용이해요. UTM을 단 URL을 사용할 경우도 똑같이 랜딩페이지 URL에 입력해 주시면 돼요. 참고로 메타는 'URL 매개변수 만들기' 기능으로 자동으로 UTM을 달 수가 있답니다.

UTM에 대한 자세한 내용은 4장에서 다시 설명할게요!

추적

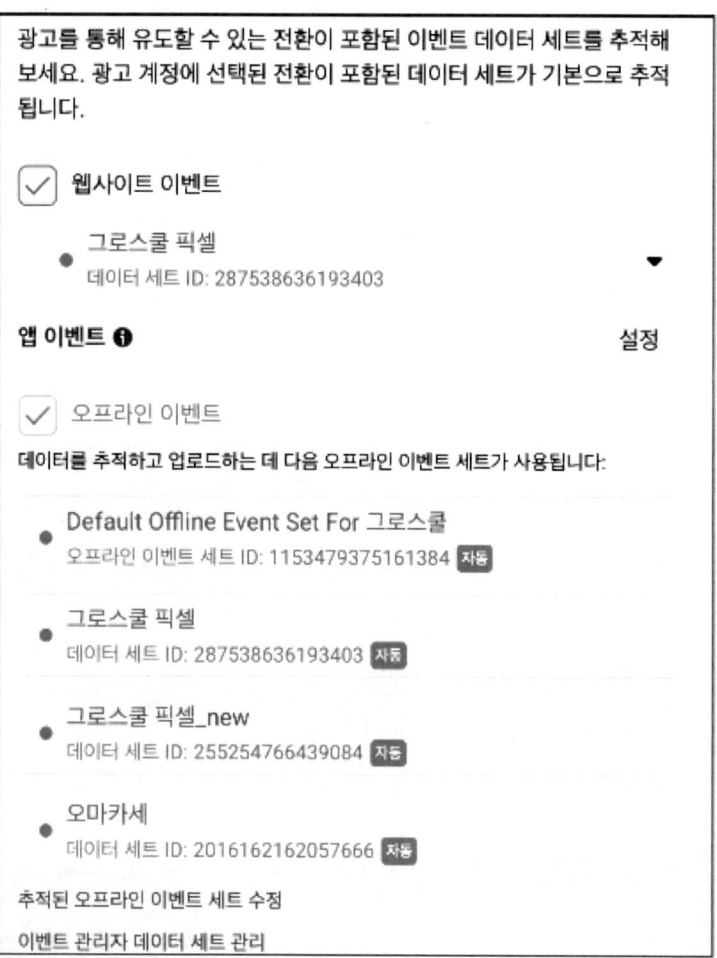

[그림 3-25] 추적 창

픽셀이 유저의 유의미한 액션을 수집하고 추적한다고 말했었죠. **이 단계에서는 해당 광고에 연결할 픽셀을 선택**하면 돼요.

- **웹사이트 이벤트는 우리의 랜딩페이지 내에서 일어난 액션을 추적**하는 것이에요. 웹사이트 내에서 일어날 수 있는 상세페이지 조회, 구매, 회원 가입 등의 성과를 확인해 볼 수 있는 거죠.

- **오프라인 이벤트**는 거의 사용되지 않는 기능인데요. **온라인 광고를 본 후 실제 오프라인 매장에 방문해 유의미한 행동을 했는지 추적하는 기능**이라고 생각하면 돼요.

메타 캠페인 세팅하는 방법은 여기까지예요. 혹여 직장인 신분이 아니어서 비즈니스 계정이 없어도, 개인 계정으로 접속할 수 있으니 직접 따라 해보고 이것저것 눌러보며 익히는 걸 권장해요. 캠페인 목표, 설정값에 따라 사용할 수 있는 기능이 다르기 때문에 꼭 광고관리자로 탐색해 보세요!

이제 메타 세팅할 때 알면 좋은 사항이나 부가적인 요소에 대해 설명할게요.

세팅 후, 동의하고 게시 버튼

세팅이 끝나고 **오른쪽 하단의** 동의하고 게시 를 눌러야만 광고가 돌아가요. 이때 STEP 1 캠페인 단계에서 '동의하고 게시'버튼을 눌러야 광고세트와 광고 소재가 한번에 업로드 되죠.

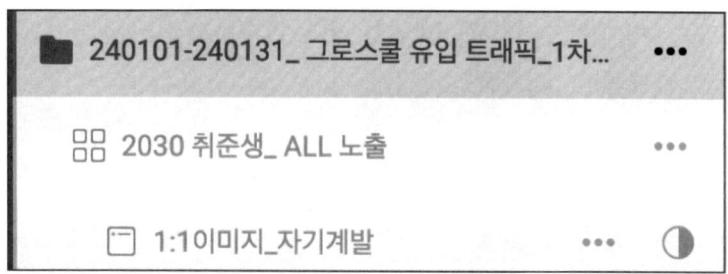

[그림 3-26] 캠페인 단계가 클릭된 상태

위 이미지는 **광고 세팅할 때 맨 왼쪽에서 확인**할 수 있어요. 상단부터 STEP 1 캠페인 목표> STEP 2 광고 세트> STEP 3 광고 소재 순이에요. 현재 머물고 있는 단계는 [그림 3-26]처럼 배경이 **파란색**으로 표시되죠.

만약 맨 위 상단의 캠페인 단계에서 '동의하고 게시'를 누르지 않고 **광고 세트 혹은 소재 단계에서 클릭하게 되면, 세트와 소재를 일일이 게시를 해줘야 돼요.** 광고 세트가 2개이고 각각 10개의 소재가 세팅되어 있다고 한다면, 총 22번의 '동의하고 게시' 버튼을 눌러야 하는 최악의 경우가 생길 수 있답니다.

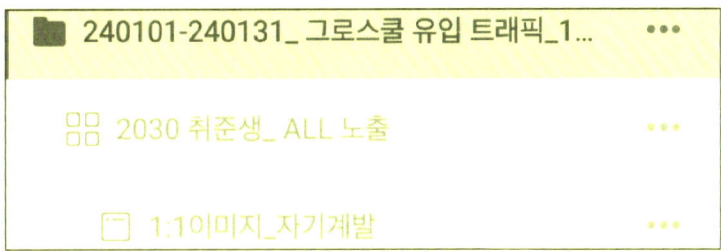

[그림 3-27] 동의하고 게시 버튼 클릭 후 하얀 배경

동의하고 게시 정상적으로 완료되면, [그림 3-27]처럼 뒷배경이 흰색으로 바뀌어요. 반대로 아직 게시되지 않았다면, [그림 3-26]처럼 배경이 초록으로 나타나요.

광고세트와 소재가 여러개일 경우

광고 세트와 소재가 하나가 아닐 경우에 빠르게 추가하는 방법을 알려줄게요.

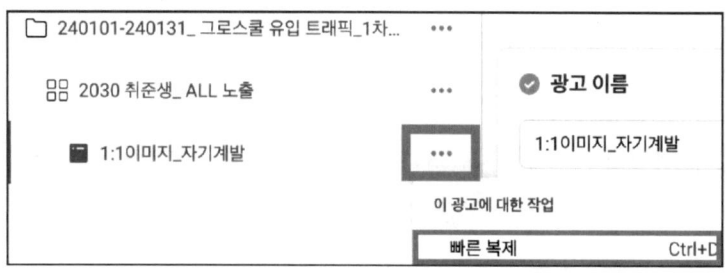

[그림 3-28] 빠른 복제 창

STEP 3 광고 소재 단계에서 오른쪽 점 세 개를 클릭하면 '이 광고에 대한 작업' 창이 나와요. 여기서 맨 상단의 **'빠른 복제'**를 클릭해주면 해당 광고 소재가 똑같이 복사되죠. 미디어 또는 변경해야 할 요소를 새로 입력해주면 돼요.

소재는 동일하고 광고세트만 다르게 할 경우에는 STEP 2 광고 세트 단계에서 같은 **방법으로 '빠른 복제'**를 해주면 돼요. 그 후 광고 세트 설정을 변경하면 되고요.

광고관리자 알아보기

광고 관리자 화면에서 광고를 집행할 때 주로 보면 좋은 부분들 위주로 알아봅시다.

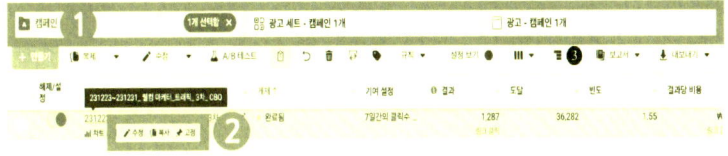

[그림 3-29] 광고관리자 UI 창

1. 캠페인/광고 세트/광고 탭

캠페인 안의 광고 세트 혹은 광고 소재만 보고 싶을 때, **확인하고자 하는 캠페인을 선택한 후, 1번 박스 안의 각 탭을 누르면 볼 수 있어요.**

2. 캠페인 수정

해당 캠페인/광고세트/광고소재를 수정해야 할 경우, **캠페인 명 위에 커서를 올리면 차트 조회/수정/복사/고정**을 선택할 수 있어요. 이때 필요한 기능을 선택하면 돼요.

3. 열 설정

[그림 3-29]에는 보이지 않지만 슬라이드 바를 옆으로 넘기면, **다양한 열의 값을 확인**할 수 있어요. 캠페인 목표별로 중요하게 볼 지표가 다르기 때문에, **맞춤 열도 설정**해 둘 수 있답니다.

광고 최적화에 중요한 3가지

이 부분은 메타뿐만 아니라 다른 광고 플랫폼에도 해당되는 내용이에요. 머신러닝은 최대한 많은 모수를 확보하고 유의미한 유저를 모색해 특정 액션을 취할 것 같은 사람에게 노출시키기 때문에, **머신러닝의 최적화는 곧 캠페인의 효율로 이어지죠.**

1. 예산 설정

광고를 집행하는 이유는 우리 상품의 고관여 유저와 잠재 고객에게 다가가기 위함이죠. 하지만 **적은 예산으로 광고를 집행한다면 노출량이 적어지기 때문에** 특정 유저들의 액션도 같이 적어져요. 이는 머신러닝이 학습하고 있는 모수에 변화를 일으키므로, 머신러닝의 학습 기간을 늘리는 결과를 초래합니다.

2. 변경 최소화

변경 최소화란 세팅해 둔 것을 최대한 건드리지 않는 것이에요. 하지만 실무에서 일하다 보면 수정해야 할 일이 많이 생기는데요. **광고소재 같은 경우에는** 잠재고객에게 직접적으로 노출되다 보니 **반응이 없으면 OFF를 하거나 새로운 소재를 추가하는 경우가 많아요.**

그룹 세팅 단계에서 설정하는 일 예산에 따른 절대적인 노출량이 존재해요. 하지만 중간에 일 예산을 10만원에서 100만원으로 늘린다면 급증된 예산을 모두 소진하기 위해 여러 군데에 광고를 뿌린 후 유저에게 새롭게 다가가요. 이 과정은 다시 학습하는 것이나 마찬가지겠죠. **기존 대비 예산을 과도하게 줄이거나 늘릴 경우, 최적화 기간이 오래 걸리거나 다시 새롭게 최적화가 시작된다는 점 주의**해주세요.

3. 소재 필터링

집행을 하고 시간이 지난 후 성과를 확인하는데요. 만약 **성과가 낮은 소재가 있다면 과감히 OFF 하는 것을 권장**해요. 유의미한 유저들을 데려오지 못한 소재에 광고비를 쓰면서 계속 노출시키는 것은 낭비이기 때문이죠. OFF를 한 후, 더 잘되고 있는 소재가 활성화되도록 조율하는 것이 더 효율적이에요.

여기서 드는 의문은, '변경을 최소화하는 게 좋은데 소재를 OFF 하라고?'라는 생각이 들 거예요. 이는 틀린 생각이 아니지만 **성과가 없는 소재에 광고비를 들이면서 최적화하는 것보다는, 장기적으로 보면서 성과가 좋은 소재를 계속해서 노출시키고 발굴하는 것이 효율적**일 수 있어요.

소재 필터링 예시

소재 필터링에 대해 구체적으로 설명하고 예시를 통해 보여줄 게요. A~F까지의 소재가 있고, 제안 행에 OFF 제안/노출량 제한을 기재했어요. 왜 이런 판단을 광고주에게 제안해야 하는 지 같이 확인해볼까요?

소재명	노출량	클릭	CTR	CPC	광고비	제안
A	1,264,132	5,415	0.43%	312	1,689,562	
B	243,218	608	0.25%	534	324,654	OFF 제안
C	3,353,985	7,613	0.23%	587	4,468,654	OFF 제안
D	553,481	2,231	0.40%	255	568,789	
E	201,143	351	0.17%	632	221,654	OFF 제안
F	32,145	79	0.24%	451	35,498	노출량제한
Total	6,017,805	17,263	0.29%	448	7,741,011	

[그림 3-30] 소재 필터링 예시

1. OFF 제안 소재

B,C,E소재는 Total CTR인 0.29%보다 낮고, CPC도 5~600원 대로 비싼 편이에요. 우리 광고를 보고 **홈페이지로 유입한 유저가 적고, 유입당 비용의 효율이 낮다고 판단**되죠. 특히 C소재는 Total 비용에서 약 44%를 차지할 만큼 광고비를 소진했음에도 불구하고 성과가 좋지 않아요. 고관여 유저가 아닌 사람들에게 광고가 노출되고 있을 확률이 높죠.

F소재의 경우, 평균 CTR보다 낮지만 OFF하지 않는 이유는 CPC 가 평균 가격과 비슷하고, 광고비가 많이 소진되지 않아 노출이

충분히 되지 않은 상황이기 때문이에요. 이를 OFF할지, 디벨롭할지 정확한 판단을 하기에는 아직 적은 수치이기에 집행을 더 해본 후 판단하는 것이 좋겠어요.

2. 노출 제한 소재

F 소재는 다른 소재에 비해 광고비를 덜 소진했어요. 그런데도 CTR과 CPC가 평균값과 크게 차이가 나지 않고 있어요. **즉, 적은 금액으로 많은 클릭을 유도하고 있는 상황**이죠. 만약 **계속 광고를 집행하다보면 CPC가 높아질 수 있기에 노출량을 제한**할 수 있다고 보면 돼요.

반대로 가장 광고 효율이 높은 A,D 소재는 어떻게 해야 할까요? CTR, CPC가 평균 대비 굉장히 우수한 수치예요. 광고비도 준수하게 사용했기 때문에, 가장 학습이 잘되고 있는 소재라고 볼 수 있어요. A, D는 **해당 캠페인의 위닝 소재이기 때문에 계속 광고를 돌리고 소재를 디벨롭하는 걸 추천해요.**

실습하기: 메타광고 세팅

이제 메타의 기본적인 이론과 세팅 방법에 대해 알아보았으니 실습해보는 단계예요. Case Study를 확인한 후 직접 연습해볼까요?

CASE STUDY

- 고객: 교육 플랫폼 A사 광고주
- 요구사항: "교육 브랜드를 사람들에게 알리고 싶어요. 많은 노출 동영상 조회를 원해요." "페이스북 광고는 지양했으면 좋겠어요."
- KPI: 브랜딩(노출 및 동영상 조회)
- 타깃: 2040 취준생, 이직자
- 기간: 1개월
- 예산: 1,000만 원

STEP 2. 광고 세트

타깃으로는 **2040 취직이나 이직을 원하는 사람들을 찾아야겠죠.** 하나의 광고 그룹으로 설정해도 되지만, **2030 / 3040 나이대별 비교를 위해 두 개의 광고 세트를 나눌게요.**

상세타깃팅은 우리의 타깃들이 관심 있어할 만한 키워드를 넣어주면 돼요. 예를 들어 '자기소개서', '포트폴리오' 등과 같은 키워드를 세팅해 주면 되죠.

노출 위치 같은 경우엔 자동 노출을 권장하지만, **광고주가 페이스북을 선호하지 않기 때문에 인스타그램만 설정**해주세요.

예산을 ABO로 설정하고, 동일한 금액으로 균등 배분할게요.
- 총 예산 1,200만원 / 집행 기간 30일
- 광고 세트: 2030 / 3040
- 한 그룹 당 일 예산 200,000원으로 설정: 12,000,000(총 예산) / 2(두개의 광고 세트)/ 30(집행기간) = 200,000원

STEP 3. 광고 소재

현 광고주는 많은 동영상 조회로 브랜딩을 원하고 있기 때문에 동영상 소재만 세팅해둘게요. 유저의 유입 경로를 알기 위해 랜딩페이지 URL에 UTM도 달아주세요!

지금까지 메타 광고에 대한 이론과 실습에 대해 살펴보았어요. 메타 광고 관리자 시스템을 알면 다른 광고 플랫폼을 익히는 데에 많은 도움이 될 거예요. 그렇기 때문에 메타 개념과 세팅법에 대해 꼭 숙지하는 걸 추천해요. 여러분들이 광고 플랫폼을 활용해서 직접 브랜딩부터 퍼포먼스까지 폭넓게 활용할 수 있는 마케터가 되길 바라요!

네이버 성과형 디스플레이 광고

> **SUMMARY**
> - 네이버 플랫폼에서 원하는 타깃에게 배너 광고를 노출시키는 지면 광고 상품
> - 캠페인 믹스: 다양한 목표 캠페인을 믹스해서 시너지 내는 운영 방식이 중요
> - 광고 소재: 고객이 찾고 있는 제품의 가치를 전달하고, 판매 페이지로 방문하게 만드는 역할 → 결국 중요한 것은 '메시지'

네이버 성과형 디스플레이 광고란?

네이버 성과형 디스플레이 광고는 **네이버 플랫폼에서 광고주가 원하는 타깃에게 배너 광고를 노출시키는 지면 광고 상품**이에요. 이전까지는 '**GFA**(Glad for Advertiser)'로 불려왔지만 2020년부터 '**네이버 성과형 디스플레이 광고**'로 정식 명칭이 변경되었어요. 또한 저효율 매체라는 과거 편견과 달리 운영에 따라 높은 효율을 실현할 수 있는 매체로 자리매김했죠.

네이버 성과형 디스플레이 광고의 장점과 단점

성과형 디스플레이 광고의 장점은 다양한 타깃팅이 가능하고 높은 광고 효율을 실현할 수 있다는 거예요. 먼저 성과형 디스플레이 광고는 디테일한 타깃팅 및 성과 분석이 가능해요. 연령과 성별, 지역, 관심사, 구매 의도 등 200개 이상의 세부 카테고리로 타깃을 설정할 수 있어요. 그리고 성과를 분석할 때에도 나이와 시간대까지 살펴볼 수 있기 때문에 광고 수정이나 추가 세팅 등의 효율 최적화를 위한 액션이 용이하죠.

다음으로 상황과 환경에 맞게 효율적으로 운영할 수 있다는 장점이 있어요. 이는 DA(디스플레이광고)의 특성과 SA(검색광고)의 과금 방식이 합쳐졌기 때문이에요. 네이버 플랫폼 내 다양한 지면에 광고가 노출되면 해당 플랫폼 사용자가 광고를 발견하게 되는데요, 네이버 성과형 광고는 일반적인 CPM 방식이 아닌, SA의 CPC 방식을 채용했어요. 이 뿐만 아니라 실시간 입찰 방식으로 광고비를 과금하기 때문에 기존의 보장형 광고와는 다르게 적은 비용으로 쉽게 시작할 수 있죠. 그래서 **CPC와 실시간 입찰 방식으로 광고 예산 및 일정을 유연하게 운영할 수 있다는 것**이 두 번째 장점이에요.

다만 아쉬운 점도 있어요. 네이버 광고 플랫폼이 특정 비즈니스에 한해서 적합하다는 거예요. 네이버의 코어 지면으로 꼽히는 네이버 모바일 앱 지면에는 30대 이상 사용자가 많아요. 그래서 해당 사용자를 타깃팅하는 비즈니스에 적합한 경향이 있죠. 예를 들어, 자사가 운영하는 광고가 10대를 타깃으로 하는 비즈니스라고 하면 네이버 성과형 디스플레이 광고를 운영할 때 낮은 효율을 보일 수 있어요. 10대를 타깃으로 하는 비즈니스보다는 3-40대를 겨냥한 생활용품이나 골프 상품이 더 높은 성과를 보일 수 있답니다.

앞에서 네이버 성과형 디스플레이 광고를 쉽게 시작할 수 있다고 했죠? 하지만 쉬운 집행에 비해 성과 개선을 위해서는 지면과 타깃, 또 메시지에서 노하우가 필요한 편이에요. 예컨대 기술력으로 자연스러운 성과 개선을 이끄는 메타 플랫폼과 달리, 네이버 성과형 광고의 머신러닝 기술은 아쉬운 점이 있어요. 이 때문에 **성과 개선을 위해서는 수동으로 또는 광고를 가감하는 방식으로 계속 액션을 취해줘야 하고, 머신러닝 오류를 개선하는 트러블슈팅 단계가 필요하죠.**

네이버 성과형 디스플레이 광고 지면

네이버 성과형 디스플레이 광고는 일반적으로 '**스마트채널(MO), 메인 화면(MO/PC), 서비스 통합(MO/PC), 피드(MO), 인스트림(MO/PC)**'의 5가지 주요 지면을 사용하고 있어요. 네이버 모바일 앱에서 상단 배너, 중간에 내리다 보면 노출되는 이미지 배너들, 또는 특정 카페나 블로그 등에 자연스럽게 삽입된 광고를 많이 봤을 거예요. 이들이 네이버 성과형 디스플레이 광고의 노출 지면이라고 보면 돼요. 또한, 밴드나 스노우, 네이버 시리즈 같은 네이버의 서드 파티 앱의 특정 지면에도 광고를 노출시킬 수 있어요.

1. 스마트채널 (MO)

모바일 뉴스, 연예, 스포츠판 최상단에 노출되는 상품이에요.

[그림 3-31] 스마트채널 게시 예시

2. 메인화면 (MO/PC)

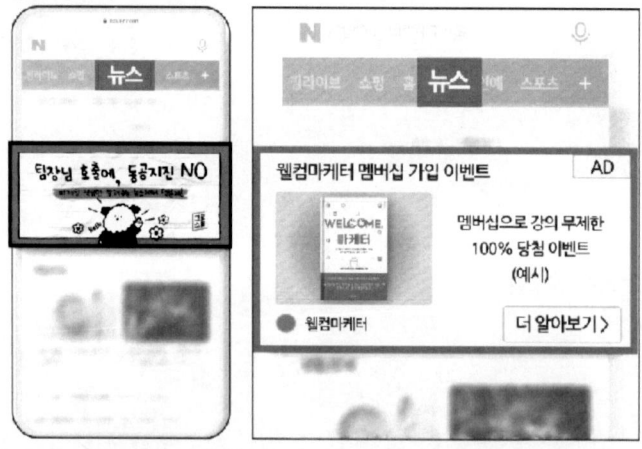

[그림 3-32] 모바일/PC 메인화면 게시 예시

3. 서비스 통합 (MO/PC)

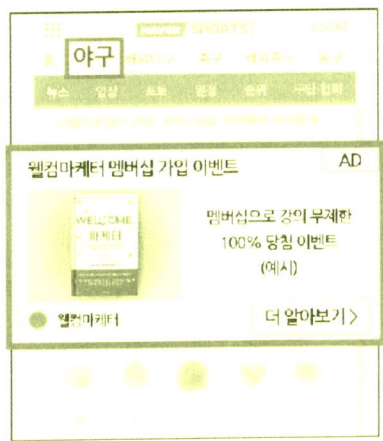

[그림 3-33] 모바일/PC 서비스통합 게시 예시

4. 피드 (MO)

[그림 3-34] 피드 게시 예시

5. 인스트림 (MO/PC)

[그림 3-35] 모바일 동영상 인스트림 게시 예시

네이버 성과형 디스플레이 광고 지면

광고 계정 생성하고 비즈채널 등록하기

먼저 네이버 통합 광고주 센터 계정을 생성하고 광고 계정 등록이 완료되어야 세팅을 본격적으로 시작할 수 있는데요. 기존 광고 계정이 있다면 다음 단계로 넘어가도 좋아요. 통합 광고주 센터에서 네이버 아이디로 회원가입하고 광고 계정을 등록할 수 있어요. 이때 사업자 광고주로 등록하려면 사업자등록번호가, 개인 광고주로 등록하려면 본인 핸드폰 인증이 필요해요.

다음으로, 비즈채널을 등록하고 네이버의 검수가 완료된 후 해당 채널을 이용해서 광고를 진행할 수 있어요. 성과형 디스플레이 광고 플랫폼에서 **[도구] - [비즈채널 관리] - [비즈채널 추가+]**를 클릭해서 비즈채널을 추가할 수 있어요. 비즈채널 유형으로는 '네이버 쇼핑 / 웹사이트 / 모바일 앱'의 3가지가 있는데, 네이버 쇼핑은 네이버 쇼핑 파트너 센터에 입점된 스마트 스토어나 브랜드 스토어가 해당되고요. 웹사이트의 경우 브랜드 사이트 URL이나 네이버 생태계가 아닌 공식 홈페이지 URL을 등록할 수 있어요. 그리고 모바일 앱은 구글 플레이나 앱스토어의 앱 설치 URL을 등록할 수 있죠. 비즈채널을 추가한 뒤 승인을 받았다면 광고를 운영할 수 있겠어요!

→ 실습 Mission 1

네이버 성과형 디스플레이 광고 인터페이스

네이버 성과용 디스플레이 광고 인터페이스를 살펴보면 4가지 메뉴가 있어요. ([그림3-41] 참고)

- **광고관리:** 대시보드, 세팅한 광고 리스트를 확인할 수 있어요.

- **리포트:** 광고운영 성과 리포트를 제작 및 다운로드할 수 있어요.

- **도구:** 계정 및 광고 변경 이력과 비즈채널, 타깃(자사 고객의 광고 식별자 업로드), 전환 추적 현황을 확인할 수 있어요.

- **설정:** 결제, 계정 권한, 광고 계정을 설정할 수 있어요.

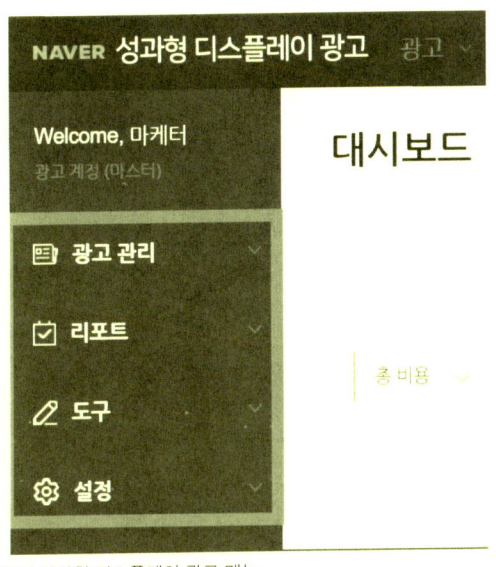

[그림 3-41] 네이버 성과형 디스플레이 광고 메뉴

네이버 성과형 디스플레이 광고의 구조

 네이버 성과형 디스플레이 광고의 구조는 일반적인 매체와 유사해요. 한 캠페인에 광고 그룹이 있고, 광고 그룹 내에 광고 소재를 가진 형태죠. 이때 여러 광고 그룹이 하나의 캠페인으로 묶이는 이유는 캠페인마다 비즈니스 목적이 다르기 때문이에요. **즉, 한 캠페인 내 광고 그룹은 같은 목적을 갖고 있는거죠.**

[그림 3-42] 네이버 성과형 디스플레이 광고의 구조

캠페인 목적

성과형 디스플레이 광고 관리자 페이지의 **[+캠페인 만들기]**를 클릭하면 6가지 캠페인 목적을 확인할 수 있는데요, '**웹사이트 전환, 웹사이트 트래픽, 앱 설치, 동영상 조회, 카탈로그 판매, 쇼핑 프로모션**'이 있어요.

웹사이트 전환은 웹사이트 내 사용자의 전환, 웹사이트 트래픽은 사용자의 웹사이트 방문을 유도하는 것에 최적화된 캠페인이에요. 앱 설치 또한 앱 설치 페이지로의 방문 유도에 최적화된 캠페인이죠.

카탈로그 판매와 쇼핑 프로모션은 '네이버 쇼핑 전용'이라고 적혀 있는데, 일반적으로 스마트스토어에서 가장 높은 효율을 낼 수 있는 캠페인 목표예요. 쇼핑 프로모션은 스마트스토어 찜하기를 누르거나 구매 혹은 장바구니까지 담았던 사용자를 대상으로 마케팅 액션을 취할 수 있는 캠페인이에요. 즉 리타깃팅이 어려운 네이버 성과형 광고의 단점을 보완해주는 기능으로 볼 수 있어요. 마지막으로 카탈로그 판매는 메타 광고의 카탈로그 형식 광고와 유사해요. 스마트스토어에 있는 제품군을 카탈로그를 통해 보여주면서 구매로 이어질 수 있게 하는 것이죠.

[그림 3-43] 성과형 디스플레이 광고 관리자 화면에서 [+캠페인 만들기] 클릭하기

캠페인 목적

- 웹사이트 전환
- 웹사이트 트래픽
- 앱 설치
- 동영상 조회
- 카탈로그 판매
- 쇼핑 프로모션

[그림 3-44] 6가지 캠페인 목표

캠페인별 광고 세팅하기

앞에서 말한 캠페인 목표 중 스마트스토어에서 사용하는 2가지 목적을 제외한 '웹사이트 전환, 웹사이트 트래픽, 앱 설치, 동영상 조회' 4가지 캠페인을 자세히 다뤄볼게요. 캠페인 목적별로 세팅 방법을 익히면서 광고 그룹과 광고의 특징도 함께 살펴봅시다!

1. 웹사이트 전환 캠페인

웹사이트 전환 캠페인은 웹사이트 내 사용자의 전환 행동을 최대화하는 것을 목표로 해요. **자사 제품을 구매할 것 같은 타깃에게 광고를 보여주고, 그 타깃은 광고와 메시지에 반응해 유입되고 구매까지 이루어지는 방식의 캠페인이라고 볼 수 있어요.** 그러면 여기서 '구매할 것 같은 타깃'은 무엇일까요? 이는 광고하는 브랜드와 비슷한 제품이나 업종에 반응한 이력이 있는 고객을 의미해요. '반응'이라 함은, 전환 액션이라고 보면 되고요.

[그림 3-45]처럼 우리가 A사 청소기를 광고하고 있다고 가정해 볼게요. 이때 자사 브랜드 청소기를 구매할 것 같은 타깃은 당연 자사 비즈니스와 어느 정도 밀접해 있는 사용자겠죠. B사 청소기를 구매했거나, B사 청소기를 장바구니에 담았거나, C사의 청소기를 검색해보고 찜해놓는 등의 인게이지를 한 이력이 있는 것처럼 말이에요. **광고하는 브랜드와 비슷한 제품 업종에 반응한 이력이 있는 고객이 바로 '구매할 것 같은 타깃'인 거예요.**

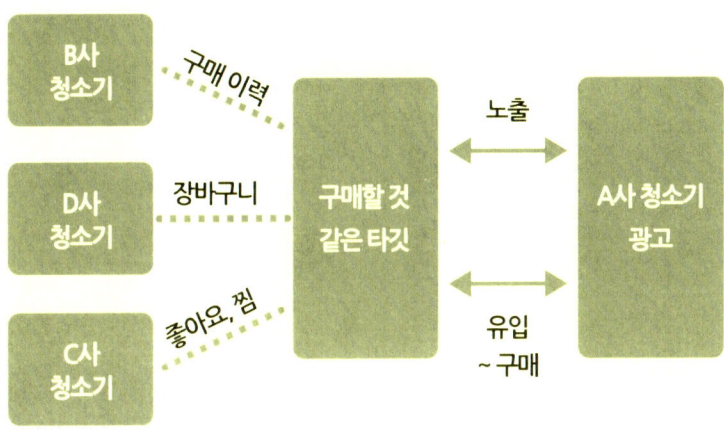

[그림 3-45] 웹사이트 전환 캠페인 상황 예시

웹사이트 전환 캠페인 세팅

그러면 이제 웹사이트 전환 캠페인 세팅 방법에 대해 알아볼까요? **[+새 캠페인 만들기]**에서 '**웹사이트 전환**' 목표를 클릭하면([그림 3-43, 3-44] 참고), 캠페인 이름과 전환 추적 URL을 입력할 수 있는 메뉴가 보여요. 캠페인 이름을 입력하고, 앞서 등록하고 승인된 비즈 채널을 '대표 URL'에 입력해요. 다음으로 '전환 추적'의 경우에는 전환 추적이 등록된 채널을 사용하면 되는데, 광고 계정을 처음 만들었다면 '전환 추적 대상 미설정'만이 선택지로 보여질 거예요. 이를 선택해도 광고를 운영할 수 있으니 걱정하지 않아도 돼요.

'최적화 전환 유형'은 구매 완료 또는 장바구니 담기와 같은 전환 액션을 기반으로 최적화를 설정할 수 있는 기능이에요. 단 주의해야 할 점은 **최적화 전환 유형을 설정할 때 웬만하면 바꾸지 않겠다는 생각으로 신중하게 선택해야 한다는 거예요.** 한번 설정했던 최적화 유형을 바꾸면 기존에 학습했던 머신러닝 데이터가 초기화되기 때문이죠.

그리고 캠페인 추가 설정에서 캠페인 지출 한도를 설정할 수 있는데요. 계획했던 예산을 넘는 비용이 소진되는 것을 방지할 수 있어요.

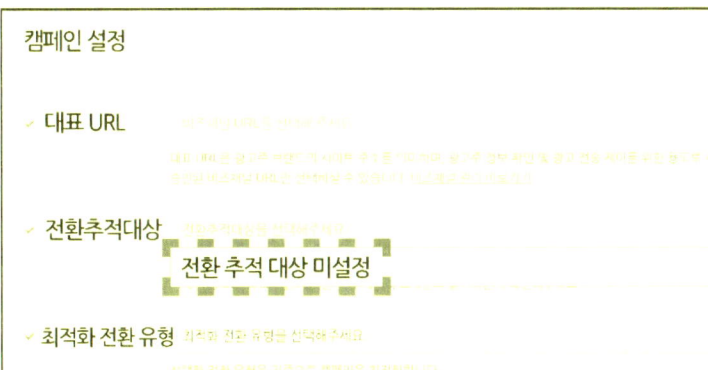

[그림 3-45] 웹사이트 전환 캠페인 상황 예시

캠페인 추가 설정 ▲

캠페인 지출 한도   설정하지 않음
                    한도 설정

[그림 3-47] 캠페인 추가 설정 화면 - 캠페인 지출 한도

광고그룹 세팅

광고 그룹에서는 타깃팅과 노출 지면, 입찰 방식 등을 설정할 수 있어요. 먼저 광고 그룹의 타깃팅 유형에는 '오디언스'와 '콘텍스트'가 있어요. 여기서 콘텍스트는 커뮤니케이션 애드 전용 타깃팅으로 보면 돼요.

- 오디언스: 수집된 사용자 정보 바탕
- 콘텍스트: 사용자보다는 광고 노출 위치 주변 콘텐츠의 문맥 기반

다음으로 광고 그룹 데모 타깃에서는 성별, 연령, 지역별 노출 범위를 설정할 수 있어요. '확장 데모'는 네이버가 직접 이용자 세그먼트를 제공하는 기능인데요, 현재는 '부모'라는 세그먼트만 제공하고 있어요.

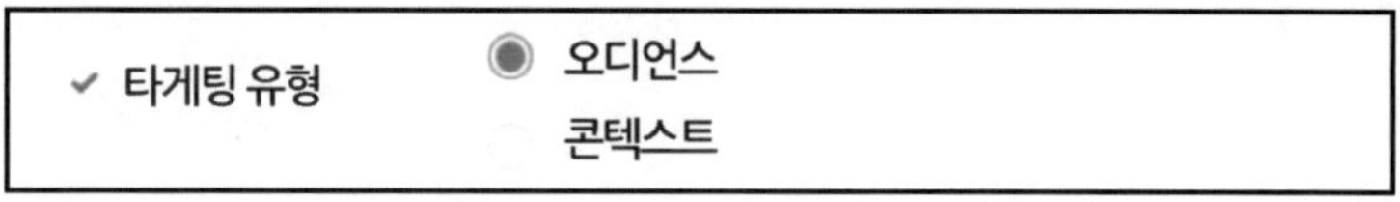

[그림 3-48] 광고그룹 타깃팅 유형

[그림 3-49] 데모타깃 설정하기

이제 광고 그룹의 상세 타깃팅을 할 단계예요. **네이버 성과형 디스플레이 광고는 사용자의 관심사나 구매 의도를 바탕으로 매우 정교한 타깃팅을 할 수 있다는 것이 특징이죠.** 여기서 '관심사'는 사용자가 관심을 가지는 주제를 말하고, '구매 의도'는 관심에서 그치는 것이 아닌, 구매와 관련된 실질적인 액션을 취했는지가 기준이 돼요.

예를 들어 고관여 제품을 광고할 때 사용자가 제품을 구매하기 전 정보 탐색을 많이 할 것을 예측할 수 있어요. 그래서 구매 의도보다는 관심사 타깃을 활용하는 거예요. 해당 사용자의 관심사와 적합한 정보 및 메시지가 담긴 소재를 전달해주는거죠. 그리고 구매 의도를 가진 사용자는 구매와 맞닿아 있기 때문에 세일 또는 프로모션 정보를 제공하는 전략을 취할 수 있어요.

관심사나 구매 의도를 설정하는 창 아래에는 **'타깃 방식 설정'**

기능이 있어요. 이는 설정한 관심사와 구매 의도 조건이 동시에 '일치(AND)'하는 사용자를 타깃팅할지, 하나만 '포함(OR)'해도 타깃으로 고려할지 선택하는 거예요. 예를 들어 '가정/생활'을 관심사로 보인 것과 동시에(AND) '가전제품'의 구매 의도를 보인 사용자를 타깃팅하거나, '둘 중 하나만(OR) 해당해도 타깃으로 잡을지를 택할 수 있는거죠. **관심사와 구매 의도를 AND/OR 조건으로 유연하게 타깃팅할 수 있다**는 점이 꽤 특징적이죠?

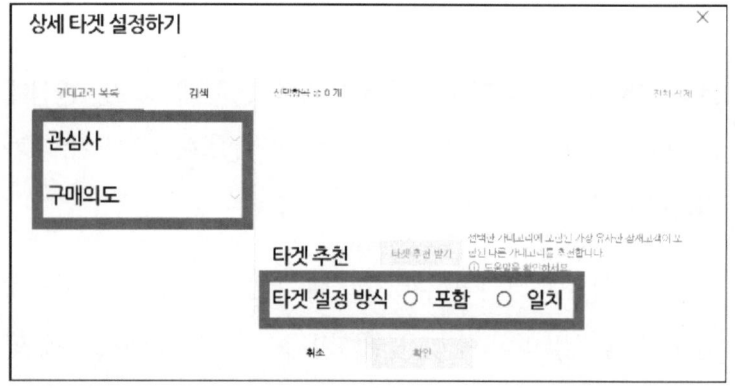

[그림 3-50] 상세타깃 설정하기

다음으로, **'디바이스 및 게재 위치'**에서는 사용자의 접속 기기별 광고 노출 여부와 광고가 노출되는 위치를 설정할 수 있어요. **게재 위치는 크게 '네이버 / 네이버 패밀리 매체 / 네이버 퍼포먼스 네트워크'의 3가지로 나눠져 있는데요.** '노출 영역 안내'를 클릭하면 노출 위치를 상세하게 알 수 있으니 간단하게 설명하자면, 네이버 패밀리 매체는 스노우, 밴드와 같이 네이버 생태계에 있는 서브 앱이라고 보면 돼요. 그리고 네이버 퍼포먼스 네트워크는 네이버 지도 등 네이버가 제공하는 서비스에 광고를 노출하는 거예요.

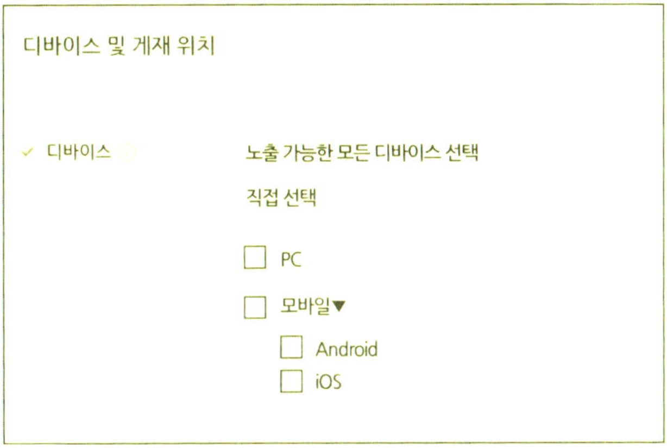

| 그림 3-51 | 광고 게재 디바이스 설정하기

```
✓ 게재 위치     노출가능한 모든 게재위치 선택
              직접 선택
              ☐ 네이버
                  ☐ 스마트채널
                  ☐ 배너 영역
                      ☐ 네이버 메인
                      ☐ 서비스 통합
                  ☐ 피드 영역
              ☐ 네이버 패밀리 매체
                  ☐ 스마트채널
                  ☐ 배너 영역
                  ☐ 피드 영역
              ☐ 네이버 퍼포먼스 네트워크 Beta
                  ☐ 스마트채널
                  ☐ 배너 영역
```

[그림 3-52] 게재 위치 설정하기

'입찰 및 예산' 부분에서는 입찰 전략과 입찰가 한도, 청구 기준 그리고 예산을 설정할 수 있어요. 먼저 **웹사이트 전환 캠페인의 입찰 전략**에서는 '전환수 최대화 전략'이 자동 입찰로 설정 되어 있어요. 여기서 **'자동 입찰'은 정해진 한도 내에서 목표 최대화를 위해 입찰가를 자동으로 관리하는 기능**이에요. 다른 캠페인 목표에서는 수동 입찰도 설정할 수 있어요.

비용 관리는 결과당 비용 한도를 설정하는 건데 이 항목에서 비용 한도를 설정하게 되면, 그 이상으로 비용이 드는 잠재 고객에게는 광고 입찰을 진행하지 않도록 하는 거예요. 웹사이트 전환 캠페인의 청구 기준은 CPC클릭 당 과금고요.

광고 그룹의 예산을 설정할 때 캠페인과 광고 그룹의 일예산 설정을 어떻게 처리해야 할 지 고민될 수 있어요. 일반적으로 **캠페인에서 예산을 설정하기보다는 광고 그룹 예산을 설정해서 관리하는 것이 더 용이하다는 걸 참고하면 돼요!**

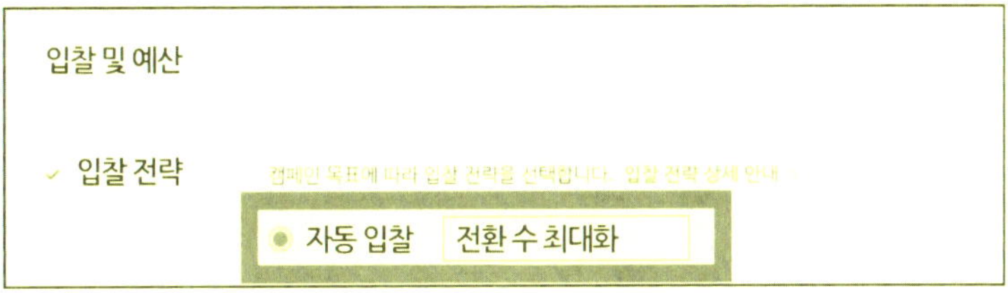

[그림 3-53] 웹사이트 전환 캠페인 입찰 전략은 '자동 입찰 - 전환 수 최대화'만 가능

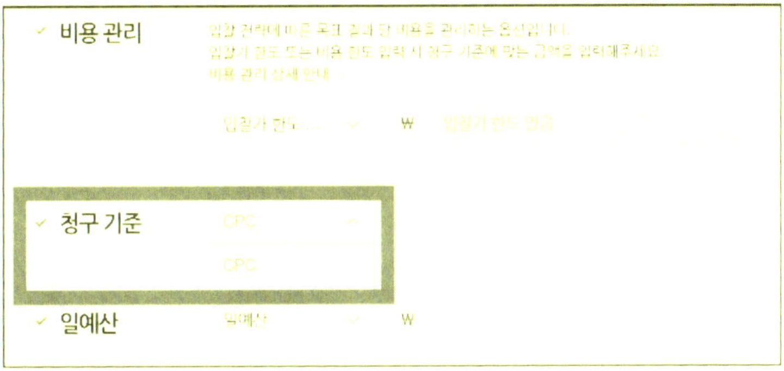

[그림 3-54] 웹사이트 전환 캠페인 과금 기준은 CPC 방식

광고 그룹 게재 일정 및 방식에서는 광고 게재를 시작 및 종료할 기간과 상세 일정을 설정할 수 있어요. 상세 일정에는 광고를 노출할 요일과 시간대별 설정이 가능하기 때문에 효율적인 운영 전략을 취할 수 있어요.

이제 광고 게재 방식과 소재 노출 방식만 설정하면 돼요. '일반 게재' 방식은 설정한 예산을 게재 기간동안 균등하게 소진하는 것이고, '빠른 게재'는 게재 일정과 상관 없이 최대한 빠르게 예산을 소진하는 방식이에요. 즉, 빠른 게재 방식은 입찰 효율보다는 노출을 최우선으로 삼는 거죠. 일반적으로 빠른 게재 방식은 잘 사용하지 않지만, 특정 시간대에 공격적으로 광고를 진행하고 싶을 때 활용하면 돼요.

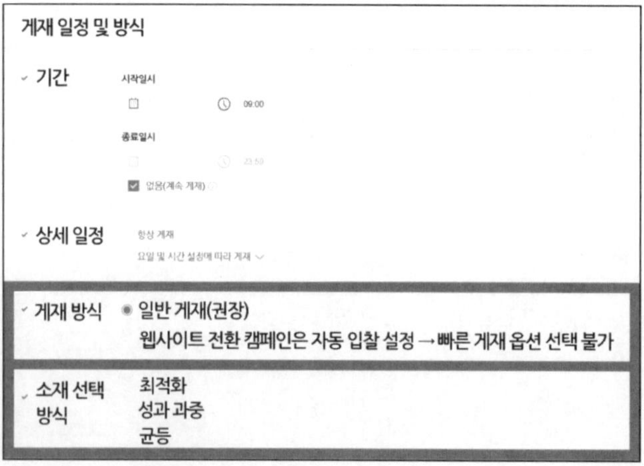

[그림 3-55] 게재 일정과 방식 설정하기

마지막으로 동일 사용자에게 광고가 노출되는 횟수를 설정할 수 있는 '노출 빈도'가 있어요. 앞서 디스플레이 광고는 검색 광고와 달리 사용자의 행위와 상관 없이 '보여지는' 방식이라고 했죠? 많은 양의 정보를 접하는 사용자는 광고의 1회 노출만으로 메시지를 인지하기 어려울 거예요. 그래서 **노출 빈도 설정을 통해 최대 5회까지 사용자에게 광고를 보여주면서 상품이나 브랜드를 계속 주입시킬 수 있어요.** 이제 광고 그룹 세팅의 긴 여정을 마치고 소재 세팅으로 넘어갈 차례예요!

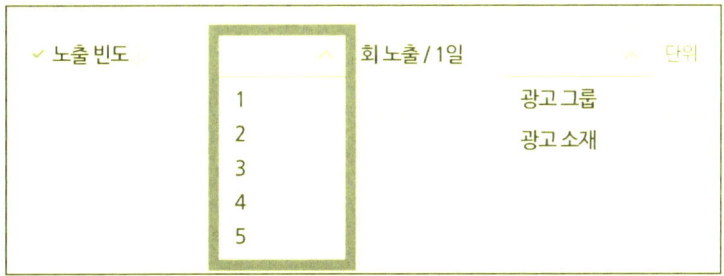

[그림 3-56] 광고 노출 빈도는 하루 1-5회까지 선택 가능

소재 세팅

광고 소재 세팅은 크게 소재 타입과 소재 구성으로 나뉘어져 있어요. 먼저 **소재 유형은 이미지 배너, 네이티브 이미지, 그리고 이미지 슬라이드 3가지로 이루어져 있어요.**

일반적인 이미지 소재는 등록 가이드를 참고해서 규격에 맞게 만들어야 하지만, 이미지 배너를 네이버 메인 스마트채널 광고로 노출하고 싶으면 '스마트 채널 이미지 만들기'를 클릭해서 소재를 쉽게 제작할 수 있어요.

그리고 이미지 배너 광고 안내 문구를 입력해야 되는데요. 이는 시각장애인에게 음성 정보로 제공될 안내 문구로, 이미지에 대한 구체적인 묘사를 작성하면 됩니다.

네이티브 이미지에는 이미지와 더불어 광고 문구와 설명 문구를 입력할 수 있어요. 그리고 이미지 슬라이드는 3개 이상의 이미지를 넘기면서 볼 수 있는 캐러셀 형태의 광고임을 고려해서 다수의 소재를 제작해놔야겠죠?

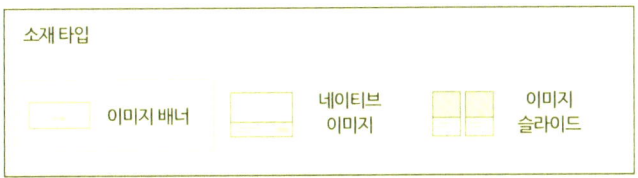

[그림 3-57] 3가지 광고 소재 유형

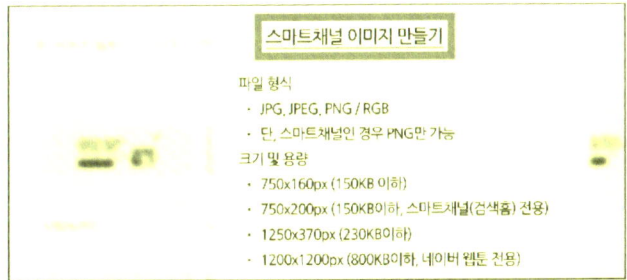

[그림 3-58] 이미지 소재 파일 규격 안내, '스마트채널 이미지 만들기' 클릭하기

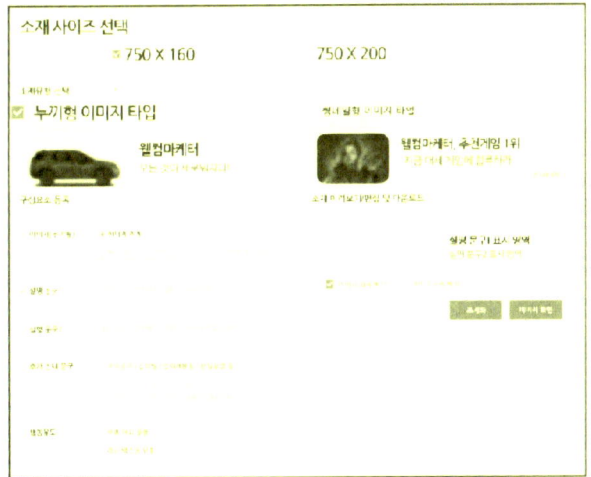

[그림 3-59] 스마트채널 이미지 만들기 화면

웹사이트 전환 캠페인 실무 TIP

1. 대시보드에서도 쉽게 분간할 수 있도록 캠페인/광고그룹/광고 이름 작성 기준을 정해두고 네이밍하는 걸 적극 권장해요. 각 단계에서 확인해야 할 내용으로 이름을 구성하는 걸 추천해요.

  예시) 0630_전환_A사_청소기

    0630_MO_2426_여성타깃_스마트채널_청소기

    0630_MO_스마트채널_청소기_할인프로모션

2. 타깃의 데모그라피(성별, 연령 등), PC/MO, 지면, 노출 시간대 등 가능한 만큼 분리해서 광고를 운영하는 걸 추천해요. 리소스가 많이 들지만, 사용자 반응과 성과를 정밀하게 비교 분석할 수 있고 다음으로취해야 할 전략을 효율적으로 마련할 수 있어요.

3. 투머치의 상세 타깃팅은 독이 될 수 있어요. 타깃팅보다는, 타깃이 원하는 메시지와 크리에이티브를 보여주는 것이 더 중요해요.

4. 네이버 퍼포먼스 네트워크는 OFF하는 걸 권장해요. 아직 Beta 기간이기 때문에 고효율을 보장할 수 없어요.

5. 전환 캠페인의 높은 성과를 위해서는 자동 입찰로 평균 CPC를 체크 하고, 수동 입찰로 관리하는 것이 효과적이에요.

6. **소재 선택 방식은 성과 가중 방식을 권장해요.** 초기 운영 시기라면, 일주일 동안 소재를 균등하게 노출한 후 성과 가중 방식으로 바꾸는 전략도 추천해요.

7. 노출 빈도는 [5회/1일 - 광고 소재 단위]를 추천하고, 타깃이 백만 단위로 좁은 경우 [3회/1일] 등으로 조절하는 것도 효과적일 거예요.

→ 실습 Mission 2

2. 웹사이트 트래픽 캠페인 & 앱 설치 캠페인

　웹사이트 트래픽 캠페인과 앱 설치 캠페인은 웹사이트 전환 캠페인과 크게 다르지 않아서 앞에서 잘 따라 왔다면 어렵지 않을 거예요. 전환 캠페인이 구매와 관련된 인게이지먼트를 목적으로 운영되었다면, 트래픽 캠페인은 사용자가 광고를 보고 클릭함으로써 유입하는 것을 목적으로 하는 거예요. 앱 설치 캠페인은 사용자가 앱 설치 페이지로 유입하도록 하는 것을 목표로 하는 캠페인이에요. 즉, **두 캠페인은 '유입 가능성이 높은 사용자'를 타깃팅한다는 공통점이 있는 거죠. 여기서 유입가능성이 높다는 것은, 광고하는 브랜드와 비슷한 제품이나 업종에 반응한 이력이 있는 고객을 의미해요.**

　예를 들어 [그림3-60]을 보면 유입 가능성이 높은 타깃의 액션으로 구매 이력, 장바구니 담기, 좋아요가 있죠. 이 외에도 해당 브랜드 스토어를 방문했거나 브랜드 검색을 통해 블로그 포스팅을 본 적이 있는 등, 자사와 유사한 제품이나 업종에 반응한 이력이 있는 사용자에게 광고를 보여주는 방식이라고 보면 돼요.

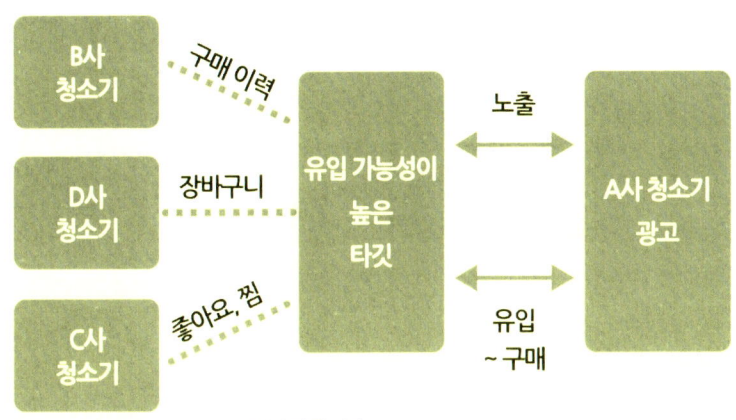

[그림 3-60] 웹사이트 트래픽 캠페인 상황 예시

캠페인 세팅

캠페인 세팅은 전환 캠페인 세팅법과 동일해요. **[+새 캠페인 만들기]**에서 **'웹사이트 트래픽'** 또는 **'앱설치'** 목표를 클릭하고([그림 3-43, 3-44] 참고), 대표 URL과 전환 추적 대상을 설정하면 돼요.

광고그룹 세팅

광고 그룹 세팅 또한 전환 캠페인과 유사한데요, 입찰 전략 부분이 전환 캠페인과 다르게 나타나요. 물론 **입찰 전략**에서는 **클릭수 최대화를 위한 자동 입찰**을 설정할 수 있지만, **'수동 입찰 설정이 가능하다는 점에서 전환 캠페인과 다르죠**. 수동입찰은 비용 관리와 비딩을 직접하겠다는 건데요, 청구 기준에도 CPM이 추가된 것을 확인 할 수 있어요. 참고로 초기에 자동입찰로 기준선을 확인하고 수동입찰을 통해 광고비용을 관리하는 방법이 효과적이라고 봅니다.

앞서 말했듯이 네이버 성과형 디스플레이 광고는 검색광고의 정교한 관리와 디스플레이 광고의 장점을 합친 상품이기 때문에 마케터의 손을 많이 탈수록 CPC 최적화가 이뤄질 거예요.

비용을 빨리 소진하는 것을 목표로 하는 '빠른 게재' 방식은 수동 입찰 전략에서만 설정 가능해요. 이를 제외한 나머지는 전환 캠페인의 광고 그룹 세팅과 동일하죠.

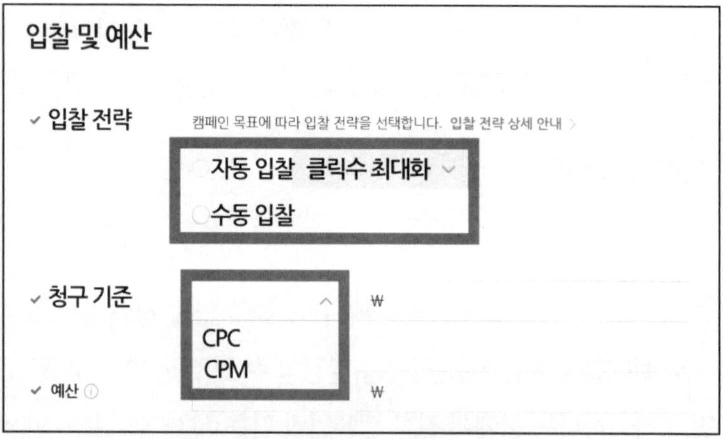

[그림 3-61] 웹사이트 트래픽 캠페인 & 앱설치 캠페인 입찰 및 예산

소재 세팅

광고 소재 세팅 방법 역시 전환 캠페인과 동일해요.

→ 실습 Mission 3

3. 동영상 조회 캠페인

　동영상 조회 캠페인은 랜딩 페이지의 동영상 조회수 극대화를 목표로 하는 캠페인이에요. 광고 조회 가능성이 높은 타깃에게 노출되고, 동영상을 본 타깃이 유입해서 정보를 탐색하고 구매까지 진행하는 프로세스예요. 다만 이전 캠페인까지는 사용자와 커뮤니케이션하는 방식이 메시지와 카피라이팅 위주였다면, 동영상 조회 캠페인은 실시간 동적으로 변하는 영상 광고로 볼 수 있죠.

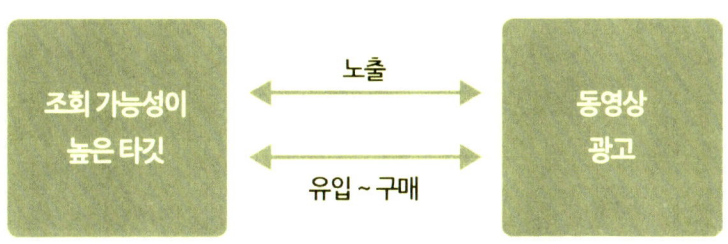

[그림 3-62] 동영상 조회 캠페인 상황 예시

동영상 조회 캠페인이 송출되는 지면은 네이버 배너와 피드, 인스트림, 네이버 패밀리 매체의 피드 영역이에요. 우리가 네이버 지면이나 모바일 앱 화면을 내리다보면 영상처럼 움직이는 광고를 볼 때가 있는데요, 이것이 네이버 배너와 피드 영역에 노출된 영상 소재예요.

최근 네이버에서 많이 밀고 있는 부분이 인스트림 지면([그림 3-35] 참고)인데요, 네이버에서 제공하는 영상 콘텐츠의 시작,중간,종료 후에 동영상 광고가 노출되는 방식이에요. 2023년 12월부터 베타 테스트 중인 '치지직'에서도 인스트림 지면 활성화가 진행중이죠.

캠페인 세팅

동영상 조회 캠페인 세팅법 역시 전환 캠페인과 동일해요.

광고그룹 세팅

앞의 캠페인과 비교할 때, 동영상 조회 캠페인의 광고그룹은 타깃팅 유형과 입찰 전략, 그리고 과금 방식에서 다른 점이 있어요. 먼저 타깃팅 유형에서는 오디언스만 이용할 수 있는데요, 이는 콘텍스트가 이미지와 텍스트를 기반으로 관련 광고 여부를 판단하는 것이기 때문에 아무래도 동영상 캠페인에서는 구성하기 어렵겠죠.

또한, 동영상 조회 캠페인은 네이버와 네이버 패밀리 매체 지면만 제공하고 있고, 네이버 퍼포먼스 네트워크와 스마트 채널은 지원하고 있지 않아요.

입찰 전략에서 자동 입찰이 불가능하고 수동 입찰만 가능한 것이 동영상 조회 캠페인의 특별한 포인트죠. 과금 청구 기준도 CPV 방식에 따라 이루어져요. 예를 들어, 인스트림형은 네이버 동영상 콘텐츠 시작 전 또는 중간에 광고가 노출되는데, 이때 15초를 다 시청하면 과금되고, 배너와 피드형은 초반 3초 재생이 되면 과금되는 방식이에요.

[그림 3-63] 동영상 조회 캠페인은 오디언스 타깃팅만 가능

˅ 게재위치　　　노출가능한 모든 게재위치 선택
　　　　　　　　직접 선택

　　　　　　　　　☐ 네이버
　　　　　　　　　　☐ 배너 영역
　　　　　　　　　　　☐ 네이버 메인
　　　　　　　　　　　☐ 서비스 통합
　　　　　　　　　　☐ 피드 영역
　　　　　　　　　　☑ 인스트림 영역
　　　　　　　　　☐ 네이버 패밀리 매체
　　　　　　　　　　☐ 배너 영역
　　　　　　　　　　☐ 피드 영역

[그림 3-64] 동영상 조회 캠페인 광고 게재 위치 - '인스트림' 영역 추가

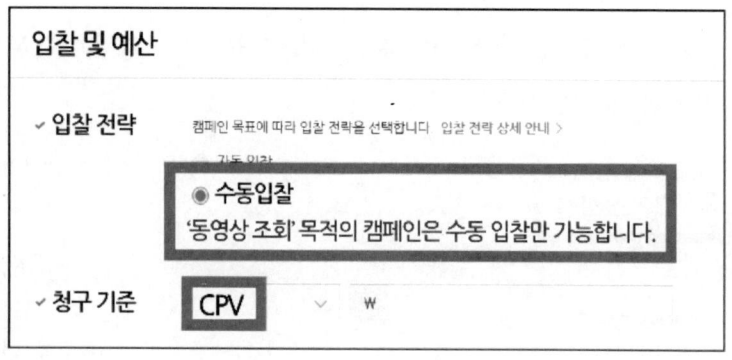

[그림 3-65] 동영상 조회 캠페인은 수동 입찰만 가능, 과금 기준은 CPV 방식

소재 세팅

　동영상 조회 캠페인의 소재는 당연히 동영상이겠죠? 소재는 광고 동영상, 썸네일, 설명 문구, 행동 유도로 구성되어 있어요. 여기서 썸네일은 유튜브처럼 영상을 재생하기 전 보이는 대표이미지를 설정하는 건데요. 썸네일에 행동 유도 버튼을 삽입할지도 선택할 수 있어요.

　통상적으로 동영상 캠페인의 소재 검수가 이미지 캠페인보다 오래 걸리는 편이에요. 그래서 **만약 동영상 캠페인과 이미지 캠페인을 모두 활용할 예정이라면, 동영상 소재를 먼저 제작하는 걸 권장해요.**

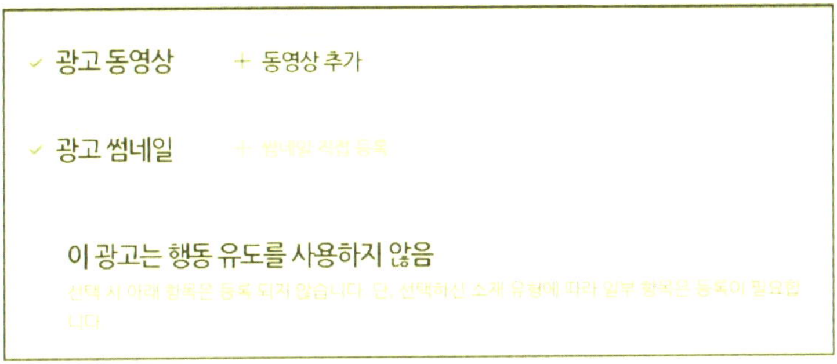

- ✓ 광고 동영상　　+ 동영상 추가

- ✓ 광고 썸네일　　+ 반응형 이미지 등록

  이 광고는 행동 유도를 사용하지 않음

[그림 3-66] 동영상 조회 캠페인 광고 소재 설정 화면

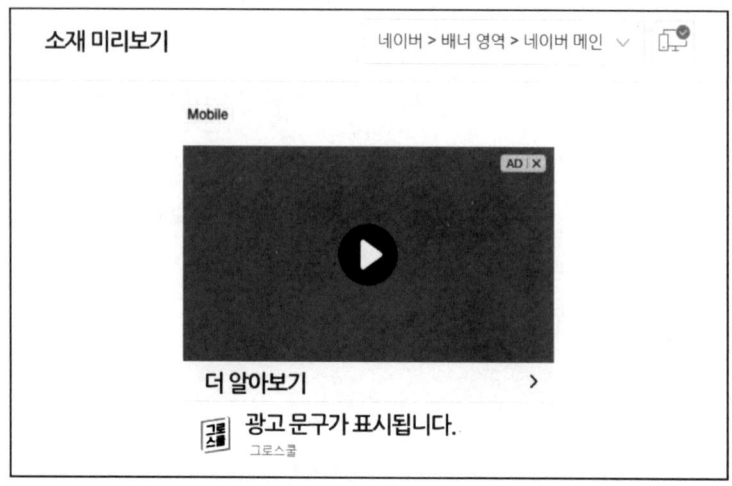

[그림 3-67] 동영상 조회 캠페인 광고 소재 미리보기 화면

광고 소재 제작 Tip

광고 소재는 고객이 찾고 있는 제품의 가치를 전달하고, 판매 페이지로 방문하게 만드는 역할을 해요. 앞에서 언급했던 것처럼, **매체 운영을 잘해도 결국 중요한 것은 '메시지'인 것이죠.**

1. 소비자의 이목을 끌 수 있도록 직관적으로 와닿는 카피를 사용해야 해요.

  예) 조미료 제품이라면 '국물 맛10배',

   '해녀도 넣어먹는 해물조미료',

   '오사카 라멘집을 통째로 들여오다'

2. 제품에 대한 전문가 이미지를 앞세워보세요. 신뢰감을 제공해서 유입부터 구매까지의 성공 확률이 높아져요.

3. 쿠팡, G마켓 등 온라인 몰의 WORST 댓글 내용을 참고해요. 불편한 부분을 자사 제품이 해결해주겠다는 소구점으로 콘텐츠를 구성할 수 있어요.

4. 유튜브의 썸네일, 제목, 베스트 댓글 등을 레퍼런스로 삼아봐요. 특히 베스트 댓글은 진짜 유저가 남기는 메시지이기 때문에, 결국 유저가 원하는 메시지가 될 수 있겠죠?

5. 맘카페는 가능하다면 미리 가입해놓고 등업을 마쳐놔요. 네이버 성과형 디스플레이 광고의 코어 사용자는 3040 주부들이므로, 맘카페를 통해 많은 인사이트를 얻을 수 있어요.

6. 상세 타깃과 메시지를 연결해요.

 ex) 조미료 상품 광고 진행, 상세타깃팅에서 [구매 의도: 식품-조미료] [관심사: 낚시용품]

→ 낚시가 주 관심사인 사용자가 낚시에 대해 검색하다가 "낚시 가서 끓여먹는 라면 맛 2배 올려드림"이라는 카피를 보면 후킹될 확률이 높겠죠? 실제로 이런 방향의 카피가 높은 성과를 보였어요.

7. 수사법을 고민해보고 카피에 녹여봐요.

 ex) 중독성 있는 간식을 어떻게 표현할 수 있을까?

→ "지금도 먹으면서 이 광고 만들고 있습니다."

"인간사료여도 좋아… OOOO라면.."

실습하기 : 네이버 성과형 디스플레이 광고 세팅

앞에서 배운 성과형 디스플레이 광고를 단계별로 실습해보는 시간을 가져봐요!

Mission 1

네이버 통합 광고주 센터 계정을 생성해보세요. (이미 광고계정이 있다면 생략하거나, 개인 광고주로 생성해보세요.)

Mission 2

웹사이트 전환 캠페인 중 25~34세 인테리어 관심사 여성을 타깃팅하고, 광고 소재 단위에서 1일 5회 노출시키는 광고 그룹을 생성해보세요. (나머지 조건은 자유) 가능한 경우, 소재까지 세팅해보는 것을 추천합니다!

Mission 3

웹사이트 트래픽 캠페인 혹은 앱 설치 캠페인을 생성해보세요. 35세~44세 남성을 타깃으로 하고, 네이버 지면에서만 노출시키며, 광고 소재 단위에서 1일 5회 노출되시키는 광고 그룹을 생성해보세요. 가능한 경우, 소재까지 세팅해보는 것을 추천합니다!

네이버 성과형 디스플레이 광고 운영 노하우는 바로 !

사실 네이버 성과형 디스플레이 광고는 유기적인 움직임이 중요한 매체로, 일반적인 방법론으론 다가갈 수 없는 '감'의 영역이 존재해요. 이 때문에 네이버 성과형 광고에서 또 중요한 것은 **'캠페인 믹스'**죠. 캠페인 믹스란, 다양한 목적의 캠페인을 복합적으로 활용해서 캠페인 간 시너지를 일으키는 것을 말해요. 즉, **단일 캠페인으로 성과를 내는 것보다는 다양한 목적을 가진 캠페인을 믹스해서 서로 보완하고 시너지를 내는 운영 방식이 중요해요.**

예를 들어서, 트래픽 캠페인과 전환 캠페인을 믹스해서 서로의 장단점을 보완하고 시너지를 내는 전략을 취하는 거예요.

	트래픽 캠페인	전환 캠페인
특징	실시간으로 빠른 조정 가능, 빠른 볼륨 확장에 적합	학습을 기반으로 한 효율 안정화에 적합
장점	드라마틱한 볼륨 확장과 빠른 테스트 가능, 낮은 입찰가	안정적인 운영 가능성, 높은 전환율
단점	비교적 낮은 전환율, 광고비 과소진 가능성 존재	머신러닝 학습에 영향을 미치는 급격한 변경 지양, 라이브 초반 성과 저조

[그림 3-68] 트래픽 캠페인과 전환 캠페인 비교

트래픽 캠페인으로 소재 검증을 빠르게 마친 후 위닝 소재를 전환 캠페인으로 넘겨서 안정적인 성과를 내는 방법이죠.

먼저 트래픽 캠페인에서 신규 광고 소재를 세팅해서 사용자에게 브랜드를 인지시키고 웹사이트로 유입시켜요. 그리고 위닝 소재를 전환 캠페인에 복사해서 세팅해둬요. 전환 캠페인은 트래픽 캠페인에 비해 초반 성과(CVR)가 낮을 수 있지만, 해당 소재는 유입 성과(CTR)가 보장되어 있기에 전환 캠페인 세팅을 통해 구매 가능성이 높은 유저에게 다가갈 수 있어요.

만약 트래픽 캠페인에서 벌써 유입 후 전환까지의 위닝 소재가 있다면 전환 캠페인에서도 대박날 확률이 높겠죠? 사실 트래픽 캠페인에서 이런 소재가 나타나는 경우가 잘 나타나지 않지만, 그럴 때에는 광고소재와 상세페이지 메시지 핏이 맞는다는 가정 하에 믹스 전략을 활용할 수 있어요. 즉, 전환 가능성이 높은 고품질 사용자가 있는 전환 캠페인에 CVR이 검증된 소재를 노출시켜서 전환 효율을 높이는 전략인거죠.

네이버 성과형 디스플레이 광고는 관리와 운영 전략으로 성과가 좌지우지되는 매체이기 때문에 트러블슈팅 과정이 반드시 필요할 거예요. 광고 집행 방법을 먼저 익히고, 지표최적화와 성과 개선 방향을 찾아나가면서 똑똑하게 운영할 수 있길 바라요.

네이버 검색광고

> **SUMMARY**
> - 검색광고: 검색 키워드와 관련된 광고를 보여주고 웹사이트 또는 상품 콘텐츠로 연결시키는 광고
> - 검색광고 구성 요소: [캠페인 ⊃ 광고 그룹 ⊃ 키워드 ⊃ 소재 / 확장소재]
> - 검색 광고 키워드가 보여주는 데이터에 따라, 비즈니스·키워드·입찰·운영 전략에 대한 유의미한 인사이트를 발견하는 것이 가장 중요

검색광고(SA)란?

검색광고란 **사용자가 특정 검색어를 검색할 때 검색어와 연관된 광고를 보여주고 웹사이트 또는 상품 콘텐츠로 연결시키는 광고**를 말해요. 브랜드나 상품을 인지하고 있는 사용자가 검색광고를 통해 유입되기 때문에 전환율이 높은 편이죠. 또한, 사이트 방문 시에만 광고비가 발생하기 때문에 상대적으로 저렴한 단가로 이루어져요. 즉, 검색광고의 **과금 방식은 클릭하면 비용이 나가는 CPC 방식**이에요.

검색광고가 필요한 이유는 무엇일까요? 다음 사진은 마케팅 퍼널 중 하나인 AISAS 모델인데요. 고객이 상품을 인지하고 관심을 갖더라도 상품에 대한 정보 탐색이 없다면 결국 구매로 이어지기 어렵다는 걸 보여주죠. 그래서 검색광고는 **해당 상품이나 서비스를 검색하는 고객을 타깃으로 잡아주는 역할**을 하는 거예요.

[그림 3-69] 마케팅 퍼널 중 하나인 AISAS 모델

디스플레이 광고(DA) vs 검색광고(SA)

검색광고는 이전 챕터에서 살펴본 디스플레이 광고와 어떤 차이점이 있을까요?

디스플레이 광고(DA)	검색광고(SA)
• 타깃을 찾아다니며 광고를 보여주고 다양한 타깃 범위 설정 및 광고 노출 가능 • 제품의 구매 니즈가 상대적으로 적었던 고객들에게 제품을 인지·상기시킴. 공유 및 검색광고 등 다양한 경로로 추가 인입되는 경우가 많음 • 노출당 비용 과금	• 제품 정보를 찾는 고객들의 특정 검색어와 연관된 광고를 보여주고, 반응에 따라 정교한 정보 제공 가능 • 제품 구매 니즈가 강한 고객들이 검색하는 키워드의 연관 광고를 노출시키고, 정보 제공을 통한 인입 • 키워드별 광고 노출 순위를 경매 형태로 진행, 키워드에 따라 유동적으로 비용 과금

[그림 3-70] 디스플레이 광고와 검색광고의 차이점

먼저 디스플레이 광고는 타깃을 찾아다니면서 광고를 보여주고, 다양한 범위를 설정해서 그 타깃에게 도달합니다. 그래서 고객들이 광고와 상품에 대해 인지하게 되는 경우가 많고요. 또한, 구매 니즈가 상대적으로 적었던 고객들에게 제품을 상기시켜 구매 액션 및 정보 탐색으로 이어지게 만듭니다. 그리고 디스플레이 광고를 통해 검색광고 등의 다양한 채널로 유저를 자연스럽게 유입시키죠.

반면 검색광고는 사용자의 특정 검색어의 연관 광고를 보여주고 그 반응에 따라서 정교한 정보를 제공해줍니다. 또한, 제품 구매 니즈가 강한 고객들에게 광고를 노출하고 정보를 제공함으로써 유입을 유도하게 되고요. 디스플레이 광고는 노출당 비용이 발생하는 구조인데 반해, 검색광고는 키워드별 광고 노출 순위를 경매 형태로 진행하기 때문에 키워드에 따라 비용이 천차만별로 달라지게 되는 특징이 있어요.

네이버 검색 광고 시작 전 고려해야 할 점

1. 자사 비즈니스, 브랜드 특성 파악하기: 먼저 고객들이 자사 사이트를 어떤 경로로 들어오는지, 경쟁사는 어떤 광고 상품을 어떻게 운영하고 있는지 파악하는 것이 중요해요. 또한, 브랜드가 자사몰 형태로 운영하고 있는지, 스마트스토어를 사용하는지도 중요한 기준 중 하나가 될 수 있어요.

2. 운영 매체 특성 파악하기: 네이버 사용자는 블로그, 카페, 뉴스, 웹툰 등 네이버의 서비스를 이용하는 과정에서 수많은 정보를 인

지할 수 있죠. 그 과정에서 어떤 제품이나 브랜드에 대한 구매 니즈가 생겨 검색까지 이어지는 경우가 많아요. 반면, 머신러닝 기반으로 운영되는 구글은 검색 키워드 확장과 잠재고객 발굴, 자동 검색어 추천과 같은 자동화 운영의 강점이 있어요. 그래서 운영 매체 특성별로 자사에 맞는 매체를 파악해서 운영하는 것이 무엇보다 중요하죠.

3. 광고 운영 전략 세워보기: 제품/서비스 카테고리의 입찰 경쟁이 어떤지에 따라 검색 광고에 투입할 예산 전략이 달라질거예요. 그래서 자사 제품/서비스가 어떤 카테고리에 있는지 파악하고 그 경쟁 정도에 따라 다양하고 유연하게 전략을 수립해야 해

→ 실습 Mission 1

네이버의 대표상품, 네이버 파워링크

네이버 파워링크는 네이버의 대표적인 광고 상품이에요. **파워링크는 타 매체에 비해 상품/서비스에 니즈가 있는 유저를 타깃팅할 때 즉각적인 퍼포먼스를 기대할 수 있다는 장점이 있어요.**

1. 구좌위치

네이버 내 파워링크 탭 혹은 비즈니스 사이트 영역에 노출되고, 그 외 다나와, 알바천국, 인크루트, 잡코리아 등의 제휴 사이트(파트너매체)에도 노출돼요. 하지만 제휴사이트 지면은 주목도나 품질이 떨어져서 추천하는 지면은 아니에요.

2. 노출지면

파워링크는 PC/모바일 지면별로 노출되는 광고 수가 다른데요. **PC 첫 지면에는 10개, 모바일 첫 지면에는 3~5개가 노출돼요.** '더보기'를 클릭하면 지면당 PC는 최대 25개, 모바일은 15개까지 노출돼요. 그리고 PC의 경우 1위부터 7위까지는 확장소재가 노출되고, 8위~10위는 제목만 보이죠. [그림 3-71]에서도 PC 8위~10위 소재는 상위 소재에 비해 더 심플해보이죠?

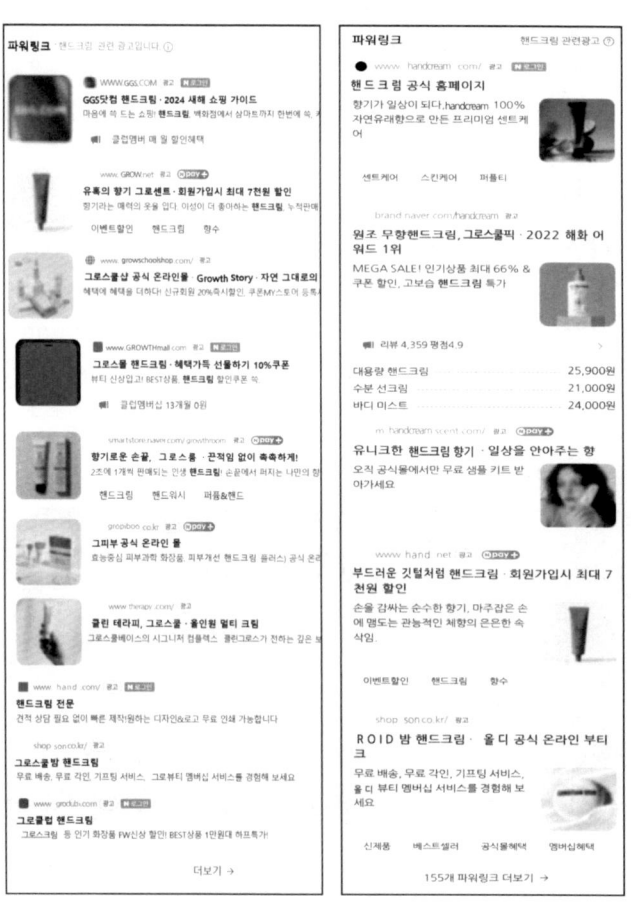

[그림 3-71, 3-72] '핸드크림' 검색 네이버 파워링크 - PC(왼쪽), MO(오른쪽)

네이버의 대표상품, 네이버 파워링크

1. 비즈채널 등록

 '**비즈채널**'이란 검색광고에 사용되는 비즈니스 URL로, 네이버 파워링크를 운영하기 위해 반드시 등록해야 해요. 비즈채널을 등록하려면 네이버 검색광고 플랫폼 광고관리자에서 **[정보관리 - 비즈채널 관리]**로 접속해서 **[+채널 추가]**를 눌러 비즈니스에 적합한 채널을 선정한 후 URL을 입력하면 돼요. 비즈채널 URL 검토는 1~2일 정도 소요되는데, 여기서 비즈머니를 10원이라도 충전해둬야 검토가 이루어진다는 점을 알고 있어야 해요!

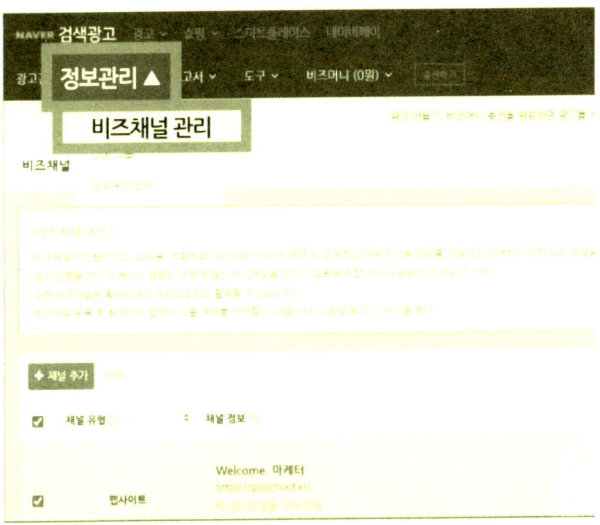

[그림 3-73] 네이버 검색광고 플랫폼 광고관리자 - 비즈채널 관리 화면

[그림 3-74] '채널추가' 클릭 후 비즈니스에 적합한 채널 선정하기

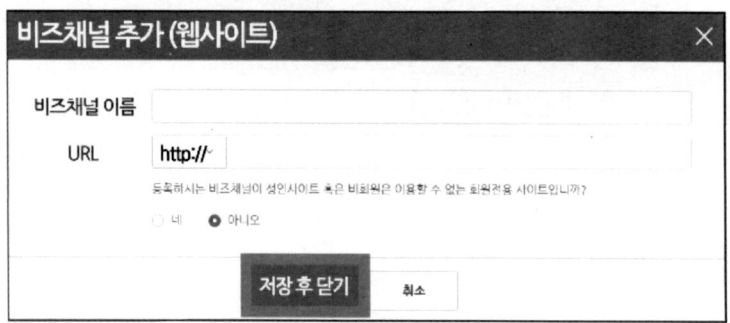

[그림 3-75] 비즈채널 추가 (웹사이트) 화면

네이버 검색광고는 **[캠페인 ⊃ 광고 그룹 ⊃ 키워드 ⊃ 소재/확장 소재]** 의 구조로 이루어져 있어요. 이제 본격적으로 세팅 과정을 살펴볼까요?

[그림 3-76] 네이버 검색광고의 구조

캠페인 세팅

먼저 검색광고 관리자 페이지의 **[+새 캠페인]**에서 원하는 캠페인 유형을 설정할 수 있어요. 캠페인 이름은 자체 규칙을 따르거나 알아보기 쉽게 구성하는데, 이때 PC와 모바일을 모두 운영할 때 별도로 생성한 후 쉽게 구분할 수 있도록 이름에 'pc'/'mo'를 붙이기도 해요. PC와 모바일 별도 운영에 대해서는 이후 자세히 설명할게요.

'하루 예산'은 일일 예산을 설정하는 부분으로 '제한없음'을 선택할 수도 있어요. 이때 하루 예산을 캠페인 세팅 단계에서 입력할 수도 있고, 이후 광고 그룹 세팅 시에도 입력할 수 있어요.(이 경우 캠페인 세팅에서는 '제한없음'으로 설정해도 되겠죠?)

만약 하루 예산을 입력했다면 '균등 배분' 여부를 선택할 수 있는데요. **균등 배분**이란 설정한 일일 예산을 하루 동안 고르게 노출되도록 네이버 시스템이 자체조절해서 노출하는 방식이에요. 이 방식은 현재 입찰가 + 네이버가 예측하는 클릭률, 성과 데이터를 바탕으로 노출 순위를 자동 조정하고 On/Off를 조절해요. 그래서 균등 배분은 평소 검색 광고에 많이 신경 쓸 수 없는 마케터에게 추천하고, 검색광고를 메인으로 운영하고 있다면 추천하지 않아요. 균등 배분을 설정하면 마케터가 계획한 운영 플랜대로 진행되지 않을 확률이 높거든요.

고급 옵션에서는 캠페인 운영 기간과 추적기능을 설정할 수 있는데요. **'추적기능'**은 사용자가 어느 키워드 또는 어느 경로로 유입했는지 네이버가 추적해주는 기능으로, 주로 **'자동 추적 URL 파라미터'**를 설정해서 진행해요.

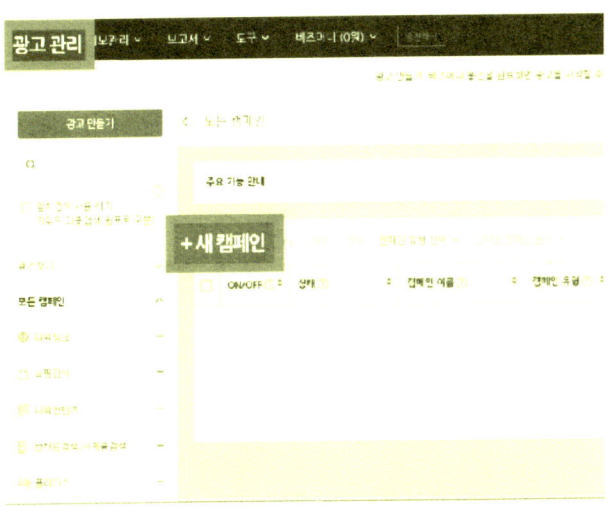

[그림 3-77] 네이버 검색광고 플랫폼 광고관리자 - 캠페인 화면

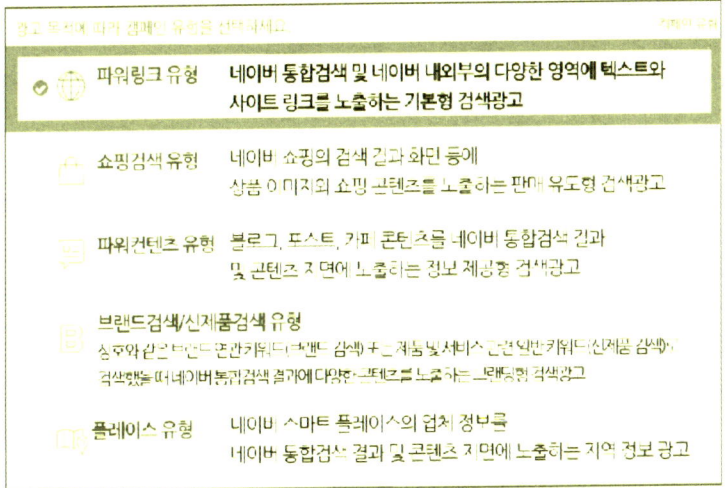

[그림 3-78] 캠페인 유형

215

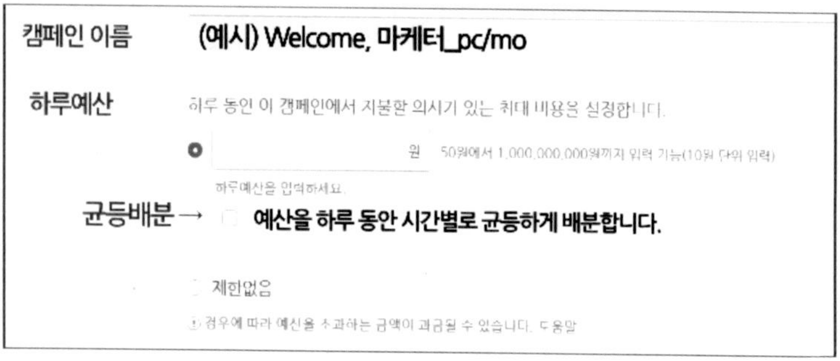

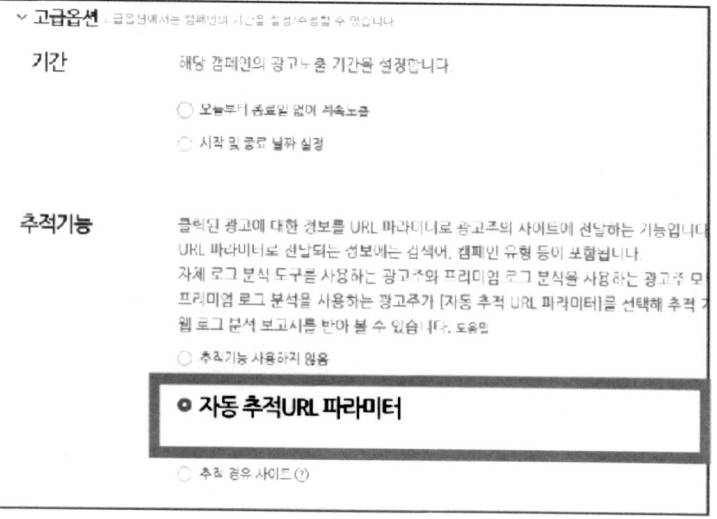

[그림 3-79] '캠페인 이름'과 '하루예산' 설정하기

[그림 3-80] 고급 옵션에서 '캠페인 기간'과 '자동 추적URL 파라미터' 설정하기

광고그룹 세팅

광고그룹 세팅은 캠페인을 생성한 다음 진행할 수 있어요. **[+ 새 광고그룹]** 버튼을 누르고 광고 그룹 이름을 입력하는데요, 주로 '노출지면+키워드 카테고리' 형식으로 이름을 구성하는 편이에요. URL에는 앞서 등록한 비즈채널 사이트를 선택하면 돼요.

'기본 입찰가'는 키워드나 소재의 입찰가가 설정되지 않았을 경우 또는 광고그룹을 최초로 생성했을 때 자동으로 설정되는 기본 입찰가를 말해요. '자동입찰 설정(beta)' 기능은 효율적인 운영이 어렵기 때문에 권장하지는 않고요. 기본 입찰가는 50원~70원으로 설정해두고 키워드를 세팅한 후에 입찰가를 조정하는 걸 추천해요.

다음으로, **'하루예산'**은 캠페인에서 본 것과 같이 일일 예산을 설정할 수 있는 부분이에요. 만약 특정 광고그룹 또는 주력하고 싶은 카테고리에 예산을 투자하고 싶으면 광고 그룹별 하루 예산을 따로 설정해도 되는데요. **효율적인 예산 편성을 위해서는 캠페인에서 일일예산을 설정해두는 편이에요.** 하지만 앞서 캠페인 세팅에서 하루 예산을 정해두지 않았다면, 여기서 설정해둬야 하겠죠?

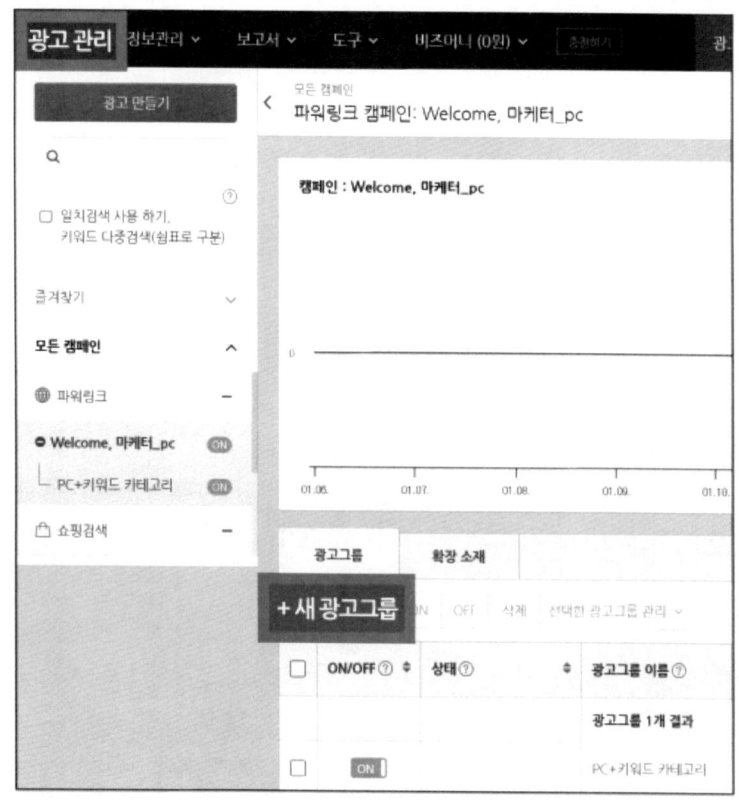

[그림 3-81] 네이버 검색광고 플랫폼 광고관리자 - 광고그룹 화면

[그림 3-82] 광고그룹 이름과 URL 설정하기

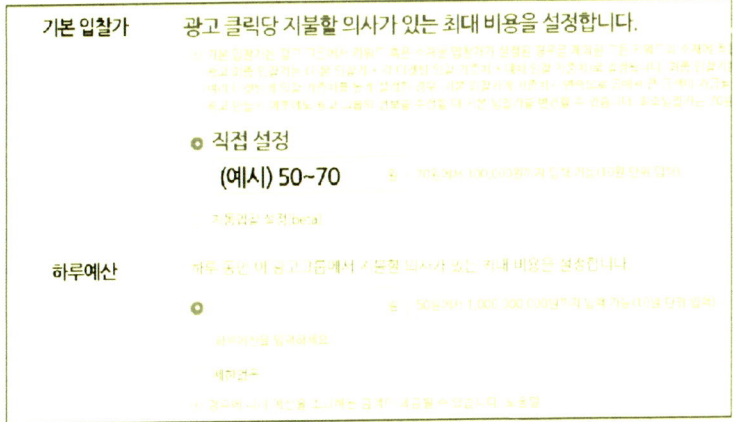

[그림 3-83] 광고그룹 '기본 입찰가'와 '하루 예산' 설정하기

고급 옵션에서는 **'매체 지면'**을 선택할 수 있는데요, 디바이스별 (PC/모바일), 지면별(네이버 지면, 제휴사이트 지면) 광고 노출 여부를 설정할 수 있어요. 보통 PC와 모바일을 나눠서 운영하는 경우가 많아 PC만/모바일만 노출되도록 세팅하거나, 노출을 원하지 않는 지면(제휴 사이트 등)의 노출을 끄기도 하죠. 세부 매체 유형의 경우 '검색 매체'는 네이버 및 검색 포털 매체를, '파트너 매체'는 네이버가 제휴맺고 있는 파트너 사이트 매체를 의미해요. 그리고 '콘텐츠 매체'는 네이버 블로그나 카페에서 파워링크가 노출되는 거예요. 콘텐츠 매체를 사용하지 않으면 전용입찰가는 설정하지 않아도 되고요.

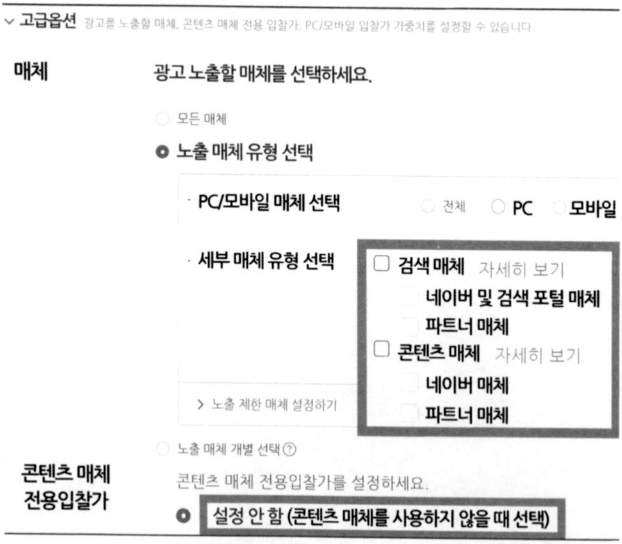

[그림 3-84] 고급 옵션에서 '광고 노출 매체' 및 '콘텐츠 매체 전용입찰가' 설정하기

'**입찰 가중치**'는 설정 입찰가에 가중치를 부여하는 옵션이에요. 예를 들어, 입찰가중치가 100%일 때 100원으로 입찰했다고 하면 100원 그대로 입찰가가 들어가는 것이고, 입찰가중치가 70%라면 100원의 입찰가를 걸었을 때 70원으로 입찰이 진행되는 거예요. 즉 마케터가 설정하는 입찰가에 맞게 입찰을 진행시킬수 있도록 **PC/모바일 입찰 가중치는 주로 100%**로 설정해요.

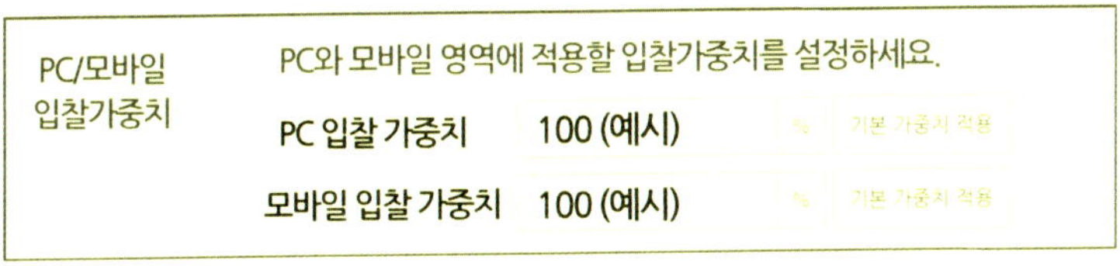

PC/모바일 입찰가중치	PC와 모바일 영역에 적용할 입찰가중치를 설정하세요.			
	PC 입찰 가중치	100 (예시)	%	기본 가중치 적용
	모바일 입찰 가중치	100 (예시)	%	기본 가중치 적용

[그림 3-85] 고급 옵션에서 'PC/모바일 입찰가중치' 설정하기

'**키워드 확장**'을 '일치(유사검색어)'으로 설정하는 경우, 광고 그룹에 등록한 키워드와 유사한 의미를 가진 키워드 또한 자동으로 광고에 노출돼요. 그리고 자동으로 노출되는 키워드의 입찰가는 광고 그룹에 설정해둔 키워드의 평균값을 기준으로 적용돼서 노출 순위가 정해지고요. 일반적으로 이 기능을 사용하지는 않기에 '**일치**'로 설정하는 걸 권장해요.

그리고 광고 그룹에서는 소재와 키워드 두 가지 요소를 등록할 수 있는데요. 여기서 '**소재 노출 방식**'을 선택할 수 있어요. 동일 비중 노출은 클릭률이나 구매 전환과 상관 없이 동일 비중으로 소재를 계속 보여주는 방식이고, 성과 기반 노출은 성과가 좋게 나타날수록 그 소재를 더 많이 보여주는 방식이에요. 물론 **성과가 좋은 소재를 더 노출하는 것이 성과 개선에 도움이 되겠죠? 그래서 주로 성과 기반 노출로 설정해둡니다.**

→ 실습 Mission 2

키워드 확장 (beta)	○ **확장**: 그룹에 등록한 키워드와 의미적으로 유사할 뿐만 아니라 검색 의도 내에서 의미가 확장된 검색어에 광고를 노출합니다.
	○ **일치(유사검색어)**: 그룹에 등록한 키워드와 의미적으로 유사한 검색어에 광고를 노출합니다.
	○ **일치**: 그룹에 등록한 키워드와 형태적으로 일치하는 검색 결과에 광고를 노출합니다.

[그림 3-86] 고급 옵션에서 '키워드 확장' 방식 설정하기

소재 노출 방식	○ **성과 기반 노출**: 성과가 우수한 소재가 우선적으로 노출되도록, 그룹 내 소재의 노출 비중을 자동으로 조절합니다.
	○ **동일 비중 노출**: 그룹 내 모든 소재는 동일한 비중으로 노출됩니다.
	'성과 기반 노출' 기능은 그룹 내 소재가 최소 2개 이상 존재해야 동작합니다. 다양한 내용의 소재를 3개 이상 작성하면 소재 성과 향상에 도움이 됩니다.

[그림 3-87] 고급 옵션 '소재 노출 방식'에서 '성과 기반 노출' 설정하기

키워드 도구

키워드를 등록하기 전에 선행되어야 하는 작업이 있어요. 바로 **'키워드 도구'를 통해 연관 키워드와 키워드의 경쟁 정도를 확인**하는 거예요. [도구] 메뉴에서 [키워드 도구]를 찾을 수 있는데요, 키워드 도구는 키워드 데이터를 바탕으로 연관 키워드를 발굴해낼 수 있는 도구예요. 키워드 도구를 통해 업종별/시즌별 연관 키워드를 조회할 수 있고, 키워드별 경쟁 정도, 해당 키워드의 월 평균 노출 광고수를 확인할 수 있어요. 여기서 '키워드의 경쟁정도가 높다'라는 것은 해당 키워드로 광고를 노출시키고 싶은 광고주가 많기 때문에 입찰 경쟁이 치열하다는 뜻이고, 곧 더 많은 광고비를 소진해야 함을 의미하죠.

그리고 오른쪽의 [월간 예상 실적 보기]를 클릭하면, 키워드의 입찰가에 따른 한달 예상 성과를 확인할 수 있어요. 이 기능이 필요한 이유는 입찰가가 항상 고정적이지 않고 계절 혹은 소비자의 검색량, 또는 키워드를 사용하는 광고주의 수에 따라 입찰 경쟁 정도와 입찰가가 달라지기 때문이죠. 따라서 **운영하고 싶은 키워드의 상위 키워드 또는 메인 키워드를 대상으로 경쟁률, 검색량, 클릭수 그리고 키워드의 대략적인 예상 성과 변화를 참고해서 전략을 수립하면 돼요.**

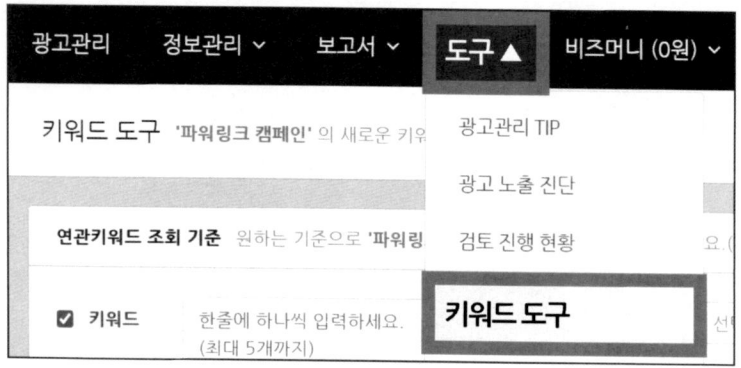

[그림 3-88] 도구 메뉴에서 '키워드 도구' 클릭하기

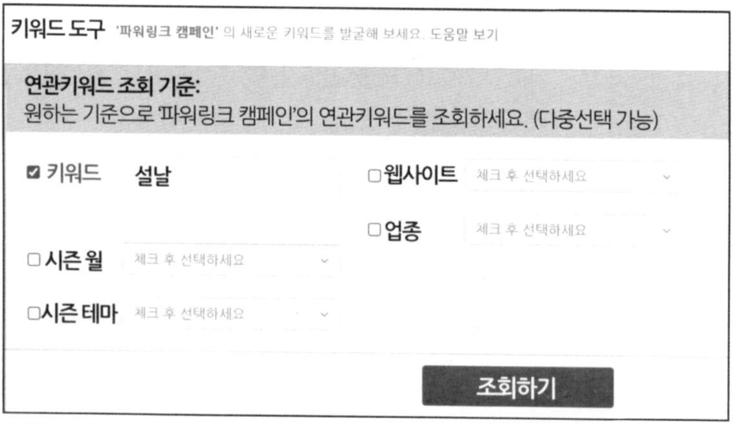

[그림 3-89] 키워드 도구 화면 예시 ('설날' 검색)

[그림 3-90] '월간예상 실적 보기' 메뉴

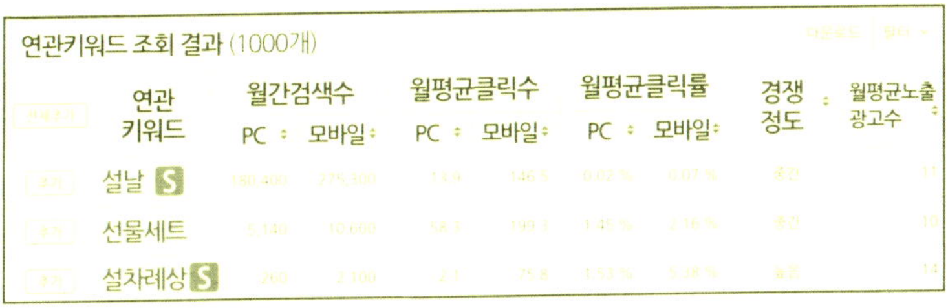

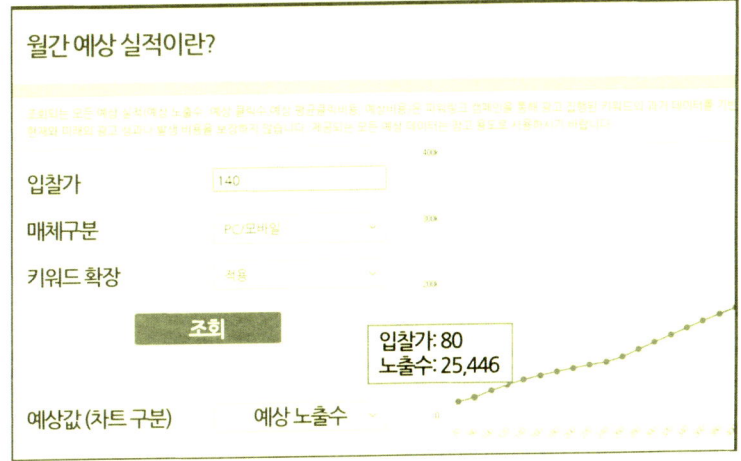

[그림 3-91] 연관키워드 조회 결과 화면 예시 ('설날' 검색)

[그림 3-92] 월간 예상 실적 화면 예시 ('설날' 검색)

225

키워드 세팅

키워드 세팅은 광고그룹을 생성한 후에 **[+새 키워드]** 버튼을 통해 키워드를 등록하는 방식으로 진행해요. 한 번 키워드를 등록할 때 최대 100개까지 입력할 수 있어요. 그 이상은 대량 관리 기능을 통한 등록이 필요해요.

[그림 3-95]의 **'광고그룹기준 연관 키워드'**는 이미 광고그룹에 추가되어 있는 키워드와 관련있는 키워드를 리스팅해주는 것으로, 필요시 키워드에 추가할 수 있어요. 그리고 **'키워드기준 연관 키워드'**는 특정 키워드를 조회했을 때 해당 키워드와 관련 있는 키워드를 리스팅해주는 기능이에요. 이런 연관 키워드 기능을 오로지 키워드 추가를 위해 사용한다기보다는, 키워드 또는 키워드 카테고리의 대략적인 경쟁도를 파악하는데 활용할 수 있어요. 특히 키워드를 조회했을 때 간혹 나오는 **S 표시**는 시즈널 마크라고 해서 특정 시기 혹은 계절성에 따라 검색량이 치솟는 키워드를 가리키는 거예요.

→ 실습 Mission 3

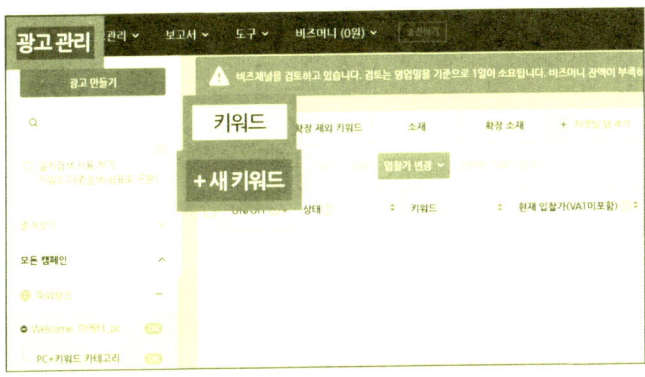

[그림 3-93] 네이버 검색광고 플랫폼 광고관리자 - 키워드 화면

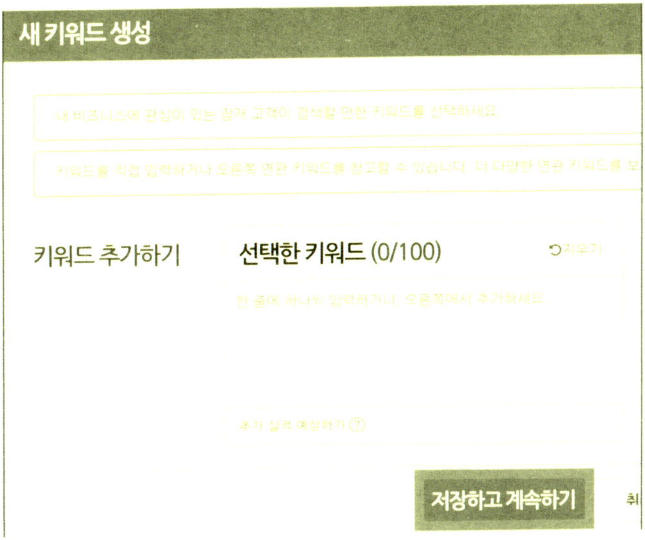

[그림 3-94] 새 키워드 추가하기

전체 추가	키워드	월간검색수 PC	월간검색수 모바일
추가	선물세트	5,140	10,600
추가	설차례상 S	260	2,100
추가	설선물세트 S	4,950	8,680
추가	발렌타인데이선물 S	740	2,170
추가	차례상 S	430	2,860
추가	추석선물 S	340	640

[그림 3-95] 광고그룹기준 연관키워드 ('설날' 입력)

설날   조회

전체 추가	키워드	월간검색수 PC	월간검색수 모바일
추가	선물세트	5,140	10,600
추가	설차례상 S	260	2,100
추가	설선물세트 S	4,950	8,680
추가	발렌타인데이선물 S	740	2,170
추가	차례상 S	430	2,860
추가	추석선물 S	340	640

[그림 3-96] 키워드기준 연관키워드 ('설날' 검색)

소재 및 확장 소재 세팅

1. 소재 세팅

소재와 확장 소재는 네이버 파워링크에 노출되는 요소로, 키워드 혹은 브랜드명을 검색하는 잠재 고객에게 브랜드와 상품을 소구할 수 있어요. 소재는 제목과 설명으로 구성되어 있고, 확장 소재는 이미지, 추가제목, 가격 링크 등 총 14가지로 구성되어 있어 브랜드나 상품의 니즈에 맞게 맞춤 설정하면 돼요. **상품과 브랜드에 맞는 소재 내용과 소구하고자 하는 포인트를 적합한 확장 소재로 풀어내는 것이 검색광고 성과 개선에 도움을 줄 수 있겠죠?**

광고그룹을 생성한 뒤 [소재] 탭에서 **[+새 소재]**를 클릭하면 소재를 등록할 수 있어요. **제목은 15자까지, 설명은 최대 45자까지 입력 가능해요.**

[키워드삽입]은 광고 그룹에 등록된 키워드를 검색할 때 해당 키워드가 소재에 삽입되는 기능인데요. 이 기능을 사용할 때 '대체 키워드'를 필수로 입력해야 해요. 대체 키워드는 사용자가 검색한 키워드와 소재가 규격(제목 15자, 설명 45자)을 초과/미달할 경우 대신 노출되는 키워드예요.

소재에 PC와 모바일 URL을 별도로 입력할 수 있어요. 여기서 '표시 URL'은 사용자에게 보여지는 링크이고, 사용자가 파워링크를 클릭하면 '연결URL'로 랜딩되기 때문에 연결 URL에 랜딩 페이지 링크를 넣으면 되겠죠? 이때 구글 애널리틱스나 별도로 홈페이지를 분석할 수 있는 툴이 있다면, URL 추적이 가능하도록 UTM과 함께 입력하는 걸 권장해요. ([그림 4-18] 참고)

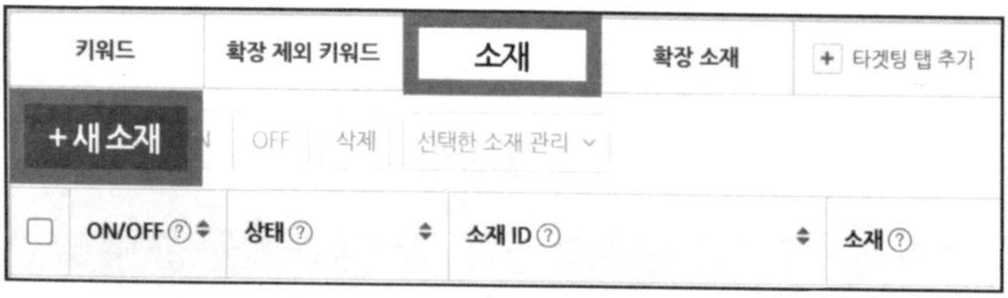

[그림 3-97] 네이버 검색광고 플랫폼 광고관리자 - 소재 화면

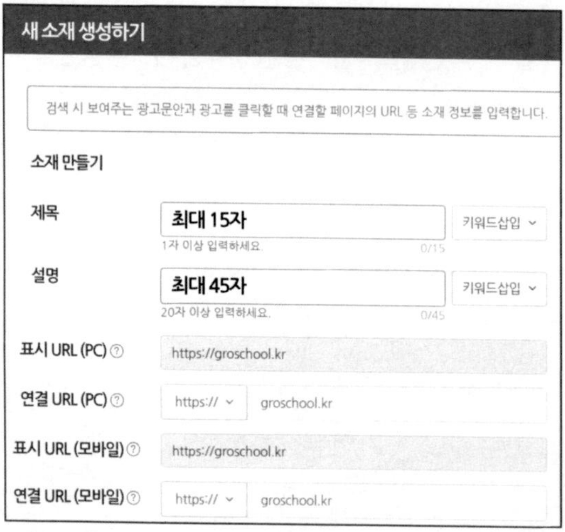

[그림 3-98] 새 소재 생성하기

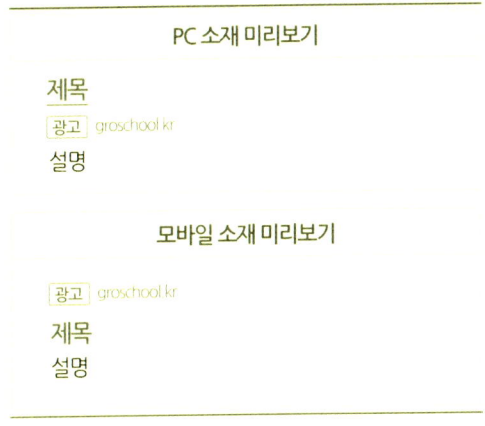

[그림 3-99] 소재 미리보기 화면

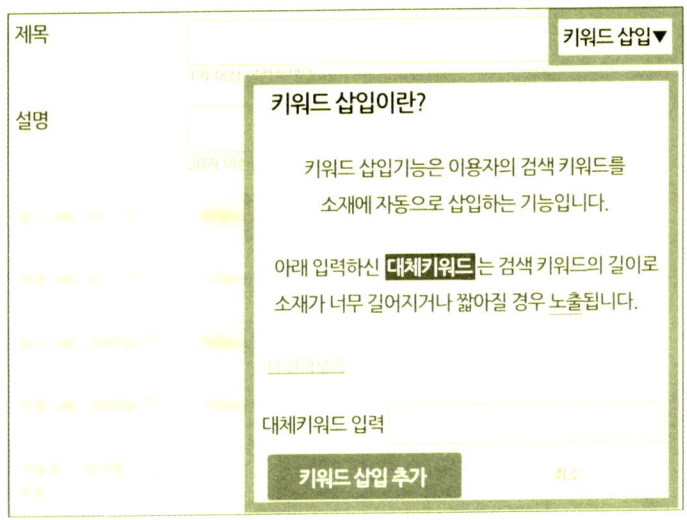

[그림 3-100] 소재 '키워드 삽입' 기능

주요 확장 소재 유형

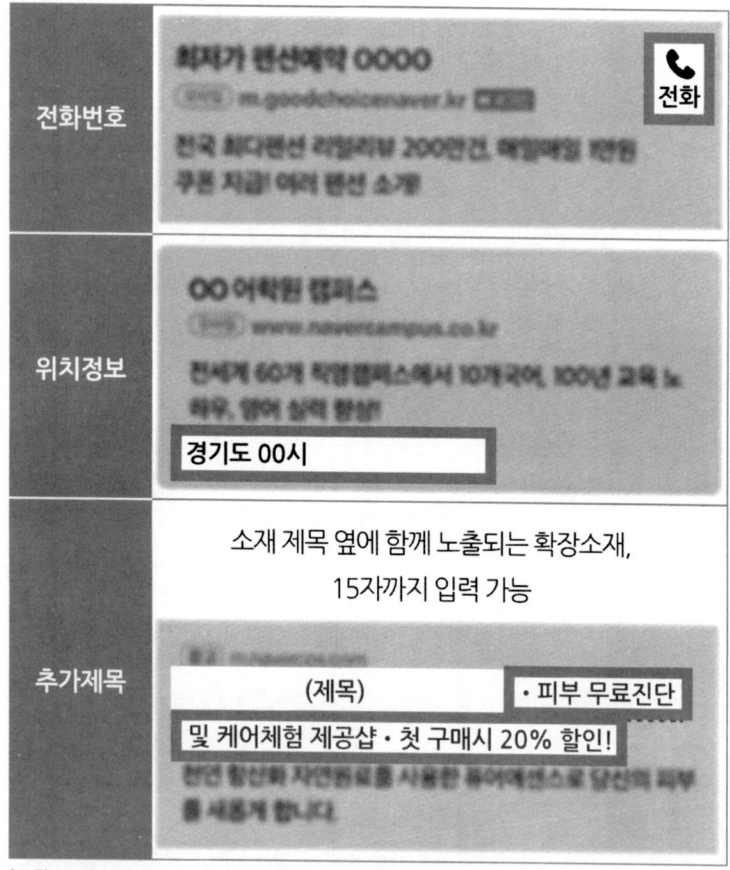

[그림 3-103, 3-104, 3-105] 주요 확장 소재 - 전화번호, 위치정보, 추가제목

2. 확장 소재 세팅

다음으로 확장 소재는 검색 결과에 노출되는 소재 외 요소예요. 주로 쓰는 확장소재로는 추가제목, 홍보문구, 서브링크, 가격링크, 파워링크 이미지 등이 있어요. 하지만 **확장 소재는 무조건 노출을 보장하지는 않는다**는 걸 알아둬야 해요.

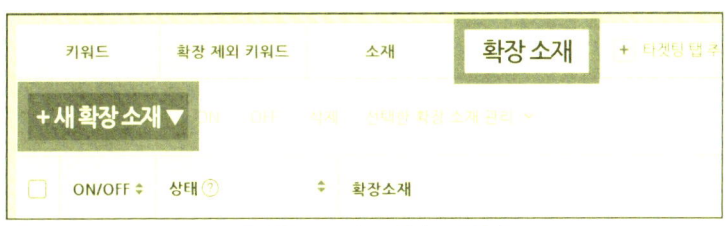

[그림 3-101] 네이버 검색광고 플랫폼 광고관리자 - 확장 소재 화면

+새 확장 소재 ▼	ON	OFF	삭제
전화번호	서브링크		
위치정보	가격링크		
네이버 예약	파워링크 이미지		
계산	이미지형 서브링크		
추가제목	플레이스 정보		
추가설명	홍보 영상		
홍보문구	블로그 리뷰		

[그림 3-102] 14가지 확장 소재 종류

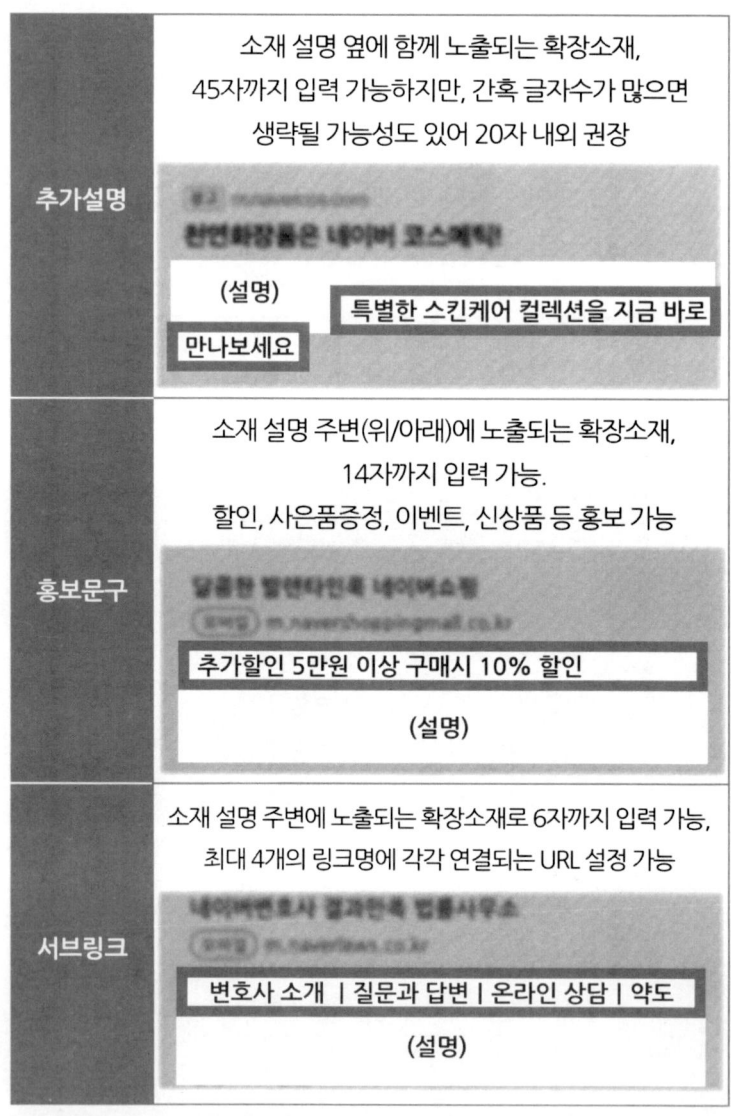

[그림 3-106, 3-107, 3-108] 주요 확장 소재 - 추가설명, 홍보문구, 서브링크

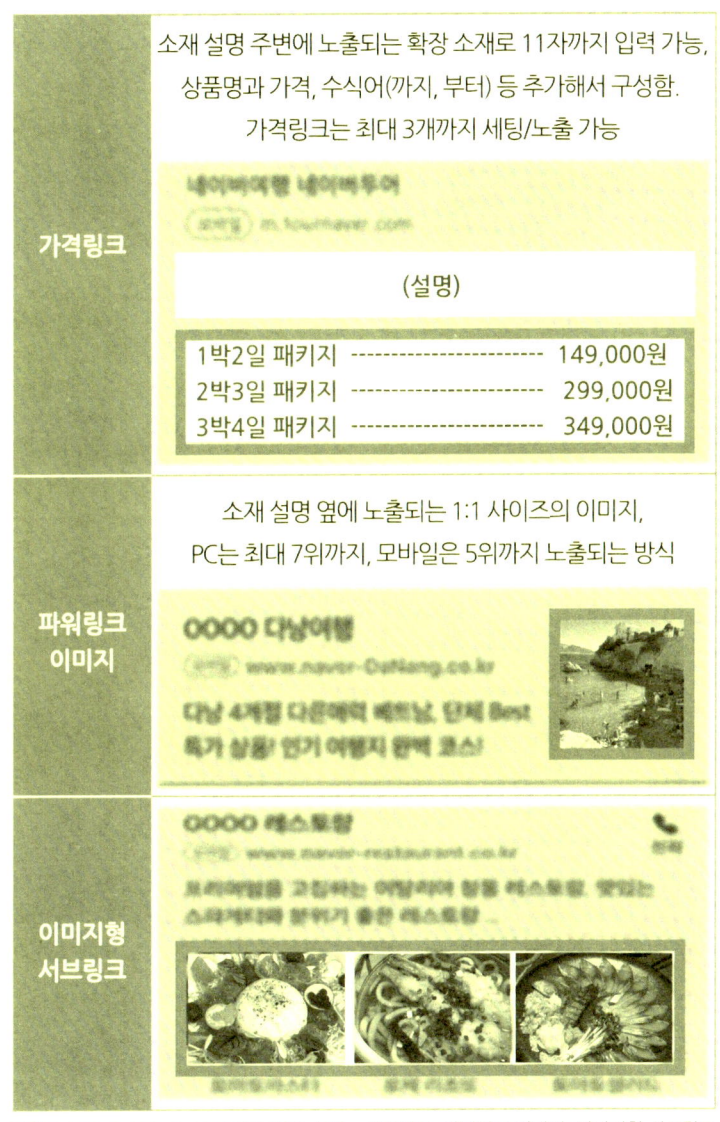

[그림 3-109, 3-110, 3-111] 주요 확장 소재 - 가격링크, 파워링크 이미지, 이미지형 서브링크

소재 세팅 운영 POINT

소재 및 확장 소재의 경우 2개 이상으로 세팅할 수 있어요. 그래서 **같은 유형의 소재여도 여러 컨셉, 메시지로 등록해서 소재에 대한 사용자의 반응을 다각도로 확인하고 위닝 소재를 찾을 수 있죠.** 앞서 말한 '성과 기반 노출'과 비슷한 방식인데요, 소재 개수를 1개로 하는 것보다는 여러 가지로 세팅해놓고 성과를 비교분석해서 다음 캠페인이나 프로모션을 운영할 때 참고할 수 있겠죠. 참고로 여러 그룹의 같은 소재를 세팅할 때에는 다른 광고 그룹으로의 복사 기능이 있어 손쉽게 소재를 세팅할 수 있지만, 아쉽게도 확장 소재는 이 기능을 지원하지 않아요.

→ 실습 Mission 4

PC와 모바일 지면을 분리해서 운영하는 이유는?

앞에서 캠페인과 광고 그룹을 세팅할 때 PC와 모바일을 분리해서 설정 및 운영한다고 했었죠?

PC와 모바일 지면을 분리해서 운영하는 이유는 관리가 용이하고 광고비를 효율적으로 소진시킬 수 있기 때문이에요. PC와 모바일의 입찰가는 서로 다르기 때문에 둘을 통합해서 운영하면 원하지 않는 지면 또는 입찰 순위로 노출돼서 높은 입찰비용이 소진될 수 있어요. 그 결과 입찰전략 역시 유연하게 가져가기 어렵게 되죠. **따라서 PC와 모바일 각각의 지면으로 캠페인을 생성하고 운영하는 것을 적극 권장해요!**

품질지수

품질지수는 네이버 파워링크 입찰 및 운영에서 굉장히 중요한 포인트 중 하나인데요. **'품질지수'란 자사의 광고가 다른 광고에 비해 검색사용자의 의도와 접합한지 나타내는 지수로, 운영 중인 광고의 상대적인 품질을 확인할 수 있어요.** 일반적으로 품질지수는 소재/확장소재의 유입 성과, 검색어와 소재 내용 또는 랜딩

페이지의 적합성 등을 기준으로 정해져요. 평균 품질 지수 게이지는 3~5개이며, 1~2개는 낮은 편, 6~7개는 좋은 품질로 판단되죠.

그래서 이 품질 지수를 왜 신경 써야 하냐고요? 같은 입찰가의 광고일 때 품질 지수가 높은 광고가 우선적으로 노출되기 때문이에요. 노출 순위가 올라가면 상대적으로 광고 효과가 개선될 확률도 높고, 우선순위로 노출되기 때문에 광고비를 상대적으로 덜 써도 되겠죠. **즉, 높은 품질지수는 노출순위, 광고 효과, 광고비 개선의 세 마리 토끼를 모두 잡을 수 있다는 장점을 가지는 거죠!**

	ON/OFF	상태	키워드	현재 입찰가(VAT미포함)	품질지수
☐			키워드 114개 결과		
☐	ON	노출가능	온라인마케팅	[기본] 300	▬▬▬▬
☐	ON	노출가능	온라인마케팅강의	500	▬▬▬▬
☐	ON	노출가능	온라인마케팅교육	[기본] 300	▬▬▬▬

[그림 3-112] 키워드별 품질지수

> ### 품질지수 높이는 Tip
>
> 품질지수는 단순 클릭수가 많은 것도 중요하지만 높은 CTR도 기준으로 작용하기 때문에 이를 활용해서 품질지수를 높이는 팁이 있어요. 바로 심야 시간대에 집중적으로 운영하는 건데요, 심야 시간에는 검색량이 비교적 적기 때문에 소수의 사용자가 클릭을 하더라도 클릭률 자체가 올라가겠죠. 그리고 만약 품질 지수가 4칸 아래로 떨어져서 저품질이 되었다면, 해당 키워드를 삭제하고 다시 등록할 시 기본 품질 지수인 4칸으로 복구돼요. 품질 지수가 떨어지면 키워드를 삭제하고 재등록하는 요령도 피울 수 있어요.

대량관리

　대량관리 기능은 네이버 검색광고에서 굉장히 많이 사용하는 기능이니 꼭 알아뒀으면 좋겠어요. '대량 관리'는 많은 검색어나 소재를 관리할 때 사용하는 기능으로, 네이버에서 제공하는 규격의 엑셀 파일을 기입한 후 업로드하는 방식이에요. **우리 상품을 사용자에게 보여줄 수 있는 검색 키워드는 생각보다 굉장히 많고 다양하기 때문에 대량의 키워드를 등록할 수밖에 없고, 이 과정에서 나름의 관리 시스템이 필요한 것이죠.** 대량 관리 기능을 통해 입찰가 등록, 키워드 On/Off, 소재 On/Off, 키워드별 연결 URL 설정을 어려움 없이 할 수 있어요.

　[도구] - [대량 관리] - [대량등록/수정]에 접속하면 작업 유형을 선택할 수 있는데요. 먼저 '키워드별 연결 URL 설정'을 하게 되면 해당 키워드를 검색했을 때 소재는 보여주지만, 클릭했을 때 다른 링크로 랜딩되게 할 수 있는 기능이에요. 예를 들어 우리 키워드에서 상품 키워드와 브랜드 키워드가 하나의 소재로 함께 있을 때 브랜드 키워드를 검색했을 때에는 소재 URL로 랜딩되고, 상품 키워드를 검색했을 때에는 상품 상세페이지로 바로 연결될 수 있겠죠.

그리고 '키워드 등록'은 말 그대로 키워드를 대량으로 등록할 때 사용하는 기능이에요. 네이버 검색광고는 키워드를 등록할 때에는 한 번에 100개만 입력이 가능하고, 1개의 그룹에는 총 1,000개의 키워드를 등록할 수 있어요. 즉 광고그룹을 10개까지 만들 수 있는 하나의 캠페인 당 총 10,000개의 키워드를 등록할 수 있는 거죠. 그래서 많은 키워드를 효율적으로 등록하기 위해서는 키워드 대량 등록 기능이 필요해요.

대량 등록 작업은 템플릿 파일을 통해 처리할 수 있어요. **[대량 등록/수정] - 작업 유형 선택 - [템플릿 다운로드]**를 통해 엑셀 형식의 템플릿을 다운로드받을 수 있어요. 그리고 엑셀 파일에 광고그룹 ID / 키워드 ID / 키워드를 입력해놓고 그 파일을 업로드하면 돼요.

→ 실습 Mission 5

[그림 3-113] 도구 메뉴에서 '대량 관리' 클릭하기

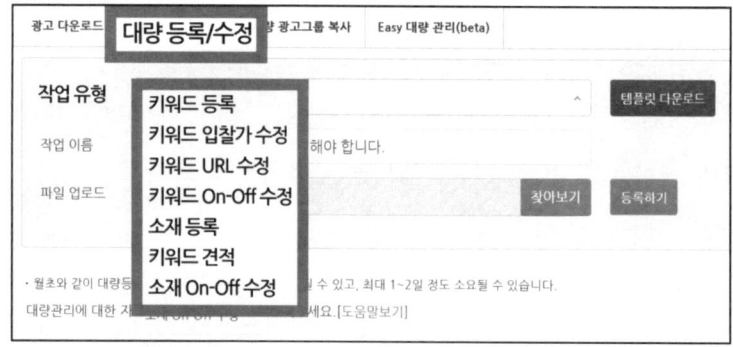

[그림 3-114] '대량 등록/수정'에서 작업유형 선택하기

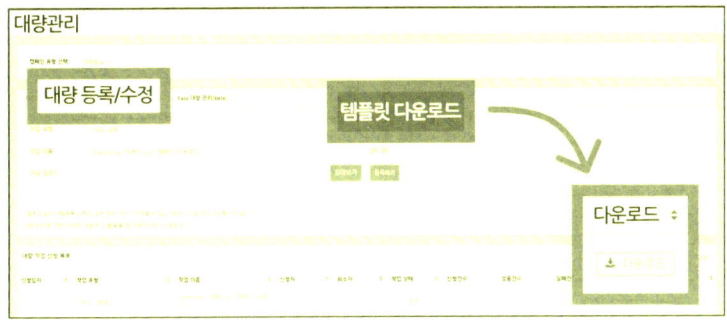

[그림 3-115] '대량 등록/수정'에서 템플릿 다운로드 받기

[그림 3-116] 다운로드받은 템플릿 파일 화면

[그림 3-117] 템플릿 파일 업로드하기

> **템플릿에 있는 ID를 못 찾겠다면?**
>
> **대량 관리를 위해서는 요소별 ID(광고그룹 ID, 키워드 ID 등)가 필요한데요**, 광고그룹 ID는 광고 그룹 관리자 화면에서 확인할 수 있어요. 그런데 만약 광고 그룹 관리자 화면에서 보이지 않는다면 **[기본 설정] - [새로운 사용자 설정]**에서 **[광고 그룹 ID]**가 표시되게 설정할 수 있어요.

[그림 3-118] 네이버 검색광고 플랫폼 광고관리자 - 광고그룹 사용자 설정하기

[그림 3-119] '새로운 사용자 설정'에서 '광고그룹 ID'가 표시되게 설정하기

ON/OFF	상태	광고그룹 이름	광고그룹 ID	기본 입찰가
		광고그룹 1개 결과		
ON	중지:비즈채널 검토중	PC+키워드 카테고리	grp-a001-01-	70원

[그림 3-120] 광고관리자 - 광고그룹 화면에 보이는 광고그룹 ID

실습하기 : 네이버 검색광고 세팅

앞에서 배운 검색광고를 단계별로 실습해보는 시간을 가져봐요!

Mission 1

검색광고를 시작하기 전, 자사 비즈니스를 간단하게 정리해볼까요? 아래 체크리스트를 간단하게 적어봅시다.

홈페이지 형태 (택1)	자사몰 스마트스토어 기타
제품 카테고리 (예: 신발, 화장품)	
자사 브랜드 인지도 (택1)	상 중 하
운영할 제품의 개수와 평균 가격대	
반드시 운영해야하는 키워드	
검색광고로 사용가능한 예산	

| 그림 3-121 | 네이버 검색광고를 위한 비즈니스 체크리스트

Mission 2

PC/MO별 캠페인을 만들고, 광고그룹을 2개씩 생성해주세요.

Mission 3

자사 비즈니스에 맞게 운영할 키워드를 고민해보고, 키워드를 추가해보세요. 운영 예산과 월간 예상 실적을 이용해 키워드별 비용을 예측해보세요.

Mission 4

광고그룹에 추가하고 싶은 소재와 확장 소재를 비즈니스에 맞게 추가해보세요. 자주쓰는 확장 소재인 추가제목, 홍보문구, 서브링크, 파워링크 이미지, 가격링크는 꼭 세팅해보세요.

Mission 5

대량관리 기능을 이용해 키워드를 등록해보세요.

네이버 검색광고는 ___임을 잊지 말자

　네이버 검색 광고는 '검색 이용자를 끌어당기는 광고'임을 잊으면 안 돼요. 앞에서 캠페인·광고그룹·키워드·소재·확장 소재 세팅법과 운영에 대해 설명했는데요, 이 모든 것은 검색 이용자를 어떤 식으로 후킹해서 원하는 목표를 이룰 수 있는지 고민하는 단계이자 전략이에요. 그래서 **검색 이용자의 관점에서 키워드를 발굴하는 것이 무엇보다 중요하죠.** '내가 사용자라면 우리 제품을 살 때 어떤 키워드를 검색할까?'를 고민해봐야 해요.

　다음으로는 **효율적인 비용 관리 방법을 고민해봐야 해요.** PC와 모바일 지면 분리, 그리고 품질지수 관리에 대한 부분은 모두 효율적인 비용관리를 위해서였죠. 어떻게 하면 사용자를 더 저렴한 가격으로 유입시키고 전환까지 이끌어낼 수 있을지 고민하는 것이 중요하므로, 효율적인 비용 소진 방법을 고려하면서 검색 광고 운영 전략을 수립해야 해요.

　마지막으로, **결국 검색광고의 목적 또한 '전환'이기 때문에, 검색광고를 지속적으로 운영하면서 유입 변화 패턴을 학습하는 것이 제일 중요해요.** 높은 클릭률에 비해 전환이 발생하지 않으면, 등록한 키워드가 과연 좋은 키워드인지 고민해 볼 필요가 있다는 거예요. 또는, '충분히 사람들이 클릭할 만한 키워드인데 랜딩페이지가 잘못된것이 아닐까', 아니면 '키워드로 유입된 후 구매까지 너무 많은 프로세스가 들어가 있는 것이 아닐까' 등의 여러 문제점을 생각해보고 솔루션을 찾아볼 수 있죠.

검색 광고 키워드가 보여주는 데이터에 따라 비즈니스·키워드·입찰·운영 전략에 대한 유의미한 인사이트를 발견하면 좋겠어요. 수고 많았어요!

카카오 비즈보드

- 카카오 비즈보드: 텍스트 위주 광고
- 배너형태로 쉽게 제작 가능
- 캠페인 집행 시, 캐시 확인 필수

텍스트형 광고의 기본, 카카오 비즈보드

[그림 3-122] 카카오비즈보드 예시

'카카오 비즈보드 광고' 머릿속에서 쉽게 연상되나요? 네이버나 인스타그램처럼 바로 연상되진 않을 거예요. 카카오 비즈보드의 지면은 [그림 3-122]와 같은 곳에 노출돼요. 하루에 몇 번이고 보는 카카오 채팅 탭 최상단 부분에 있는, **카카오 서비스 내 가로 형태로 긴 텍스트형 광고를 '비즈보드'라고 불러요.** 이미지보다 텍스트 위주의 광고라 **카피라이팅이 아주 중요한 매체죠.**

카카오 비즈보드 광고는 카카오톡뿐만 아니라, 카카오 T/카카오 스토리 등 카카오와 연결되어 있는 서비스(네트워크)에 모두 노출이 가능해요. 그 중 카카오톡 채팅 탭 최상단에 단독 노출이 되는 지면이 가장 주목도가 높고, 유저의 액션을 유도하기에 가장 적합한 지면이에요.

카카오 친구 탭 비즈보드 광고

노출 시간대	공시 단가	최소 노출수
평일 00-04시	28,000,000	8,000,000
평일 04-08시	21,000,000	7,000,000
평일 08-10시	30,000,000	9,000,000
평일 10-12시	34,000,000	11,000,000
평일 12-14시	35,000,000	11,500,000
평일 14-16시	35,000,000	11,500,000
(중략)		
주말 00-04시	29,000,000	8,500,000
주말 04-08시	15,000,000	4,500,000
주말 08-10시	21,000,000	7,000,000
주말 10-12시	30,000,000	10,000,000
주말 12-14시	30,000,000	10,000,000
주말 14-16시	30,000,000	10,000,000
(후략)		

[그림 3-123] CPT 단가예시

카카오 친구 탭 비즈보드 광고는 다른 지면과 살짝 달라요. '비즈보드 CPT 구좌'라고 불리고, 지면을 구매하는 형태예요. [그림 3-123]에는 2023년 2월 기준 공시단가와 최소 노출수가 안내되어 있는데요. 실제로는 최대 노출수까지 확인할 수 있어요. 공시되어 있는 수치를 꼭 달성할 수 있다고 보기에는 사실상 어렵고 최소한의 가이드라인이라고 보면 돼요.

자세히 들여다보면 평일과 주말이 같은 시간이어도 금액이 달라요. 주말엔 보통 개인적인 여가 시간을 보내기 때문에 트래픽 양이 적어 더 저렴하죠. 사람들이 많이 사용할 것 같은 시간엔 비싸고, 사용이 적은 시간대는 상대적으로 저렴하다고 생각하면 돼요.

유상캐시 충전

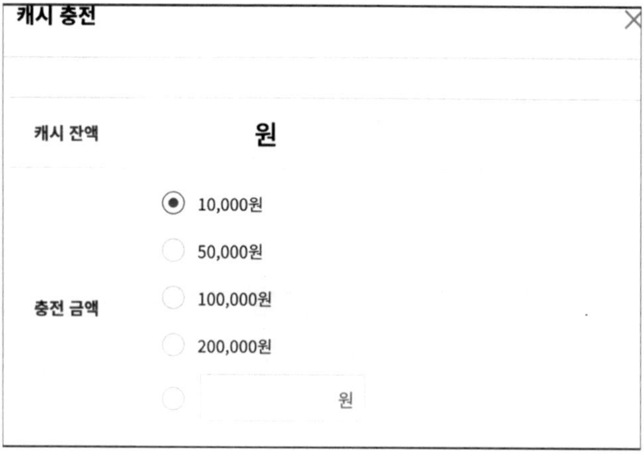

[그림 3-124] 유상 캐시 충전창

만약 카카오 비즈보드 광고를 집행하던 중 광고가 돌아가지 않는다면 캐시 잔액을 확인해 보세요. **캐시가 다 소진되면 광고가 집행되지 않기 때문이죠. 카카오 비즈보드는 선불 방식이기에**

캐시를 충전을 하는 형태로 광고비를 지불해요. 팀원 누구나 캐시 충전이 가능한 것이 아닌, 마스터 계정을 소유하고 있는 사람만 가능해요. 보통 마스터 계정은 한 계정에만 되기 때문에 팀원끼리 마스터 계정을 공유하는 걸 추천해요.

여기까지 카카오비즈보드에 대해 기본적으로 알아야 할 개념을 배웠다면, 세팅하는 방법도 알아야겠죠? 참고 자료와 함께 차근차근 살펴보아요.

STEP 1. 캠페인 설정

목표 유형 선택

[그림 3-125] 목표 유형 선택

+ 캠페인 만들기 를 클릭하면 캠페인 세팅을 할 수 있어요. 이 단계 에선 **광고 목표를 선택할 수 있는데, 전환/방문/도달을 KPI에 맞게 선택**하면 돼요. 광고 유형을 보면 카카오 비즈보드 이외에도 다양한 광고 유형들이 있어요. 비즈보드 뿐만 아니라 카카오 내에서도 다양한 지면을 활용해 광고할 수 있다는 걸 알아두면 좋을 것 같아요.

광고 목표 설정, 예산 설정, 캠페인 이름

광고 목표 설정	픽셀 & SDK로 광고 최적화
	픽셀 & SDK 가이드 보러가기
	픽셀 & SDK에 수집된 지표를 기반으로 광고를 최적화할 수 있습니다. 픽셀 & SDK 선택 후 최적화할 이벤트 종류를 설정하세요.
	광고계정에 연동된 픽셀 & SDK 중에서 선택
	카카오톡 채널로 광고 최적화
	카카오톡 채널 친구를 기반으로 광고를 최적화할 수 있습니다. 광고 최적화 대상으로 사용할 카카오톡 채널을 선택하세요.
예산 설정	일 예산
	+1만원 +10만원 ☑ 미설정
	캠페인 일 예산은 5만원 이상 10억원 이하 10원 단위로 설정할 수 있습니다.
캠페인 이름	웰컴마케터_전환_24010-240131

[그림 3-126] 광고 목표 설정, 예산 설정, 캠페인 이름

캠페인 목표를 설정한 후, 픽셀&SDK로 최적화할 것인지 카카오톡 채널로 광고를 최적화할 것인지 선택해야 해요. **픽셀&SDK는 픽셀과 SDK가 수집한 유의미한 유저와 데이터를 기반으로 광고를 최적화**하죠.

반면 **카카오톡 채널 광고 최적화는, 채널 기반으로 광고를 최적화**하는 거예요. 평소 물건을 구매할 때 주문 완료/ 배송 시작 등을 알려주는 알림 받은 적이 있죠? 이러한 알림들이 카카오톡 채널 메시지로 오게 되는데, 이때 해당 채널에 있는 유저들을 기반으로 광고를 최적화하는 거예요.

대부분 '픽셀 & SDK로 최적화'를 많이 선택해서 진행합니다. 픽셀 &SDK로 광고 최적화를 클릭하면, **광고 계정에 연동된 픽셀&SDK**를 선택할 수 있어요. **구매/앱 설치/회원가입/잠재 고객/ 서비스 신청, 장바구니 등 다양한 액션이 있어요.** 이때 캠페인 KPI에 적절한 이벤트를 선택하면 돼요. 만약 회원 가입을 선택했다면 카카오 모먼트가 가지고 있는 넓은 모수 중 카카오 비즈보드 광고를 통해 회원가입을 했던 경험이 있거나, 그와 비슷한 유저들에게 광고를 노출시켜 사람들의 액션을 유도하는 것이죠. **선택한 전환 액션을 기준으로 유의미한 유저에게 광고를 노출시키며 최적화하는 거예요.**

캠페인 단위로 예산을 운영할 경우에는 '미설정' 체크박스를 해제하고 총 예산을 기재하면 돼요. 캠페인 이름은 계속 언급한 것처럼 직관적인 정보를 담는 것이 좋아요!

STEP 2. 광고그룹 설정

맞춤 타깃, 데모그래픽

[그림 3-127] 맞춤 타깃, 데모그래픽

    STEP 1 캠페인 설정 단계가 끝났다면, 광고 그룹을 세팅해야 겠죠? 캠페인 목표가 **전환일 경우 상단의 맞춤 타깃 픽셀을 선택**할 수 있어요. 대상 이벤트 목록을 설정해 두면 해당 광고를 통해 **해당 액션을 취한 사람들을 포함할 것인지, 제외할 것인지 선택**할 수 있죠.

   '포함'은 특정 액션을 '장바구니'로 세팅해 두었을 때 주로 선택해요. 최근 7일/14일 등 기간을 설정해두고, 해당 기간 내에 장바구니에 상품을 담아만 두고 결제하지 않는 경우 등 유의미한 유저에게 광고를 지속적으로 노출시켜 구매로 이어지게끔 하는 것이에요.

반면 '**제외**'**는 광고비를 효율적으로 사용할 때 사용**해요. 만약 제외하지 않으면 이미 우리 광고를 통해 특정 액션을 취한 사람에게도 광고가 노출되기 때문에 광고비 낭비로 이어질 수 있어요.

데모그래픽이란 성별과 나이를 뜻해요. 상품이나 서비스 성격에 맞춰 설정해 주면 될 것 같아요. **카카오비즈보드에서 나이는 1살 단위로 설정할 수 없어요.** 카카오 특성상 로그인 베이스의 앱이다 보니 정확한 유저 나이를 볼 수 있지만, 실제와 다르게 설정해 두는 사람이 많기 때문에 알 수 없는 연령으로 수집되는 경우가 꽤 많죠. 이 때문에 특정 연령대 카테고리가 나누어져 있는 거예요.

디바이스, 게재지면

```
디바이스        ☑ 모바일
                  ☑ Android
                  ☑ iOS
               디바이스 환경 설정 ˅

게재지면        ○ 가능한 모든 지면 노출
               ◉ 상세 설정
               ❶ 광고가 노출되는 지면을 많이 선택할수록 설정한 광고목표에 도달할 수 있는 가능성이 높아집니다.

                  ☑ 카카오톡
                     노출 옵션 설정 ˅
                  ☑ 다음
                  ☑ 카카오서비스
                  ☑ 네트워크
```

[그림 3-128] 디바이스, 게재지면

 다음으로 디바이스와 게재 지면을 선택을 하게 되는데요. 우리가 알고 있는 **안드로이드와 iOS 애플 중 선택**할 수 있지만, **두 개 모두 설정**해 주는 게 좋아요. 아래의 디바이스 환경 설정을 누르게 되면 'WI FI 환경에서만 노출' 기능이 있으므로 필요에 따라 활용해 주면 될 것 같아요.

게재 지면에선 '가능한 모든 지면 노출' 또는 '상세 설정'으로 노출 지면을 선택할 수 있어요. 이때 "가능한 모든 지면 노출을 하는 게 좋을까요?", "상세 설정을 한다면 어느 채널이 나을까요?" 라고 묻는 경우가 많은대요. 정해진 정답은 없지만, **광고 운영이 처음이라면 넓게 운영하는 것을 권장**해요. **되도록 모든 지면 노출을 선택**하고, 이후에 성과가 나지 않는다거나 지면별로 각각 성과를 보고 싶다든지, 또는 지면별로 소재를 다르게 설정할 때 등의 경우에 노출 지면을 선택하는 것을 추천해요.

입찰 방식, 일 예산

입찰방식	
	● 자동입찰
	● 전환수 최대화
	광고그룹 일 예산 내에서 최대한 많은 전환을 발생시켜 광고 효율을 높이
	CPA 비용 목표 설정 (선택사항)
일 예산	100,000원 +1만원 +10만원
	10만원

[그림 3-129] 입찰방식, 일 예산

[그림 3-129]에서 전환 목표 캠페인으로 예시를 들고 있는데, 전환 캠페인은 자동 입찰만 가능해요. 다른 선택지가 없고 전환수 최대화에 체크되어 있어요. **STEP 1의 캠페인 목표를 설정할 때 도달/방문/ 전환이 있었는데요, 각각 입찰 방식이 다르다는 점 참고**해주세요. 광고를 처음 운영한다면 자동 입찰로 진행해 보고, 추후에 액션을 바꾸거나 다른 그룹을 설정해서 새롭게 운영하는 걸 권장해요.

예산 같은 경우는 각자 허용 가능한 금액 내에서 자유롭게 설정하면 돼요. 이때 **광고비는 광고 집행에 필요한 금액뿐만 아니라 부가세도 포함**시켜야 해요. 그래서 **예산을 입력하기 전 '(일 예산 x 1.1)'을 계산해야 목표하는 일 예산을 소진**할 수 있다고 생각하면 돼요.

집행 기간

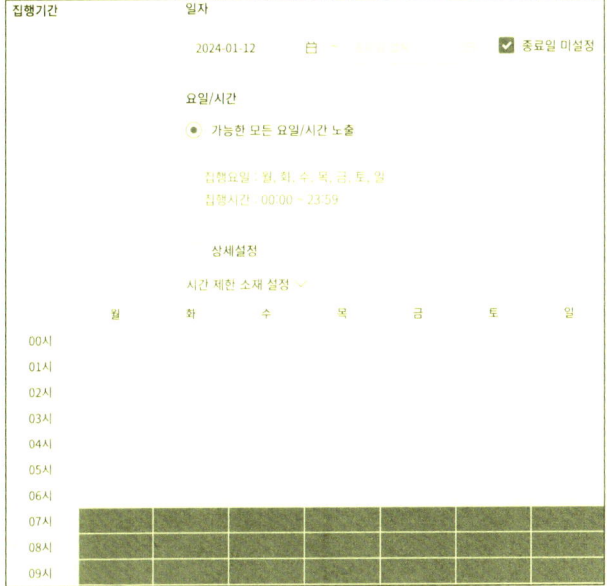

[그림 3-120] 집행기간

집행 기간과 시각을 설정할 수 있어요. **가능한 모든 요일/시간 노출**을 하거나 **상세 설정**을 할 수 있어요. **상세 설정을 할 경우에는 요일과 시각을 구체적으로 선택할 수 있죠.** 이는 광고 이벤트를 할 때 많이 사용되는데요. 이벤트가 10시에 오픈한다고 하면 이전 시간들은 광고가 되지 않아야 하므로 꺼두는 거예요. 또한, 광고비를 효율적으로 운영하기 위해 전략적으로 트래픽이 적은 새벽 대에 꺼두거나 사람들이 많은 오후 시간대만 활성화를 해두는 경우도 있어요.

STEP 3. 광고 소재 세팅

소재 설명

| 카카오 비즈보드 광고 집행 방법에 관한 광고입니다 | 3 | ⏱ |

[그림 3-131] 소재 설명

　가장 상단에 보이는 소재 설명은 **광고에서 직접적으로 노출되지 않아요**. 필수 기재 사항인 이유는 시각장애인에게 음성 정보로 제공될 안내 문구이기 때문이죠. 예를 들어 우리의 상품이 카카오 비즈보드 광고 강의라고 하면, 소재 설명에 "카카오 비즈보드 광고 집행 방법에 관한 광고입니다"라고 작성하는 거예요. **광고에 대한 설명을 간단하게 30자 이내로 써주면 돼요.**

랜딩페이지 URL

랜딩 유형 선택	비즈보드 랜딩 유형을 선택하여 원하는 최종 액션으로 사용자를 안내합니다.
URL	
애드뷰	
채널웹뷰	
챗봇	
비즈니스폼	
톡캘린더	
포스트	

[그림 3-132] 랜딩페이지 URL

광고를 클릭하면 연결될 URL을 기입하는 란이에요.

- **URL**: 가장 많이 사용하는 기능이며, 외부 URL을 설정할 때 입력

- **애드뷰**: 카카오에서 제공하는 비즈솔루션인 애드뷰를 생성. 외부 사이트 이동 없이 카카오톡 내에서 이동 가능

- **채널웹뷰**: 카카오톡 채널에서 특정 페이지로 랜딩해 광고주의 채널, 정보 등을 홍보

- **챗봇**: 챗봇과의 상담/문의/채널 추가 유도 가능

- **비즈니스 폼**: 설문 비즈니스 도구 '비즈니스 폼' 광고 계정 연동. 별도 의 설문 프로그램 없이 작성 가능해 카카오톡 내에서 즉시 참여 가능

- **톡캘린더**: 일정 확인 및 등록 가능. 사용자의 일정 안내 및 저장, 알림을 통해 행사 참여 유도

- **포스트**: 카카오톡 채널에서 등록한 포스트를 통해 채널 홍보 가능

소재 만들기

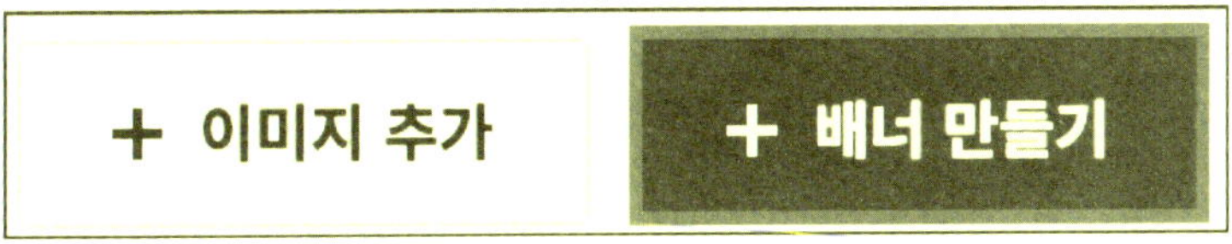

[그림 3-133] 홍보이미지 선택창

홍보 이미지를 만들기 위해서는 이미지 추가와 배너 만들기를 선택해야 해요. 여기서 **'배너 만들기'**로 소재를 제작하는 것을 적극 권장합니다.

'이미지 추가'는 광고 통 이미지를 직접 제작해 업로드하는 방식이에요. 이 방법을 추천하지 않는 이유는 카카오의 소재 등록가이드는 굉장히 까다롭기 때문이에요. 폰트 크기, 색상 용량 등이 다 정해져 있어 각각 하나씩 맞추며 제작하는 것이 비효율적이에요. 저는 '배너 만들기'를 선택해 예시를 보여줄게요.

배너 이미지 만들기

[그림 3-134] 배너 이미지 만들기 선택창

배너를 제작할 때, [그림 3-134]과 같은 선택지 중 하나를 선택해야 해요. 각 유형별로 아래 예시 사진이 있으니, 참고해서 선택해 주세요.

- 오브젝트형: 누끼 딴 이미지 삽입된 형태
- 썸네일형: 이미지 삽입된 형태
- 마스킹형: 반원 형태 레이아웃에 이미지가 삽입된 형태
- 텍스트형 : 이미지 미삽입

저는 제일 많이 사용되는 '오브젝트형'으로 예시를 들어볼게요.

광고 소재 제작

우선 비즈보드 광고의 삽입될 오브젝트를 [+이미지 추가]를 통해 추가하면 돼요. 이때 **오브젝트 이미지는 배경이 없는 PNG 파일이며, 315X258 규격 사이즈를 지켜야 하고 150KB를 초과하지 않아야 해요.** 미리 가이드를 확인해 제작해두는 걸 추천해요.

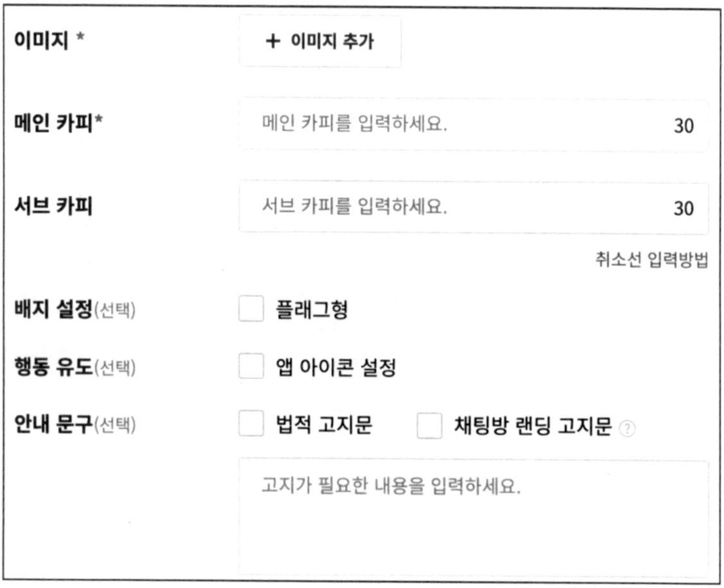

[그림 3-135] 광고 소재 제작 입력창

다음으로, **메인 카피와 서브 카피를 입력해야 해요. 메인 카피는 필수 기재 사항이고, 서브 카피는 선택 사항**이에요. 카카오 비즈보드 광고지면은 가로로 긴 직사각형 형태이며 특히 오브젝트가 삽입되면 텍스트를 쓸 공간이 충분치 않아요. 그래서 **꼭 메인 카피와 서브 카피를 모두 입력해 의도와 메시지를 카피에 잘 담아주세요.**

배지 설정은 오른쪽 상단에 배지 형태로 조그맣게 삽입되는 표식이라고 생각하면 돼요.

행동 유도의 앱 아이콘은 메인 카피 위에 위치해 가장 먼저 읽게 되는 텍스트로, 앱 다운로드를 유도할 때 주로 사용돼요. 자사의 앱 아이콘과 클릭 유도 문구를 수동으로 설정할 수 있어요.

안내 문구의 법적 고지문은 사용자들에게 고지가 필요한 경우에 입력해요. 예를 들어 의료 계열, 피부과/성형외과 등 심의를 받았다는 내용을 이곳에 입력하는 것이죠. 채팅방 랜딩 고지문은 채팅방 랜딩 페이지, 카카오톡 채널 메시지, 챗봇, 채널웹뷰를 사용하는 경우에만 입력해요.

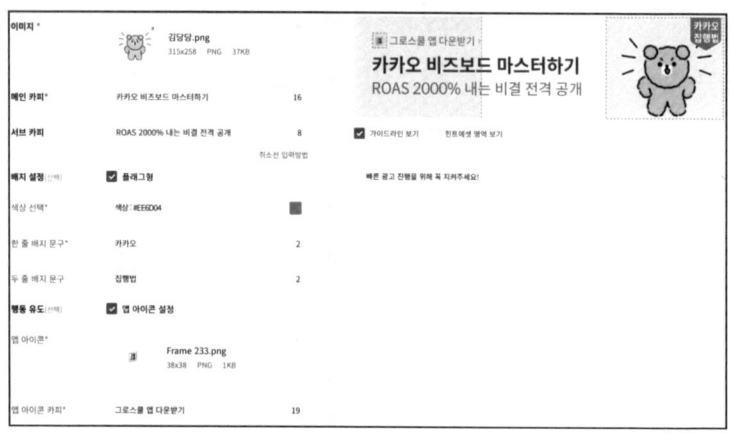

[그림 3-136] 광고 소재 예시

카카오 비즈보드 광고 소재 배너 제작 예시 화면이에요. **소재를 설정하면서 오른쪽 미리보기 기능으로 확인할 수 있는**데요. 이때, 메인 카피와 서브 카피 전체가 잘 보이는지 꼭 확인해주세요. [그림 3-135]처럼 해당 길이의 문구까지 다 보이기 때문에 **최대한 간결한 카피를 준비**하는 걸 권장해요.

이해를 돕기 위해, 배지와 앱 아이콘도 설정해 보았어요. 색상과 문구, 아이콘 이미지를 직접 선택할 수 있으니 **미리 가이드를 확인한 후 준비**하면 좋을 것 같아요.

의견 및 증빙

```
의견
┌─────────────────────────────────────────┐
│ 소재 등록시 담당자에게 전달하고자 하는 의견이 있을    1000 │
│ 경우 입력하세요.                              │
│                                         │
│                                         │
│                                         │
└─────────────────────────────────────────┘

증빙
  + 증빙자료 추가

증빙자료 등록 가이드
```

[그림 3-137] 소재 설명

의견 및 증빙은 담당자에게 전달하고자 하는 의견이 있을 경우 **기재**하는 곳이에요. 카카오 비즈보드 광고는 담당자가 수동으로 검수하기 때문에 빠른 광고 집행을 위해선 미리 세팅을 해두어야 하죠. 사이즈 규격이 맞지 않는다거나 랜딩페이지 문제 등으로 **반려되는 경우가 많으니 등록 가이드를 꼭 확인**해 주세요.

의견 및 증빙이 필요한 하나의 예를 들어볼게요. 바로 **이벤트 날짜에 맞춰 미리 비즈보드 광고 세팅을 해둘 때예요.** 이벤트 창은 주로 특정 시간대에 오픈되기 때문에 담당자가 해당 캠페인을 검수할 땐 URL이 접속되지 않죠. 이는 원칙상 반려 사유가 되지만, 의견 및 증빙 자료가 있다면 미리 검수받을 수 있어 일정에 차질이 생기지 않아요. 이때 이벤트 담당자는 의견란에 미리 상황을 기재한 후, **이미 제작되어 있는 이벤트 창의 이미지 또는 PDF나 엑셀과 같은 증빙 자료를 제출**해야만 해요.

 카카오 비즈보드의 세팅에 관한 내용은 여기까지예요. 이제 실습하기 단계로 넘어가 볼 텐데요. 메타와 네이버 등 다른 광고 플랫폼을 다룰 줄 안다면 카카오 비즈보드 세팅에 큰 어려움이 없을 거예요. 그래서 이번엔 세팅하기 대신 실습 퀴즈로 같이 풀어 볼까요?

실습 퀴즈

QUIZ 1

Q1. 학습 고도화를 위해 필요한 것은?

(1) 소재 갯수
(2) 세그먼트별 그룹 설정
(3) 카카오모먼트 픽셀 & SDK
(4) 고객 ADID 리스트

정답 : (3)

풀이: 학습 고도화를 위해 카카오 모먼트가 자체적으로 가지고 있는 모수와, 자사 계정에서 확보하고 있는 모수가 중요해요. 이는 광고 목적별로 가장 적절한 잠재 고객을 수집해, 해당 유저와 동일하거나 비슷한 유저에게 광고를 노출시키면서 광고 효율을 최대로 끌어올릴 수 있도록 도와주는 기준이 되기 때문이에요.

실습 퀴즈

QUIZ 2

Q2. 비즈보드 광고 운영 전, 가장 먼저 확인해야 하는 것은?

(1) 애드뷰 생성
(2) 소재 형태 및 갯수
(3) 캠페인 운영 목표
(4) 그룹 최적화 단계

정답 : (3)

풀이:광고를 통해 **트래픽/구매/앱 설치 등 다양한 KPI 중 우선순위를 정한 후, 광고 목표를 설정**해요. 캠페인 구조도를 짠 후 광고를 운영해야 효율적으로 집행할 수 있어요. 각 목적에 따라 STEP 1 단계에서 전환/도달/방문을 선택하면 그에 따른 모수가 달라질 수 있기 때문이에요.

실습 퀴즈

> **QUIZ 3**
>
> Q3. 소재 필터링의 기준점으로 잡기 어려운 것은?
>
> (1) 클릭 당 비용(CPC)
> (2) 노출수
> (3) 클릭율(CTR)
> (4) 전환율(CVR)

정답 : (2)

풀이: 노출 수의 의미가 전혀 없다는 것은 아니지만, **광고비 대비 성과를 체크하기에 다른 기준들과 비교하기 애매**해요. 노출 수 자체보다는 **CPM 혹은 주요 지표를 기준으로 성과를 체크해야 해요.** 추가적으로 CPC, CTR, CVR이 소재를 필터링할 때 참고하는 주요 지표인데요, 이에 대한 우선순위를 정하는 것이 좋아요.

CTR은 우수한데 유입당 비용이 높은 경우가 있어요. 이때 랜딩페이지에 접속하는 클릭 당 비용이 저렴했으면 좋겠다는 의견이라면, CTR보다 CPC를 중점으로 봐요. 만약 우리 브랜드 앱 설치 증가가 목표라면 CVR이 최우선이 되겠죠. **어느 지표를 우선적으로 봐야 하는지의 정답은 없지만 KPI에 맞게 우선순위를 나누는 것이 효율적이에요.**

실습 퀴즈의 내용들은 카카오 비즈보드뿐만 아니라 모든 광고 플랫폼에도 해당되니 개념을 익혀두고 적용하길 바라요!

카카오 비즈보드, 개념부터 퀴즈까지 살펴보았는데요. 혹시 어렵게 느껴지나요? 카카오 비즈보드는 가이드가 구체적으로 명시되어 있고, 세팅 창 물음표 아이콘으로 친절하게 설명해 둔 것이 많아 큰 어려움은 없을 테니 걱정하지 마세요!

카카오든 네이버든 메타든 광고관리자 시스템이 계속 업데이트되기 때문에 새로 생기는 기능이나 없어지는 기능이 있을 수 있어요. 그러니 직접 광고 관리자를 접속해 하나하나 눌러보며 익혀두길 바라요!

구글 앱 캠페인

SUMMARY
- 구글 앱 캠페인은 광고 세팅의 여러 부분에서 알아서 최적화 진행
- 구글 앱 캠페인 최적화 과정에서 적절한 입찰가 설정의 중요성
- 입찰가 및 예산 설정과 소재 등록 방법

구글 앱 캠페인이란?

구글 앱 캠페인은 구글 AC_{App Campaign}로 부르기도 해요. 이는 **구글의 머신러닝 기능을 활용하여 앱 설치와 참여 등을 유도하는 구글의 앱 캠페인 상품**이에요.

구글 앱 캠페인은 자동화가 잘 되어있기 때문에 마케터는 **광고 소재, 타깃 지역, KPI, 입찰 단가, 예산** 5가지만 설정하고, 나머지는 머신이 알아서 결정하는 프로세스로 광고가 진행되어요.

그래서 광고 소재를 업로드한 뒤, 광고 게재 위치, 1일 예산, 입찰가 등을 입력하면 캠페인이 진행되고, 그때부터 앱 광고가 모든 구글 네트워크에 서빙이 되기 시작하죠.

즉, 구글 앱 캠페인은 **광고 노출 지면이나 기타 여러 광고 세팅을 자동화하고 알아서 광고 최적화**를 이룬다는 말인데요. 이러한 구글 앱 캠페인의 큰 특징인 자동 최적화를 역으로 생각해 보면 **타깃팅이 불가능하다는 걸 의미**해요.

앞서 마케터가 광고 소재, 타깃 지역, KPI, 입찰 단가, 예산 등 5가지를 세팅하면 '검색지면, Google Play, YouTube, 디스플레이 지면' 등과 함께 다양한 파트너 지면에 광고가 노출되지만, 타깃팅 옵션 세부 설정은 불가능하죠.

이때 **어느 한 지면에만 예산을 몰 수도 없어서 구글이 다양한 지면에 광고**를 넓게 게시해요. 왜냐하면 전환 최적화 도구에 의해 예산 배분이 자동화되어 있기 때문인데요. 그래서 구글 앱 캠페인은 세팅이 굉장히 쉽고 조작해야 할 변수 자체가 많지 않아요.

그리고 **세팅 이후의 관리 측면에서도 머신이 알아서 최적화**하는데요. 여러 지면별로 효율을 분석해서 어떤 지면에 예산을 더 투입하겠다는 마케팅적인 판단을 머신이 알아서 진행해요. 이러한 점에서는 마케터로에게 굉장히 편리한 상품입니다.

구글 앱 캠페인 최적화 과정

구글 앱 캠페인 최적화 과정에서 머신러닝은 어떻게 동작하는지 한번 짚고 넘어갈게요. 이는 구글 앱 캠페인뿐만 아니라 구글의 다른 상품들도 비슷한 특징을 가지고 있어요. 페이스북과 같은 머신러닝을 활용하는 매체도 비슷한 맥락이죠.

구글 앱 캠페인에 들어가면 '텍스트, 비디오, 이미지, html' 등 5가지 광고 에셋 타입이 나와요. 해당 광고 에셋을 업로드하면 구글이 모든 네트워크를 활용해서 무수히 많은 사람에게 광고를 넓게 송출하죠.

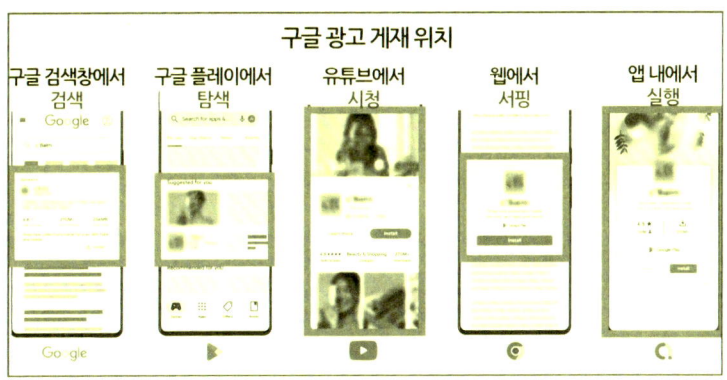

[그림 3-138] 구글 광고 개제 위치 (출처: Google Ads Help)

그리고 송출된 광고에서 전환을 일으킨 사람을 찾아서 분석하는데요. 나이, 성별, 디바이스 카테고리 등 기본적인 지표들뿐만 아니라 여러 가지 다양한 시그널을 같이 조합하고 분석해서 전환을 자주 취하는 유저의 유형을 찾아내요. 여기서 구글 머신러닝은 전환 유저들을 분석할 때 단순히 유저의 유형뿐만 아니라 **유저가 특히 반응했던 광고 소재, 타이밍, 광고 인벤토리 등 다양한 변수들도 같이 고려하여 최적화**하죠.

그리고 구글 머신러닝이 전환 유저 유형을 학습하게 되면, 그 성공 방식 대로 해당 유형의 사람들에게 집중적으로 광고를 서빙하게 됩니다.

이렇게 구글 앱 캠페인은 **종합적인 캠페인 최적화를 통해 마케터가 목표한 목표당 단가에 도달할 수 있게끔 운영**합니다. 이런 면에서 구글 앱 캠페인이 굉장히 선호도가 높은 매체에 속하죠. 그래서 광고대행사에서도 앱 마케팅을 원하는 광고주에게 매체를 제안할 때 구글 앱 캠페인을 항상 제안하는 편이에요.

구글 앱 캠페인 최적화를 위한 마케터의 역할

구글 머신러닝은 광고 최적화를 알아서 진행하지만, **머신러닝이 원활하게 학습할 수 있도록 환경을 잘 만들어주는 것이 마케터의 역할이죠**. 마케터는 첫 번째로 입찰 단가, 두 번째로 예산, 세 번째로 소재를 잘 설계해 주고 캠페인에 적용해줘야 머신러닝이 100% 역량을 발휘해서 최적화할 수 있어요.

입찰가 설정

처음 구글 앱 캠페인을 세팅할 때 **평균 입찰가보다 조금 더 높은 적절한 입찰가 설정이 중요**해요. 여기서 '적절하다'는 표현이 상대적이어서 얼마가 적정하다는 말인지 궁금할 텐데요. 이 부분은 뒤에서 더 자세히 설명할게요.

먼저 적절한 입찰가 설정이 왜 중요한지에 대해 알아볼까요? 당연히 다른 광고주들도 전환률이 높은 타깃을 선호하기에 전환률이 높을 유저를 대상으로 할수록 입찰 경쟁이 심할 수 있어요. 그리고 입찰 경쟁이 심화할수록 입찰에 탈락할 리스크가 높아지죠.

여기서 **만약 입찰가가 다른 경쟁자에 비해 낮으면 결국 입찰 경쟁에서 탈락하게 되기 때문에 광고가 노출될 네트워크가 제한적**으로 열릴 수 있어요. 즉, 구글 머신러닝이 전환 유저를 찾는 학습 환경이 원활하지 않게 되는거죠.

이를 쉽게 비유하자면, 안내된 시험 범위보다 좁은 범위를 공부해서 시험을 못 보게 되는 경우와 비슷해요.

그래서 캠페인 초반에 **광고가 노출될 네트워크를 넓혀야 구글 머신러닝이 어디에서 어떤 유저가 전환을 일으키는지 잘 파악**할 수 있어요.

결론적으로 광고가 많은 유저와 네트워크에 노출되어야 구글 머신러닝이 정교해져서 더 정확한 타깃팅이 가능하므로, 적절한 입찰가 설정이 정말 중요합니다.

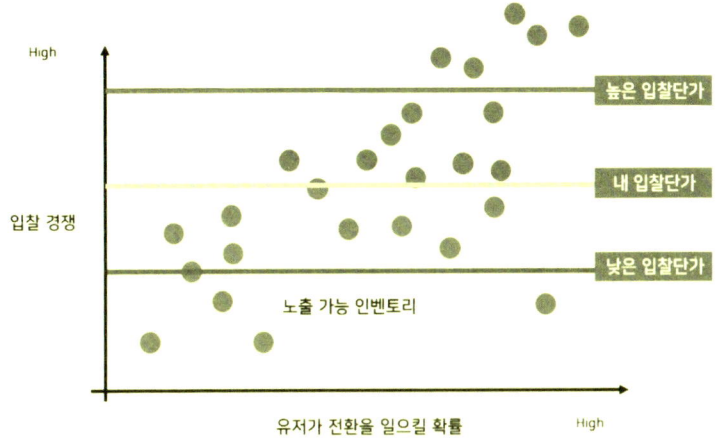

[그림 3-139] 입찰가에 따라 광고 노출 가능 영역이 달라짐

입찰가 설정

앞서 언급한 '**적절한 입찰가**'란 어떻게 설정할 수 있을까요?

바로 구글 매니저에게 물어보기를 활용하면 됩니다. 구글 매니저에게 해당 광고 카테고리의 입찰가를 문의해서 데이터를 얻는 것이죠. 이때 국가에 따라 입찰 데이터가 다르기 때문에 **어느 국가에서 광고를 진행할지 구글 매니저에게 미리 알리는 걸 권장해요.**

그리고 iOS 유저를 대상으로 구글 앱 캠페인을 세팅할 때는 안드로이드보다 입찰가를 더 공격적으로 높게 세팅하는 걸 추천해요. iOS 사용자 중에는 안드로이드보다 고가치 유저들이 많기 때문이에요.

정리하면 **구글 머신러닝이 학습하기 편한 환경을 만들어 주기 위해 입찰가를 평균보다 높게 설정**해야 하는 거죠. 물론 처음에는 전환당 비용이 높을 수밖에 없을 거예요. 왜냐하면 아직 구글 머신러닝이 학습을 완벽하게 끝낸 상태가 아니기 때문이죠.

이때 마케터가 머신러닝이 완료되기도 전에 입찰가를 줄이거나 예산을 크게 줄이게 되면, 구글 머신러닝이 학습을 하는 데 제약이 생기게 돼요. 그 결과, 오히려 캠페인 지표가 매우 안 좋아질 리스크가 높아지게 됩니다. 그래서 구글 머신러닝을 믿고 기다리는 것이 필요해요.

구글 앱 캠페인 예산 설정

구글 앱 캠페인 예산의 경우, 구글 머신러닝이 광고 최적화를 하는 데 충분한 전환 수를 확보할 수 있도록 적절한 예산을 세팅해야 해요.

구글 앱 캠페인은 대표적으로 앱을 설치하게끔 하는 **인스톨**Install 캠페인이 있고, 다음으로는 **액션**Action 캠페인이 있어요. **인스톨 캠페인**은 앱을 설치할 것 같은 유저에게 광고를 노출하도록 머신에 명령을 주는 캠페인이에요. 그리고 **액션 캠페인**은 특정 액션을 달성할 것 같은 유저에게 광고를 노출하도록 명령하는 캠페인을 의미하죠.

인스톨 캠페인과 액션 캠페인의 예산 세팅이 다르게 나타나는데요. 인스톨 캠페인의 경우에는 설정한 타깃 CPI가 목표 CPI보다 100배 이상의 충분한 수준인지 확인해요. 액션 캠페인 같은 경우에는 설정한 목표 CPA보다 50배 이상의 충분한 수준인지 확인합니다. 이러한 기준은 예산 세팅의 최소 조건으로 인지하면 돼요.

예산이 너무 적으면 캠페인 자체가 원활하게 돌아가지 않을 가능성이 있기 때문에 위의 조건은 맞춰주는 걸 권장해요.

입찰가는 앞서 언급했듯 구글 머신이 데이터를 수집할 범위를 말해요. 한편, 예산은 머신이 일할 양이라고 보면 돼요. 마케터가 입찰가를 높게 가져갔더라도 예산이 있어야만 광고를 노출할 수 있잖아요. 그래서 **예산은 머신이 일할 양을 정해준다**고 생각하면 됩니다.

구글 앱 캠페인 소재

이쯤 되면 구글 머신러닝이 알아서 소재도 노출해줄텐데 소재의 양과 질이 중요한지 궁금할 거예요. 하지만 이 역시 구글 머신러닝이 좋은 소재를 가지고 좋은 데이터를 얻을 수 있도록 잘 설계해주는 게 중요합니다.

먼저 수많은 유저가 반응하는 콘텐츠들이 다르기 때문에 가급적이면 **다양한 소재를 업로드**해주는 걸 추천해요.

다음으로 다양한 소재를 갖춘다면 여러 지면에 노출될 수 있기 때문에 **되도록 다양한 사이즈를 업로드**해주는 게 좋을거예요. 그리고 잘못된 소재를 세팅한다면 구글 머신러닝이 잘못된 소재로 학습하기 때문에 캠페인이 진행되더라도 성과는 물론 얻을 수 있는 인사이트도 없을 수 있어요.

여기서 말하는 '잘못된 소재'는 마케터가 어떤 가설에 입각하지 않고 즉흥적으로 만들어낸 소재를 의미해요. 이 경우, 가설 자체가 없기 때문에 데이터를 봐도 어떤 인사이트를 얻어야 될지 불분명하죠.

그리고 유튜브, 구글 디스플레이 네트워크 등 **광고 지면의 특성을 반영하지 않은 경우에도 잘못된 소재가 될 수 있어요.** 예를 들면, TV 광고와 유튜브 광고는 같은 영상 소재이여도 각각 스타일이 다르잖아요? 이는 광고 지면의 특성이 다르기 때문이에요. 그래서 광고 소재를 만들 때에는 두 가지 경우를 고려해야 효율 좋은 광고 데이터를 가져갈 수 있어요.

지금까지 구글 앱 캠페인에 대해 알아보았는데요, 머신러닝 기술 덕분에 생각보다 수월한 매체로 느껴지죠? 하지만 이 장점을 최대한으로 활용하려면 머신러닝 학습 환경을 잘 가꿔주는 마케터의 역할이 가장 중요하다는 점을 잊으면 안 돼요!

애플서치애드

> **SUMMARY**
> - 아이폰 유저가 앱 다운로드를 받을 수 있는 앱스토어 광고 상품
> - 애플서치애드 운영 포인트 2가지 : 키워드 설정, 과금 방식
> - 애플서치애드 캠페인 세팅에 필요한 사항

애플서치애드란?

애플서치애드란 **아이폰 유저가 앱 다운로드를 받을 수 있는 앱 스토어에서 확인할 수 있는 광고**입니다. 2018년 7월에 국내 서비스가 발표됐죠.

그리고 애플서치애드는 앱스토어 내에서 **특정 키워드를 검색하면 검색 상단에 광고가 노출되는 상품**이에요. 앱 스토어는 iOS 유저만 사용할 수 있는 앱 시장으로 생각하면 돼요. 그렇기 때문에 애플 서치 애드는 iOS 유저만을 대상으로 하죠.

[그림 3-140] 애플서치애드 광고 개제 위치

앞서 말한 것처럼 애플 서치 애드는 앱 스토어에 노출되는 상품이며, 앱 다운로드의 니즈가 있는 타깃이 광고가 진행 중인 앱을 쉽게 발견할 수 있도록 해요. 앱 다운로드의 니즈가 있는 유저에게 노출이 되다 보니 높은 전환율과 높은 유저 퀄리티를 기대할 수 있어요.

애플서치애드 운영 POINT

애플서치애드에서 가장 중요한 사항에는 두 가지가 있어요.

먼저 애플서치애드는 **키워드를 중심으로 운영**된다는 점이 중요해요. 유저가 어떤 키워드를 검색했을 때 노출되는 광고이기 때문에 유저들이 어떤 검색어를 자주 사용하는지, 또는 마케터가 어떤 키워드를 광고 키워드로 설정해놓았는지가 중요해요. 즉, 애플서치애드는 키워드를 통해서 운영되는 광고 상품이기 때문에 **키워드 설정과 키워드 최적화가 가장 중요**해요.

그리고 **과금 방식**이 두 번째로 중요한 사항이 돼요. 애플서치애드는 CPT 과금으로 캠페인이 진행됩니다. **CPT**는 'Cost Per Tap'의 약자인데, Tap은 '클릭'을 의미해요. 그렇기 때문에 실제 과금은' 비용 ÷ 탭', 즉 '비용 ÷ 클릭'으로 계산하면 돼요.

애플서치애드 캠페인은 키워드별로 CPT 단가를 설정하고, 해당 단가로 운영된 키워드가 어떤 효율을 보였는지를 바탕으로 최적화를 진행하므로 키워드와 CPT 과금 방식이 중요합니다.

일치 키워드와 확장 키워드

키워드는 과연 어떻게 구조화해야 할까요? 키워드는 크게 일치 키워드와 확장 키워드 두 가지로 나눌 수 있어요.

일치 키워드는 말 그대로 마케터가 설정한 키워드와 정확하게 일치하는 키워드를 유저가 검색할 시에만 광고가 노출됩니다. 예를 들어 'Welcome'이라는 키워드를 일치 키워드로 설정한다면 유저가 'Welcome'이라고 정확하게 검색해야 'Welcome 마케터(앱)'의 광고가 노출되는 거죠.

반대로 **확장 키워드**는 마케터가 설정한 키워드와 유사한 카테고리로 묶이는 모든 검색어를 애플서치애드 알고리즘이 자동으로 인지해서 노출해줍니다. 예를 들어 'Welcome 마케터' 키워드를 확장 검색어로 설정을 할 때, 유저가 한글로 '웰컴마케터'로 검색해도 키워드의 광고가 노출되죠. 그래서 확장 키워드는 유저들이 대체로 어떤 키워드를 검색하는지 발굴할 때 용이해요.

그리고 '마케팅 책 추천'이라는 키워드가 있을 시에 일치 검색어에서는 유저가 무조긴 '마케팅 책 추천'이라고 검색해야만 해당 키워드를 통해 광고가 노출돼요. 하지만 확장 검색에서는 유저가 '마케팅', '마케팅책', '마케팅공부', '마케팅 강의 추천' 등 다양한 키워드를 검색해도 설정해둔 광고가 노출되죠.

 따라서 일치 키워드는 무조건 똑같은 키워드를 검색해야만 광고가 노출되기 때문에 결과적으로 광고 노출수가 적을 수 있어요. 하지만 그 검색어에 해당하는 앱의 니즈가 분명한 유저가 검색하기 때문에 앱 다운로드를 받을 가능성이 높죠.

 다만 확장 키워드는 비슷한 키워드를 검색하더라도 광고 노출이 발생할 수 있기 때문에 일치 키워드 대비 광고 노출이 많겠죠? 하지만 완벽히 같은 키워드를 통해서만 노출되는 것이 아니기 때문에 일치 키워드 대비 앱 다운로드 전환이 적을 수 있어요.

서치 매치와 제외키워드

 서치 매치는 키워드를 설정하지 않아도 애플의 알고리즘을 통해서 자동으로 유저의 검색어에 광고가 노출되는 것을 말해요. 애플이 자동으로 유저의 검색어와 광고를 매칭시켜서 광고를 송출하기 때문에 어떤 키워드가 앱을 다운받기 위해 자주 검색되는지 발굴하기 용이한 기능이죠.

그리고 **제외 키워드**는 광고 노출에 배제하고 싶은 키워드를 말합니다. 여기서 중요한 점은 확장 검색에서 제외 키워드를 등록할 수 있다는 것인데, 이때 **무조건 '일치 검색 유형'으로 등록해야** 해요. 확장 그룹에서 '확장 검색 유형'으로 등록하게 된다면 확장 검색과 연관된 검색어까지 포함해서 광고가 노출되지 않기 때문이에요.

신규 키워드 발굴 방법

앞서 설명했듯이 신규 키워드를 발굴하는 방법에는 **확장 검색어**와 **서치 매치**가 있어요. 그리고 한 가지 방법이 더 있는데요. 그 방법은 **애플에 직접 문의하기**입니다. 키워드 발굴이 필요한데 확장 검색과 서치 매치를 활용해도 한계가 느껴질 때에는 애플 담당자에게 직접 문의하면 돼요. 그러면 다양한 키워드를 전달받을 수 있을 거예요.

애플서치애드 캠페인 세팅에 필요한 사항

애플서치애드 캠페인 세팅에 필요한 사항을 정리하볼게요. 먼저 애플서치애드에서 지원하는 상품 중 **'어드벤스 상품'**을 통해 캠페인을 진행해야 해요.

'베이직 상품'은 예산 규모가 작거나 마케팅 시간이 부족한 개발자를 위해 애플이 제공하는 지능형 자동화 앱 홍보 솔루션이고, 어드벤스 상품은 강력한 마케팅 도구로써 앱 다운로드를 효율적으로 늘리고자 하는 마케터와 에이전시를 위한 상품이에요. 그래서 마케터는 어드벤스 상품을 통해 캠페인을 진행하는 것이 좋겠죠. 어드벤스 상품을 클릭한 후 앱스토어와 연동된 애플 아이디를 생성하고, 광고를 라이브할 국가를 설정하면 됩니다.

다음으로 **광고 그룹을 설정할 때, 키워드의 성격에 따라 그룹화**하는 것이 좋아요. 이는 각 키워드의 성격에 따라 단가 범위가 다를 수 있고 키워드를 관리하기에도 용이하기 때문이에요. 여기서 키워드 성격을 크게 브랜드, 경쟁사, 일반 키워드 세 가지로 나누어 볼 수 있어요.

'브랜드 키워드'는 자사 브랜드와 관련된 모든 키워드로, 'Welcome, 마케터'라는 앱을 광고한다면 'Welcome, 마케터'를 그대로 브랜드 키워드로 설정하면 되겠죠?

경쟁사 키워드는 경쟁 브랜드와 관련된 모든 키워드를 입력하면 돼요. 일반 키워드는 해당 상품, 앱, 카테고리와 관련된 모든 키워드를 입력하면 됩니다.

그리고 각 광고그룹에 맞는 CPT 입찰가를 추정할 때, 브랜드와 같이 **높은 전환이 예상되는 키워드의 CPT는 비교적 높게 설정**하고, **경쟁사 키워드처럼 낮은 전환이 예상되는 키워드는 CPT를 낮게 설정**하는 편이에요.

마지막으로 애플서치애드 캠페인 세팅에서는 키워드 등록이 가장 중요한데요, **애플에서 추천해주는 권장 키워드는 등록**하는 걸 추천해요. 키워드 등록 시 권장 키워드가 주어지는데요, 해당 키워드들을 넣을지 결정하는 것은 마케터의 자유예요. 하지만 권장 키워드는 유저의 실제 검색 패턴에 따라 효율성이 높은 키워드를 애플이 자동으로 추천해주는 것이기 때문에 넣는 편이 좋습니다.

애플서치애드 키워드 최적화 방법

애플서치애드에서 키워드 최적화를 이루는 꿀팁을 공유할게요. 앞서 일치 키워드가 확장 키워드보다 전환율이 높다고 말했는데요, 그래서 일치 키워드의 양이 많아질수록 좋은 성과가 나타나겠죠. 그럼 일치 키워드의 양을 어떻게 늘릴까요? 바로 **확장 키워드 혹은 서치 매치를 통해 발굴된 키워드를 일치 키워드로 옮기는 것**이죠. 키워드를 발굴하고 해당 키워드를 일치 키워드로 운영하는 것이 애플서치애드 최적화 방법 중 하나이기 때문에, 이를 주기적으로 진행하는 것이 중요해요.

그리고 **CPT 단가 조정**을 통해서도 최적화를 진행할 수 있어요. 키워드 성과가 우수할 때에는 입찰가를 더욱 인상해서 더 많은 노출 권한을 확보하는 거예요. 반면, 키워드 성과가 저조하다면 입가 CPT 입찰가를 인하하는 거죠. 여기서 입찰가 강도는 대시보드 상에서도 편히 확인할 수 있어요.

앱 마케팅 캠페인을 진행할 때 애플서치애드를 잘 활용해서 iOS 사용자를 사로잡을 수 있길 바라요!

논리워드 광고

> **SUMMARY**
> - 논리워드 광고 = 비보상형 광고 혹은 NCPI 캠페인
> - 논리워드 광고의 종류 : 디스플레이, 바이럴 동영상, 바이럴
> - 논리워드 광고 운영 프로세스 : 광고주와 매체 사이에서 광고 캠페인의 상세 조건을 협의하고 조율하는 마케터의 역할 중요

논리워드(Non-Reward) 광고란?

논리워드 광고는 또 다른 말로 '**비보상형 광고**'라고 하고 실무에서는 흔히 '**NCPI 캠페인**'이라고도 불려요. 논리워드 광고는 유저에게 리워드를 제공하지 않는 광고로, 진성 유저들을 유입하기 위해 등장한 상품이에요.

논리워드 광고의 과금 방식은 페이스북이나 구글과 다르게 '**신규 실행 당 과금**'이에요. 여기서 '신규 실행'이라 함은 보통 'In-stall'로도 명명하는데요. 단순히 앱을 다운로드받은 상태가 아니라, 앱을 다운받고 실행해서 전환 트래킹 툴에 한 건으로 찍혔을 때 과금이 되는 것입니다.

논리워드의 반대인 리워드 광고의 경우, 아주 저렴한 단가로 한 번에 많은 유저들을 빠르게 데리고 와야 할 때 자주 활용돼요. 해당 앱이 진짜 필요해서가 아니라, 리워드를 받기 위해 유입되는 유저들이다 보니 아무래도 이탈률이 높고 유저 퀄리티가 저조할 수밖에 없죠.

반면 논리워드 광고는 광고만을 통해 들어온 게 아니라 스스로 들어온 오가닉 유저와 비슷한 잔존율을 보여서 게임 브랜드를 막론하고 대부분 앱 광고에서 활용되는 상품이에요.

논리워드 광고의 종류와 특징

비보상형 광고는 **디스플레이형 / 동영상형 / 바이럴형**의 세 가지 형태를 보유하고 있어요.

디스플레이형 논리워드 광고는 말 그대로 이미지 소재를 활용한 배너 형식의 광고입니다. 다음으로 동영상형 논리워드 광고는 최근 영상의 중요도가 굉장히 높아지면서 뜨고 있는 유형이죠. 바이럴형 논리워드 광고는 인플루언서들의 자발적 바이럴 활동을 통해 진행되는 유형이에요.

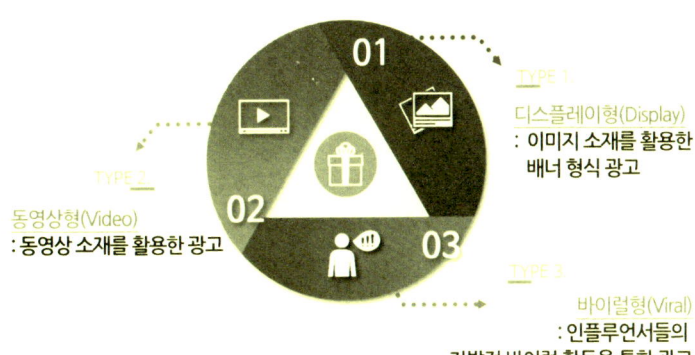

[그림 3-141] 논리워드 광고 종류

디스플레이형 광고 게재는 크게 일반 배너, 전면 배너 그리고 네이티브 배너가 있어요. **일반 배너**는 여러분도 자주 봤을 법한 띠 배너 형태예요. **전면 배너**는 앱을 실행할 때 처음이나 아니면 앱을 종료할 때 크게 뜨는 화면을 말해요. **네이티브**는 광고처럼 최대한 보이지 않는 콘텐츠성 광고로 보면 돼요.

바이럴형 비보상형 광고는 광고 혹은 홍보성 글이 아니라, 네이티브성 바이럴 마케팅 플랫폼입니다. 예를 들어, 전자책 앱이 궁금해서 네이버에 검색해보면 블로그에 어떤 사람이 해당 앱을 깔아보고 어떤 장단점이 있는지를 적어 둔 것이 있죠. 바이럴형 비보상형 광고는 이런 형태를 생각하면 돼요. 아무래도 바이럴성 글을 보고 앱을 다운받은 유저들이기 때문에, 리워드 광고를 통해 유입된 유저들과는 달리 잔존율이 높은 경우가 많아요.

그리고 **바이럴 형태**의 경우 블로그뿐만 아니라 페이스북, 네이버 카페 등 다양한 플랫폼을 통해 바이럴이 확산하고 이는 지속해서 유지되는 경향이 있기에 반영구적 마케팅 효과라고도 할 수 있죠.

논리워드 광고 운영 프로세스

마지막으로 논리워드 광고 운영 프로세스에 대해 알아볼까요?

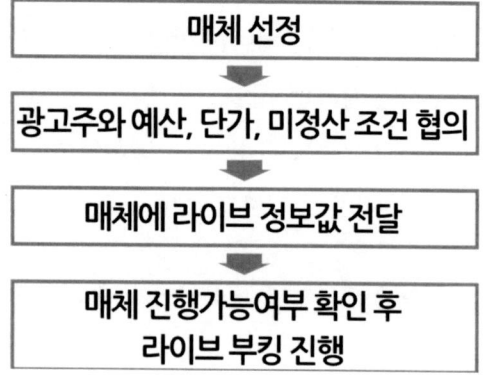

[그림 3-141] 논리워드 광고 종류

비보상 광고를 운영하기 위해서는 우선 **매체들을 선정**해야겠죠. 보통 회사 내부 레퍼런스에 의거해서 괜찮은 레퍼런스나 인사이트가 있으면 관련 매체를 광고주에게 추천하기도 하거나, 광고주가 희망하는 매체들을 위주로 선정하기도 해요.

그 다음으로는 **광고주와 총예산 단가, 미정산 조건 등의 세부 사항을 협의**해요. 소비할 수 있는 예산이 한정되어 있기 때문에 매체별로 얼마만큼의 예산을 사용할건지, 실행당 단가는 얼마나 될지 결정합니다.

여기서 '**미정산 조건**'이란 협의된 기준에 따라 '**fraud(불량 유저)**'로 판명된 유저들은 정산 처리하지 않는 것을 말해요. 아무리 비보상형 광고더라도 이는 수많은 네트워크로 이루어져 있고, 모두가 양질의 유저들일 수는 없기 때문이죠. 미정산 조건은 실행당 단가와 마찬가지로 광고주의 KPI나 앱 종류에 따라 각각 다르게 결정되는 편이에요.

비보상 광고를 운영하기 위해서는 우선 **매체들을 선정**해야겠죠. 보통 회사 내부 레퍼런스에 의거해서 괜찮은 레퍼런스나 인사이트가 있으면 관련 매체를 광고주에게 추천하기도 하거나, 광고주가 희망하는 매체들을 위주로 선정하기도 해요.

그 다음으로는 **광고주와 총예산 단가, 미정산 조건 등의 세부 사항을 협의**해요. 소비할 수 있는 예산이 한정되어 있기 때문에 매체별로 얼마만큼의 예산을 사용할건지, 실행당 단가는 얼마나 될지 결정합니다.

여기서 **'미정산 조건'**이란 협의된 기준에 따라 **'fraud(불량 유저)'**로 판명된 유저들은 정산 처리하지 않는 것을 말해요. 아무리 비보상형 광고더라도 이는 수많은 네트워크로 이루어져 있고, 모두가 양질의 유저들일 수는 없기 때문이죠. 미정산 조건은 실행당 단가와 마찬가지로 광고주의 KPI나 앱 종류에 따라 각각 다르게 결정되는 편이에요.

비보상 광고의 필수인 **광고주가 쓰는 트래킹 툴이 무엇인지도 확인**해야 해요. 이 트래킹 툴의 종류로는 '앱스플라이어', '코차바', '애드저스트' 등 다양한 것들이 있는데, 모비데이즈는 '앱스플라이어'를 통한 캠페인을 많이 쓰고 있어요. 그리고 광고주가 어떤 트래킹 툴을 쓰고 있느냐에 따라 대행사도 그 트래킹 툴에 따라간다고 보면 돼요.

광고주와 여러 상세 조건을 협의한 다음 이를 **매체와도 협의**해야 합니다. 매체 또한 수익을 내기 위한 이익 집단이기 때문에, 집행이 어려운 부분에 대해 광고주나 대행사가 무조건 강요할 수 없기 때문이죠. 따라서 매체와도 상세 조건을 조율해야 해요. 이처럼 마케터는 주로 광고주와 매체 사이에서 캠페인의 상세 조건을 협의하고 조율하는 역할을 하죠.

광고주와도, 매체와도 모두 협의가 되면 광고에 필요한 소재나 트래킹 링크를 광고주에게 전달해요. 그러면 광고 라이브를 지속하면서 광고 최적화를 하고 월말 정산을 진행하게 됩니다.

리인게이지먼트와 리타깃팅

> **SUMMARY**
> - '리인게이지먼트'(과정)와 '리타깃팅'(수단): 서비스에 한 번이라도 관심을 보인 고객에게 다시 홍보하는 것이 목표
> - 개인정보 보호 강화로 제3자의 사용자 행동이력 추적이 어려워짐
>   → 기존 유저를 대상으로 하는 마케팅 캠페인의 중요성 대두
> - 고객 데이터를 적절한 정의대로 나눠 타깃팅하는 것이 중요

리인게이지먼트? 리타깃팅?

'리(Re;다시)'를 품고 있는 '리인게이지먼트'와 '리타깃팅', 이 두 용어에 모두 익숙한가요? 리인게이지먼트는 **웹/앱에 방문했거나 설치 및 구매한 사용자들을 대상으로 다시 한 번 마케팅을 진행함으로써 퍼포먼스 효율을 높이는 캠페인**을 말해요. '어? 이건 리타깃팅 아닌가?'라는 생각이 들 수 있는데, 틀린 생각이 아니에요. '리인게이지먼트'와 '리타깃팅'이 마케팅 업계에서 유사한 의미로 쓰이고 있기 때문이에요.

그런데 두 개념을 나눠 놓은 이유가 있겠죠? 리인게이지먼트와 리타깃팅의 차이점을 자세히 살펴보면 다음과 같아요.

리인게이지먼트	리타깃팅
• 마케팅의 **목푯값** 및 **과정**의 개념 • 그 타깃이 다시 유입되는 **과정**, 또는 타깃으로 하여금 원하는 액션을 진행하게 하는 **과정**	• **기술/방법**과 같은 **수단**의 개념 • 타깃에게 반복적으로 광고를 노출시킴으로써 다시 유입시키거나, 마케팅 목표에 적합한 행동을 유도하는 **기술**

[그림 3-143] 리인게이지먼트와 리타깃팅의 차이점

즉 리인게이지먼트와 리타깃팅은 과정과 수단의 개념으로 나뉘지만, **둘 다 '서비스에 한 번이라도 관심을 보인 고객에게 다시 홍보하는 것'을 목표로 한다는 점에서 혼용**되는 것이죠. 본문에서는 캠페인에 대해 이야기할 때 주로 '리인게이지먼트'라고 할 거지만 실제 현장에서는 '리타깃팅'도 함께 사용된다는 점을 미리 안내할게요!

리인게이지먼트는 언제, 왜, 어떻게 할까요?

Why?

서비스가 비즈니스 모델에 맞게 이익을 창출하기 위해서는 앱 설치/웹방문에서 그치는 것이 아니라 의미 있는 행동을 해야 합니다. 증권 앱을 예로 들자면 '주식 거래'와 같은 실질적인 행동을 해야하는데, 이런 의미 있는 행동을 유도하는 것은 앱을 설치시키는 것과는 또 다른 문제죠. 이를 위해 마케터는 사용자가 앱/웹을 지속적으로 이용하는, 즉 비즈니스 모델에 유의미한 진성 유저인지 판별해야 해요.

마케팅 솔루션 기업 연구 결과에 따르면 광고 집행 후 기존 사용자의전환율이 신규 사용자의 구매 반응을 이끌어 낼 확률에 비해 12배 이상 높게 나타난다고 해요. 또한 새로운 고객을 확보하는데 드는 비용이 기존 고객을 유지하는 것보다 6배 이상이라는 점 또한 **기존 유저를 대상으로 하는 리타깃팅 캠페인의 중요성이 점점 대두**되고 있다는 걸 보여주죠.* 그리고 트래킹 툴 중 하나인 'Adjust'가 공개한 비율에 따르면 앱 삭제 비율이 신규 설치 비율의 40%에 육박하고, 사용자는 앱 설치 후 24시간 ~ 72시간 내에 앱을 삭제하는 비중이 가장 크다고 해요.

*출처: 서울경제, '유애피, 리타겟팅 및 리인게이지먼트 기술로 앱 재방문율 70% 향상', 2019.11.28.

'파레토의 법칙' 또한 리인게이지먼트의 필요성을 설명하는 데 도움이 되는데요. 이는 비즈니스 매출의 80%는 전체 고객의 20%가 창출하고 있기 때문에 매출을 증가시키기 위해서는 고객 전체를 대상으로 서비스를 제공하는 것보다 '20%의 고객'에 초점을 맞춘 서비스 제공이 보다 효율적일 수 있다는 것을 말해요. 이는 **진성 유저를 유지하는 것 또는 획득하는 것이 비즈니스 모델 전체에 있어서 굉장히 중요하다**는 점을 시사하죠.

따라서 리인게이지먼트는 매출의 80%를 창출하는 충성도 높은 진성 유저 20%를 모객하고자 하는 동기가 강해요. 설령 앱을 삭제했다고 하더라도, 그 사용자가 진성 유저가 될 수 있기 때문에 더 좋은 메시지를 통해 다시(Re) 인게이지먼트하려는 거예요.

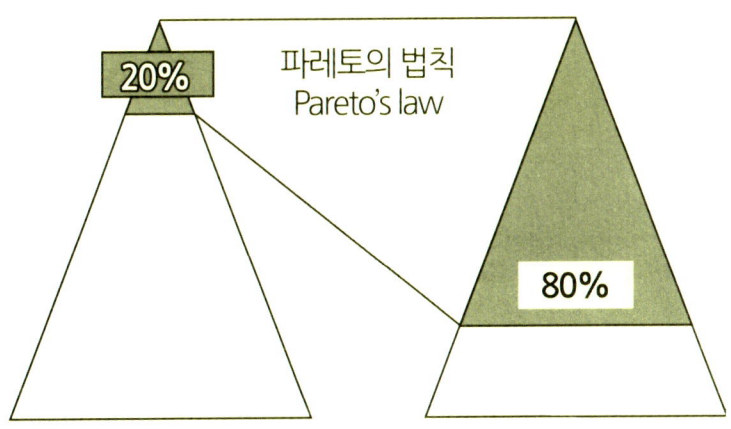

[그림 3-144] 파레토의 법칙

When?

 서비스가 특정 단계에 들어서면 리인게이지먼트는 필수적인 전략이됩니다. 초기 런칭 서비스는 서비스 자체에 대한 인지도가 부족하기 때문에 리인게이지먼트에 대한 니즈가 크지 않아요. 하지만 앱의 경우 10만 설치(intall) 이상, 웹의 경우 월 5만 이상의 UV~Unique Visitor~를 가질 때 리인게이지먼트가 필요하다고 봐요. 그래서 **초기 단계의 UA**~User Acquisition: 신규 유입~ **캠페인에서는 리인게이지먼트의 비율이 예산 대비 1~2%에 지나지 않지만, 서비스가 성숙해감에 따라서 전체 예산의 10~100%까지 차지할 수 있죠**. 특히 서비스를 알고 있는 사용자가 증가했을 때에는 리인게이지먼트 캠페인만으로 마케팅이 진행되기도 해요. 그래서 앞서 **Why**에서도 밝혔듯이, 리인게이지먼트는 신규 유입만큼이나 서비스의 성장에서 중요한 과정이에요.

How?

 퍼포먼스 마케터로서 직접 캠페인 운영을 하게 될 분들은 자세히 알아야 하는 내용인데요, 리인게이지먼트 방법은 크게 2가지로 나눠볼 수 있어요.

1) 매체 자체 기능을 사용하거나,

2) 트래킹 툴에서 ADIDAdvertising ID를 추출하는 것이죠.

먼저 매체 자체 기능을 사용하는 방법 두 가지(1-A, 1-B)에 대해 살펴볼까요?

1-A) WEB - 웹 쿠키를 활용해 광고를 재송출하는 방법

이 방법에 대해서는 먼저 매체 자체 기능을 활용한 트래킹(추적) 개념을 알아야 해요. 웹사이트는 ip 기반의 쿠키(사용자의 인터넷 사용흔적 데이터)로 사용자를 식별하는데요, 사용자가 사이트를 방문하면 웹사이트는 스크립트에 개인 식별 정보(:고유식별자)를 저장해요. 여기서 '스크립트'는 '이벤트를 추적하기 위해 운영정보와 대시보드를 연동시키는 장치'를 의미해요.

웹에서 매체 자체 기능을 활용한다는 것은 사용자가 들어오면 개인 식별 정보(쿠키)가 스크립트에 저장되고, 이후 해당 유저에게 광고를 송출하는 과정에서 저장된 쿠키 정보를 활용하는 것을 말해요. 스크립트 설치만 주재할 수 있다면, 실질적인 리타깃팅은 매체 기술에 의해 자동으로 진행되는 것이죠. 이 방법을 활용하는 대표적인 매체는 '크리테오', '모비온' 등이 있어요.

1-B) WEB/APP - 빅미디어 플랫폼을 활용하는 방법

매체 자체 기능을 사용하는 두번째 방법은 셀프서빙 빅미디어 플랫폼을 활용하는 방법으로, 운영자의 개입이 다소 필요해요. 여기서 '셀프서빙'이란 마케터가 직접 광고 캠페인 세팅 및 수정을 맡는 방식을 말하는데요. 이 방법에서는 광고 효율 최적화가 자동화된 인공지능(AI) 기반 빅미디어 플랫폼이 주 수단이 돼요.

이때 리타깃팅 수단은 광고 집행 파트에서 '메타(Meta)'의 '맞춤타깃' 기능을 떠올리면 돼요. 예를 들어 어느 사용자가 인스타그램에서 광고를 보거나, 클릭하거나, 광고로 유입해서 비즈니스 계정을 팔로우했다면 이 정보가 메타(Meta) 플랫폼에 축적이 되겠죠? 마케터는 이 정보를 기반으로 광고 목표에 맞는 '맞춤타깃'을 생성할 수 있어요. 메타의 맞춤타깃 / 구글의 잠재 고객 관리자 기능을 이용하여 타깃팅한 뒤, 광고를 해당 타깃에게 송출하는 거예요. 여러분도 알다시피 이 방법은 메타 및 구글 플랫폼을 통해서 진행되기 때문에 웹 마케팅이나 앱 마케팅 모두에서 가능합니다.

```
Q  기존 타겟 검색

전체  유사 타겟   맞춤 타겟

●                                                              웹사이트
● 그로스쿨 방문자 180일                                          웹사이트
● 그로스쿨 홈페이지 방문자(최근 90일)                              웹사이트
● 그로스쿨 인스타그램 방문자(50일)                           참여 · instagram
● 그로스쿨 방문자                                                웹사이트
● 그로스쿨 인스타 참여자                                    참여 · instagram
```

[그림 3-145] 페이스북 맞춤타깃

참고로, 메타에서 리타깃팅이라 함은 '맞춤 타깃'을 말하는데, 이전 달 효율이 좋았던 대상을 바탕으로 유사타깃을 생성해 신규 캠페인을 집행할 수도 있어요.

여기서 맞춤타깃(리타깃팅)과 유사타깃의 차이점만 짚고 넘어갈까요? 맞춤타깃은 **똑같은** 바로 그 사람들에게 광고를 재송출하지만, 유사타깃은 메타 데이터베이스를 바탕으로 **비슷한** 관심사를 가진 집단을 생성하여 광고를 송출하는 방식이에요.

2) APP - 트래킹 툴 내에서 ADID 추출

다음으로 트래킹 툴에서 ADID를 추출하는 방법에 대해서 살펴보기 전, 트래킹 툴과 ADID에 대해 간단히 설명할게요. '트래킹 툴'이란 앱 퍼포먼스 마케팅을 진행할 때 기본적으로 사용하는 광고 성과 툴을 말해요. '앱스플라이어(AppsFlyer)', '애드브릭스(adbrix)' 등이 해당되죠. 그리고 '**ADID**$_{\text{Advertising ID}}$'는 UA 마케팅을 하면서 트래킹 툴에 축적되는 광고식별값으로, 신규 유입된 사람들의 행동 이력을 자세히 분석할 수 있는 데이터예요.

트래킹 툴을 활용하는 방법은 바로 앱 광고를 위해 ADID를 수동으로추출하는 거예요. 트래킹 툴에 저장된 ADID를 엑셀 cvs 파일로 저장하는 건데요, 앱을 설치한 사람/ 앱을 설치하고 최근 한 달 동안 구매 이력이 없는 사람 등의 데이터를 추출하는 거죠. 이 ADID를 리스트업해서 리타깃팅하는 방법이에요.

잠깐! 더 이상 사용자 트래킹을 못한다고요?

그동안 마케터는 웹사이트나 모바일 앱에 방문한 사용자가 남긴 흔적을 활용해서 그들을 리타깃팅할 수 있었는데요. 하지만 '개인 정보 보호'라는 이름 아래 서드 파티(3rd party: 제3자가 제공하는) 데이터 사용이 제한되면서 디지털 마케팅은 새로운 전환을 맞이하게 됐어요. 구글은 2023년부터 서드파티 쿠키 사용을 제한한다는 정책을 발표했고, 애플은 iOS 14.5 업데이트부터 모바일 앱 추적(트래킹) 방식을 변경했기 때문이에요.

앞에서 쿠키를 통해 맞춤형 리타깃팅 광고를 진행할 수 있다고 했죠? 이는 웹사이트 소유자가 아닌 제3자가 활용할 수 있는 사용자 데이터예요. 그래서 서드 파티 쿠키 사용이 제한되면 제3자의 사용자 행동 이력 추적이 어려워져 정확한 관심사를 파악하기 어려울거예요. 그리고 정확한 관심사를 파악할 수 없으면 이탈한 사용자를 대상으로 전환을 이끌어냈던 리타깃팅 광고 성과도 떨어지겠죠.*즉 구글의 정책 변경에 따라 세계 점유율 1위 웹 브라우저인 크롬의 서드 파티 쿠키 사용이 제한되면서 새로운 리타깃팅 전략이 필요하게 된 거예요.

*출처: 홍승표 Bigign (빅인사이트), '[이커머스 시장의 데이터드리븐 마케팅 전략] 서드 파티 쿠키를 제한하면 디지털 광고 시장에 생기는 일', 모비인사이드, 2021.08.31.

또한 아이폰, 아이패드와 같은 애플 제품 사용자 대상으로도 고유식별값을 이전 만큼 활용할 수 없게 됐어요. 여기서 IDFA의 개념이 나오는데요, '**IDFA**_{Identity for Advertisers}'는 안드로이드의 ADID처럼 애플 기기에 부여되는 고유 ID값이에요. 원래 애플은 iOS 사용자들이 정보 수집에 동의한 것으로 간주해서 IDFA로 사용자의 검색활동, 앱 이용 기록 등을 추적하고 이를 맞춤형 광고에 활용할 수 있게 했어요. 하지만 개인 정보 보호를 위해 IDFA는 iOS 14.5부터 옵트인(사전 동의를 얻어야 활성화가 가능한) 방식으로 변경되었죠. 즉 **정보를 수집해도 된다는 사용자의 '의사 표시'가 있을 경우에만 트래킹이 가능해졌기 때문에 사용자의 행동 이력을 추적하기 어려워진 거예요.***

개인 데이터 수집이 어려워지면서 광고 제작비가 급증하게 되고, 메타와 같은 기업이 제공하던 맞춤형 광고 정확도가 떨어지게 되면서 디지털 광고 플랫폼이 타격을 입게 되었죠. 우리 마케터의 입장에서도 참 곤란한 상황이죠?

*출처: pmg 지식엔진연구소, '시사상식사전', 박문각.

그렇다면 이런 변화에 대응할 수 있는 방법에는 무엇이 있을까요? 구글과 애플은 이에 반발하는 광고업계를 위해 차선책을 준비했어요. 구글은 타깃형 광고 모델 'FLoC'을 제시하여 타깃팅 대상을 개개인이 아닌, 비슷한 관심사를 가진 집단으로 설정해 개인 정보를 보호하는 방향으로 나아갈 계획이라고 해요. 애플의 'SKadNetwork' 모델은 개인 기기값을 제외하고 클릭과 같은 '성과에 기여한 광고 정보'만을 활용하는 방식을 채택했죠. 국내 데이터 관리 플랫폼도 이런 변화에 따라 퍼스트 파티 쿠키와 회원 정보와 같은 자사 사이트 데이터를 적극적으로 활용하게 될 것으로 전망하고 있어요.*

*출처: SaaSlab, '서드파티 쿠키의 종말, 디지털 마케팅의 미래는?', 2021.07.20.

대표적인 리인게이지먼트 방식

 지금까지 리인게이지먼트가 왜, 언제 필요한지 그리고 리타깃팅 원리에 대해 살펴봤어요. 이제는 실제 마케팅 업계에 활용하고 있는 대표적인 리인게이지먼트 방식 3가지를 정리하면 다음과 같아요.

1. 브랜드 캠페인

 첫번째 브랜드 캠페인은 구매가 일어나는 브랜드 또는 커머스 캠페인에서 흔히 활용하는 방식이에요. 특정 퍼널$_{Funnel}$에서 이탈하는 사용자들을 대상으로 퍼널을 완료할 수 있게끔 하는 캠페인이죠. 실제로 장바구니에 담은 후 구매까지 이어지는 과정에서 많은 이탈이 일어난다고 해요.

 예를 들어 쿠팡에서 어느 사용자가 상품을 장바구니에까지만 담고 이탈했다면, 다른 서비스에서 그 사람에게 지속적으로 구매를 완료하라는 메시지를 보내는 거예요. 해당 상품이 다른 서비스에서 노출되면서 '장바구니에 해당 상품을 담아놨다는 것'을 리마인드시켜주는 원리죠. 이 방식은 인게이지먼트에서 '다이내믹 광고'라고도 하는데요, 유저가 반응했던 상품들을 집중적으로 보여준다는 의미예요.

[그림 3-146] 고객 여정 퍼널(Customer Journey Funnel)

2. 앱 내 이벤트 페이지 유입 캠페인

앱 내 이벤트가 진행되고 있을 때, 기존 유저들을 해당 이벤트 페이지로 유입시키는 캠페인이에요.

실제 진행했던 증권사 A사는 프로모션을 자주 진행하는데요. 앱을 다운로드 받고 계좌 개설을 하지 않은 사용자를 대상으로 리타깃팅 캠페인을 활용한답니다. 사용자가 링크를 클릭하면 바로 앱 내 이벤트 페이지로 연결되는 것이죠. 반대로 앱을 설치하지 않은 사람 또는 삭제한 사람에게는 앱을 다운로드할 수 있는 앱마켓/앱스토어 페이지로 랜딩되게 하는 거예요.

이때 등장하는 새로운 용어는 '**딥링크**$_{Deeplink}$'인데요, 딥링크란 사용자를 웹사이트나 스토어가 아닌 앱으로 직접 안내하는 URL의 일종이에요. 딥링크를 활용해서 사용자 퍼널을 구축하면 한 번의 클릭을 통해 앱으로 안내되기 때문에 사용자가 특정 페이지로 이동하는 시간과 노력을 줄여줄 수 있어요. 사용자에게 보상을 쉽게 제시할 수 있다는 것 또한 딥링크의 장점이죠. **리타깃팅 캠페인에서 딥링크를 통해 프로모션을 제공하면 사용자의 이탈률을 낮추고 캠페인 효과를 높일 수 있어요.***

3. UA 이후 해당 타깃 대상을 리타깃팅하는 캠페인

실제로 브랜드 커머스에서 많이 사용하는 방식은 UA로 사용자들을 신규 유입시킨 후 그 사람들을 대상으로 리타깃팅하는 거예요. 이는 크리테오(Criteo)나 모비온(Mobon)이 자주 사용하는 방식인데, 일단 다양한 광고 상품을 통해 신규 사용자를 웹사이트로 유입시키는 거예요. 물론 이때 신규 사용자의 관심사 또는 반응이력은 상품과 관련성이 높겠죠. 즉 한 번이라도 유입된 사용자의 데이터를 저장해놨다가 광고를 계속 노출시킴으로써 리타깃팅하는 거예요.

*출처: Adjust, '딥링킹이란 무엇이며 어떻게 작동하나요?'

유입된 사용자가 실수로 광고를 클릭해서 유입되었다 한들, 상품을 계속 보게 되면 관심을 가질 확률이 커지기 때문에 이들을 리타깃팅하면서 ROAS를 증대시키는 거죠.

실제로 기본 UA 유입 캠페인과 리타깃팅 캠페인은 7배 가량 효율차가 있다고 해요. 그래서 ROAS가 급한 상황이고 리타깃팅할 사용자가 없다면 신규 사용자를 유입하는 UA 캠페인과 리타깃팅 캠페인을 병행하는 방식을 활용하기도 하죠.

리인게이지먼트 매체 종류

WEB	APP
리머지(Remerge) 앱리프트(Applift) (한국서비스 종료) 트레이딩웍스(Tradingworks) 몰로코(Moloco)	크리테오(Criteo) 모비온(Mobon) 타겟팅게이츠(Targeting gates)
WEB/APP 공통	
메타(Meta) 구글(Google)	

|그림 3-14| 리인게이지먼트 매체 종류

리인게이지먼트에서 가장 좋은 매체는 무엇일까요? 사실 특정적으로 정의하기는 어려워요. 비즈니스 목표, 그리고 캠페인 KPI에 따라 매체별 효율차가 모두 다르기 때문이에요. 따라서 테스트 집행을 하면서 어떤 매체와 가장 핏이 잘 맞는지 확인하는 것이 중요해요!

그리고 매체를 선정하더라도 캠페인에 따라 매체를 활용하는 방법까지 달라질 수 있어요. 예를 들어, 캠페인 KPI가 '앱 재활성화'이고 메타 플랫폼과 딥링크를 활용한다고 가정해볼까요? 그러면 해당 캠페인이 **1) 사용자를 리타깃팅 한다는 것과, 2) 그들의 더 많은 딥링크 클릭을 유도하는 것을 목표로 한다는 점**을 고려해서 앱홍보가 아닌 트래픽 캠페인을 목표로 설정할 수 있어요. 즉 **사용자가 딥링크를 클릭할 때 앱이 이미 설치되어 있는 사용자는 앱이 실행되고, 앱이 설치되지 않은 사용자는 앱설치 페이지로 랜딩시키는 것**이 핵심이죠. 그래서 딥링크를 활용하는 리인게이지먼트의 경우 앱홍보 캠페인이 아니라 트래픽 캠페인으로 진행할 수 있어요.

리인게이지먼트의 성패는 _____ 에 달렸다?

리인게이지먼트에서 정말 중요한 것은 '**타깃 그룹별 트래킹 효율 최적화**'예요. **자사가 가진 방대한 고객 데이터를 적절한 정의대로 나눠 타깃팅하는 것이 리인게이지먼트의 핵심**이죠.

예를 들어, 어느 게임 앱의 600만 사용자 중 200만 명 정도는 게임을 한 번 했다가 이탈했던 사용자/ 50만 명 정도는 게임을 아직까지도 꾸준히 진행하고 있는 충성도 높은 사용자/ 100만 명은 한동안 게임을 굉장히 열심히 했다가 최근 6개월 동안 들어오지 않은 사용자 등으로 모수를 나눌 수 있겠죠. 이런 사용자들이 전체 600만의 모집단 데이터로 묶여있기 때문에, 기준점에 따라 나눈 그룹별로 다른 메시지와 광고소재를 전달해서 각각의 반응을 보고 효율 최적화를 하는 거예요. 이때 타깃을 정의하는 기준은 퍼널별로 나누는 것을 권장해요.

타깃 그룹별 정의가 정교할수록 캠페인 집행 과정에서 유의미한 인사이트를 얻을 수 있을 거예요!

지금까지 'Welcome, 마케터'에서 제일 긴 호흡을 가졌던 3장, 광고집행이었어요. 어땠나요? 직접 손맛으로 연습하다 보면 금방 익숙해질 수 있을 거예요. 어느새 마지막 장을 앞두고 있는데요, 바로 '데이터 분석'이에요. 성과를 개선하기 위해서는 데이터를 잘 읽을 수 있어야 되겠죠? 그래서 마케터가 봐야 하는 데이터부터 각 성과 지표, 그리고 데이터툴까지 살펴보는 시간을 가져봅시다!

4장

마케팅 데이터 분석

마케터가 봐야하는 데이터란?

> **SUMMARY**
> - 데이터: 이론을 세우는 데 기초가 되는 사실, 또는 바탕이 되는 자료
> - 고객의 구매 여정에서 단계별로 봐야 하는 데이터는?

데이터란?

마케터가 봐야하는 데이터에 대해 이야기하기 앞서 데이터가 무엇인지부터 살펴볼까요?

데이터의 개념

- 이론을 세우는 데 기초가 되는 사실, 또는 바탕이 되는 자료
- 관찰이나 실험, 조사로 얻은 사실이나 자료
- PC가 처리할 수 있는 문자나 숫자, 소리, 그림 따위의 형태로 된 자료

데이터란 이론을 세우는 데 기초가 되는 사실, 또는 바탕이 되는 자료를 뜻하는데요. 여기서 말하는 '사실', '자료'는 관찰이나 실험, 조사로 얻은 것을 의미합니다. 무언가의 결과인 셈이죠.

데이터가 사실이라면 우리가 날씨에 따라 느끼는 '춥다', '덥다'도 데이터가 됩니다. 그런데 누군가가 '지금 더워'라고 말하는 대신 '지금 온도가 40 ℃야.'라고 한다면 여러분은 어떤 느낌이 드나요? 아마 어느정도로 더운지 알 수 있을 거예요. 같은 사실이라도 구체적인 '숫자'로 표현하면 그 정도를 더 잘 전달할 수 있는데요. 우리에게 익숙한 데이터의 뜻은 이처럼 현상을 더 잘 이해할 수 있는 수치나 기록을 의미합니다.

우리는 데이터를 통해 상황이나 문제를 파악하고, **KPI** Key Performance index 같이 성과를 측정하거나 목표를 세우는 데에 데이터를 활용하기도 하하죠. 또 여러 활동의 데이터를 비교하면 어떤 활동이 더 좋은 결과가 나왔는지도 알 수 있는데요. 데이터가 좋지 않은 것은 그런 결과가 나온 이유에 대해 살펴보고, 원인을 해결해 데이터가 다시 개선되게끔 해야 하고요. 이 과정이 바로 '데이터 분석을 통한 성과 개선'이 되는거죠.

디지털화로 인해 고객의 행동과 마케팅의 성과를 데이터로 측정할 수 있게 되면서 마케팅 분야에서도 데이터 분석이 활발하게 활용되고 있는데요. 광고를 몇 명에게 보여주고, 그 중 몇 명이 구매 했는지, 같은 상품을 다른 이미지로 광고를 할 때 어떤 광고 이미지를 본 고객이 구매까지 했는지 등의 데이터를 파악해 성과를 개선할 수 있는거죠.

마케터의 데이터 분석

마케터의 데이터 분석은 사용자의 행동 데이터, 광고에 대한 반응, 구매 데이터가 주된 대상이에요. 주어진 (광고) 데이터를 보고 지금의 성과가 좋은지, 개선이 필요한지를 판단해서 개선이 필요하다면 더 좋은 결과를 얻을 수 있을 아이디어를 생각해 실험해보고, 또 데이터를 보면서 아이디어를 검증하는 과정을 반복해야 하고요. 이 과정을 **'퍼포먼스 마케팅'**이라고 합니다.

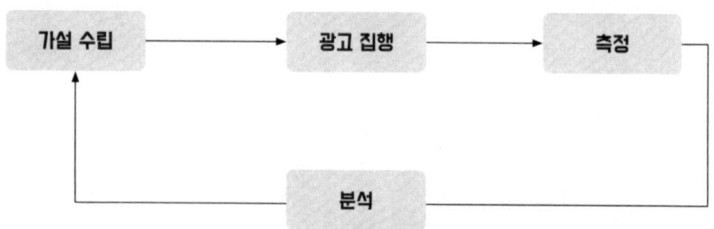

[그림 4-1] 퍼포먼스 마케팅 루프

메타, 구글 같은 빅테크 기업은 퍼포먼스 마케팅에 필요한 광고 성과를 데이터로 쉽게 측정하고 바로 볼 수 있게 해주는 시스템을 만들었어요. 그 덕분에 마케터는 성과를 분석할 때 어떤 데이터를 수집하고 측정할지 고민할 필요 없이 광고 관리자에서 보이는 데이터를 읽고 분석하면 되는 것이죠.

그래서 마케터는 우선 이 광고 관리자에 보이는 다양한 숫자의 의미를 알아야 해요. 광고관리자에서 보이는 데이터만 알아도 광고 개선은 충분히 가능하기 때문이죠. 퍼포먼스 마케팅에 필요한 데이터를 골라서 광고 관리자에 넣어둔 것이지만, 배우는 입장에서는 반대로 광고 관리자에 보이는 데이터에 익숙해지면서 마케팅 데이터에 대한 이해가 깊어질 수 있습니다.

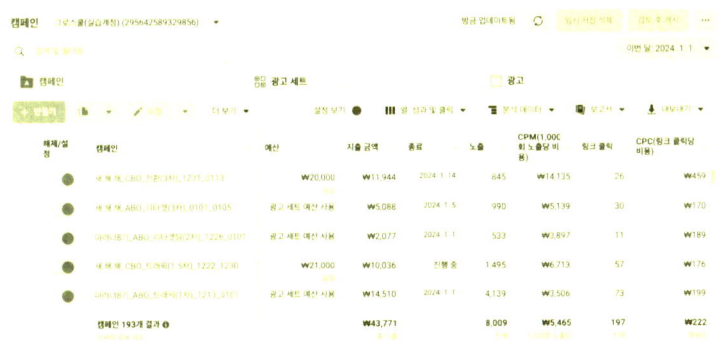

[그림 4-2] 메타 광고 관리자 화면

고객 구매 여정의 단계별 데이터

마케터에게 있어 가장 중요한 미션은 매출 증대, 즉 상품이나 서비스를 많이 파는 것이죠. 그래서 마케터는 항상 '어떻게 하면 매출을 늘릴 수 있을까?'를 고민해야 하고요. 물론 매출은 광고, 상품 품질, 고객 만족, 브랜딩 등 여러 요소들이 복잡하게 연관되어 있기 때문에 이를 높이는 것이 쉽지 않아요. 어떤 것부터 접근해야 할지 막막하기도 하고요.

하지만 이 문제는 문제를 작게 쪼개보면 해결의 실마리를 찾을 수 있어요. 고객이 광고를 보고 구매하기까지의 과정을 단계별로 구분하고, 각각의 결과를 데이터로 측정해 그 과정이 제대로 동작하는지를 확인하는 거죠. 그러면 개선해야 하는 지점이 보이고, 그 부분부터 고치면 매출을 높일 수 있어요.

(잠재)고객이 광고를 보고 구매하기까지의 과정은 다음과 같이 구분할 수 있는데요.

- 광고를 보고,
- 클릭을 해서
- 제품 소개 페이지로 들어온 뒤,
- 페이지를 읽고,
- 구매 버튼을 누르고,
- 만족하면 다시 구매

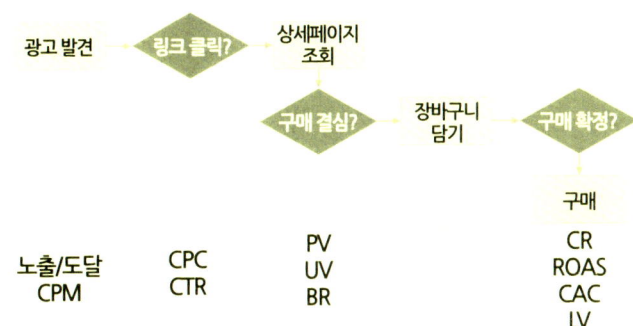

[그림 4-3] 구매 여정에 따른 단계별 데이터

첫 번째 단계에서 광고를 잠재고객에게 얼마나 많이 보여주는지를 파악하고, 광고를 본 잠재 고객이 광고를 얼마나 많이 클릭했는지도 확인하는 거예요. 광고를 클릭해 들어온 고객이 페이지를 끝까지 읽고 구매 버튼을 누르는지 또는 안 누르는지도 파악할 필요가 있죠. 만약 광고를 많이 보여주고 클릭도 많이 하게 하는 것에 성공했으나 구매 버튼을 많이 누르지 않는다면, 광고 보다는 제품 소개 페이지가 사용자에게 어필하지 못한 것으로 해석할 수 있어요. 그러면 제품 소개 페이지를 개선해 구매 버튼을 더 많이 누르는지 테스트 해봐야 합니다.

따라서 마케터는 사용자의 구매 과정에서 데이터를 읽을 줄 알아야 하는거죠. 그래야 각 단계별로 어디에 어떤 문제가 있는지를 파악해 개선할 수 있습니다.

광고 데이터

> **SUMMARY**
> - 광고와 콘텐츠에 반응한 고객 행동을 데이터로 보고, 마케팅 성과와 효율 판단 가능
> - 노출과 도달, CPM, CPC, CTR
> - '어떤 광고가 더 효율적일까?' → '광고의 목적이 뭐예요?'

광고가 많이 보여졌는지를 알 수 있는 데이터

1. 노출과 도달

고객 여정상 제일 먼저 이해해야 하는 데이터는 '노출'과 '도달'이라는 개념이에요. 우리 광고가 얼마나 많이 보여졌는지를 나타내는 데이터인데요. 노출은 보여진 수, 도달은 본 사람 수를 뜻해요.

- 노출 Impression : 광고가 '보여진 횟수'
- 도달 Reach : 광고를 '본 사람 수'

한 사람이 **같은 광고를 3번 봤다면 노출 수는 3, 도달은 1**이 되 겠죠. 노출과 도달만 가지고도 광고 데이터 분석이 가능해요.

> Q. 동일하게 100만원 씩 집행한 두 광고 중 **광고 A는 노출이 100,000회, 광고 B는 노출이 50,000회**로 측정되었다고 한 다면, 이를 어떻게 분석할 수 있을까요?

데이터 분석을 단순하게 생각하면 '**비교**'예요. 주어진 숫자를 같은 상황으로 빗대어 비교해 보면 특정 사실을 알 수 있죠.

문제를 살펴보면, A, B 두 개의 광고가 각각 **100만원이라는 같 은 금액으로 집행했으나**, '**노출 수**'_{광고가 보여진 횟수} 는 A가 B보다 더 많 이 **보여졌다는 사실**을 알 수 있어요. 같은 금액을 썼음에도 A가 B 보다 더 많이 보여진 것인데요. 이 결과는 **광고 시스템 알고리즘 이 A광고를 B보다 더 좋은 광고로 판단(좋아요, 댓글, 클릭 등의 반응을 보고)해 더 많이 보여준 것으로 잠정적인 결론**을 내릴 수 있어요. 물론 이 잠정적 결론에 대해서는 각 광고에 대한 반응을 추가적으로 확인해봐야 하고요.

실제로 '그로스쿨'은 '스프레드시트 영상강의'에 대한 메타 광 고를 [그림4-4]처럼 다양한 이미지와 문구로 여러 버전으로 만 들어 집행했었는데요. [그림 4-5]에서 확인할 수 있듯 광고 집행 결과 10개의 광고 중 하나의 광고만 '도달'과 '노출'이 두드러짐을 볼 수 있었어요.

[그림 4-4] 같은 상품을 알리기 위한 다양한 광고 소재

[그림 4-4] 광고관리자 화면

[그림 4-6] 도달과 노출 측면에서 가장 효율이 좋았던 광고 이미지

메타가 사용자의 반응을 광고 초기에 측정해 10개의 이미지 중 [그림 4-6]의 이미지가 이후에도 가장 효과가 좋을 것으로 판단해서 이 소재만을 노출한 것이죠. 같은 상품에 대한 광고라도, 소재 이미지와 문구는 사용자의 다른 반응을 불러오고 구매에까지 영향을 미쳐요. 아쉽게도 어떤 이미지가 사용자의 반응을 더 불러오는 지에 대한 정석적인 공식은 존재하지 않아요. 그래서 **마케터는 다양하고 빠르게 트러블슈팅해보며 사용자의 반응을 데이터로 확인하고 성과를 개선하는 방법밖에 없어요.**

> Q. 광고 A는 도달이 100,000회, 광고 B는 도달이 50,000회로 측정 됐어요. 이때 광고비는 A는 100만원, B는 50만원을 집행했고요. 이 데이터를 보고 마케터는 어떤 생각이 떠올라야 할까요?

광고 A와 B의 광고비가 다른 경우에는 광고비용 대비 도달을 비교하면 되는데요. 광고비를 다르게 지출했기에 비율(도달÷광고비)을 계산해서 두 광고가 같은 가격을 썼을 때로 환산하면 어떤 것이 더 많이 보여졌을지 파악할 수 있어요.

- A: 100,000회 ÷ 100만 원 = 0.1
- B: 50,000 회 ÷ 50만 원 = 0.1

계산 결과 A와 B는 광고비 대비 비슷하게 도달된 것으로 볼 수 있고, '두 광고가 비슷한 성과를 보였다', '비슷한 효율을 보인다'로 해석할 수 있어요.

결론적으로 노출과 도달이라는 데이터로는 광고나 콘텐츠가 얼마나 많이 보여졌는지를 파악할 수 있는거죠. 즉 노출과 도달이 높으면 '많이 보여졌다'. 적으면 '조금 보여졌다'로 파악하면 됩니다.

- (광고의) 도달과 노출이 높다 = 많이 보여졌다

2. CPM

CPM$_{\text{Cost Per Mille}}$은 노출 및 도달과 마찬가지로 우리 광고가 얼마나 많이 보여졌느냐를 나타내는 데이터인데, 광고비가 포함된다는 점에서 달라요.

- CPM = 광고비 ÷ 노출 수 × 1,000

CPM은 광고비를 노출로 나눈 값입니다. 노출 수는 단위가 천, 만, 십만, 백만 정도이기에 광고비를 단순하게 노출 수로 나눠주면 숫자가 소수점 단위로 작아져요. 그리고 1,000을 곱해주면서 보기 쉽게 만드는거죠.

광고 노출은 광고비에 비례해서 늘어나지만, 광고의 이미지/문구/노출 대상에 따라 같은 비용으로도 더 많이 혹은 적게 보여지게 할 수 있어요. 여러 광고의 광고비를 각각의 노출수로 나누면 각 광고를 동일하게 노출시킬 때의 광고비가 얼마를 쓰였는지 계산이 가능한 거죠. 또한, 같은 광고비를 쓰더라도 어떤 광고가 더 노출되는지도 파악할 수 있어요. **즉, 여러 광고의 CPM을 비교해 보면 노출 관련 광고 효율을 판단할 수 있답니다.**

> Q. 두 개의 광고 A,B를 집행했을 때, **광고 A는 노출이 100,000회 광고 B는 노출이 50,000회 로 측정되고 광고비는 동일하게 100만원 씩 집행했다면** 두 광고의 CPM은?

- 광고 A의 CPM = 1,000,000 ÷ 100,000회 × 1,000 = 10,000 원
- 광고 B의 CPM = 1,000,000 ÷ 50,000회 × 1,000 = 20,000 원

B의 CPM이 더 높은것을 보아, 우리는 'B가 더 비싸게 광고 했음'을 알 수 있어요. 동시에 광고 A의 효율이 더 좋다는 의미이기도 하죠. CPM은 광고 시스템에서 광고비를 산정하는 방식으로 쓰이기도 하는데요. 광고주가 CPM이 2,000원 인 광고에 10만원의 광고비를 쓴다면,

- CPM = 광고비 ÷ 노출 수 × 1,000
- 노출수 = 광고비 ÷ CPM × 1,000 = 100,000 ÷ 2,000 × 1,000
  = 50,000

즉 CPM 2,000원인 광고 과금 체계에 광고비 10만 원을 쓴다고 가정하면, **해당 광고의 5만 번 노출을 보장한다는** 의미예요.
- **CPM이 높다 = 비싼 광고다**

이는 CPM을 계산하거나 과금 체계에서 사용할 때 모두 통용돼요.

광고가 얼마나 클릭을 받았는지 알 수 있는 데이터

1. CTR

CTR Click Through Ratio **는 보여진 광고가 얼마나 클릭을 받았는지를 나타내는 데이터**예요. 클릭을 노출수로 나누면 어떤 광고가 클릭을 더 유발한 것인지 동등하게 비교가 가능한데요.
- **CTR = 클릭 수 ÷ 노출 수**

광고를 클릭했다는 것은, 광고가 사용자의 호기심 유발에 성공해 사이트 방문까지 가능하게 한 것을 의미하기에 **CTR이 높으면 높을 수록 호기심을 부른 광고라** 해석하면 돼요.

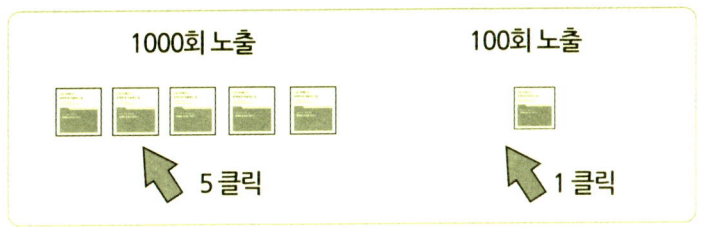

위 그림에서 왼쪽과 오른쪽을 비교하면 어떤 광고가 더 호기심 유발에 성공한 광고일까요? 각각의 CTR을 계산해 보면,

- 왼쪽 = 5 클릭 ÷ 1000 노출 = 0.005 = 0.5 %
- 오른쪽 = 1 클릭 ÷ 1000 노출 = 0.01 = 1.0 %

오른쪽 CTR이 더 큰 것을 바탕으로, 오른쪽 광고가 왼쪽보다 호기심 유발에 성공했다고 판단할 수 있어요.

그런데 CTR이 높은 광고를 꼭 좋은 광고라 볼 수 있을까요? 광고의 클릭률이 높다는 것은 많은 사람을 랜딩페이지로 불러왔다는 걸 뜻하기에 좋은 광고라 볼 수도 있지만, 꼭 그렇지만은 않아요. 왜냐하면 사람은 본능적으로 자극적인 것에 끌리기에 매력적인 이성이나 노출이 심한 이미지, 귀여운 고양이나 아기 사진 등은 맹목적인 클릭을 부르기 때문이죠. 하지만 고양이 이미지를 클릭해 들어간 페이지에 세탁기 같이 **전혀** 상관없는 내용이 보인다면 어떤 기분이 들까요? 광고를 보고 기대한 내용이 보이지 않기 때문에 '속았다', '낚였다' 라는 기분이 들면서 뒤로가기 버튼을 눌러 페이지를 이탈하게 될 거예요. 그러면 당연히 구매도 없겠죠? 따라서 CTR 높은 것이 무조건 좋은 건 아니라는 걸 기억해 주면 좋겠어요.

CTR로 좋은 광고냐 아니냐를 따질 때에는 **항상 광고가 제품과 동떨어지거나 클릭만을 부르게끔 자극적으로 만들어진 것이 아니라는 점이 전제**되어야 해요. 하지만 확실한 건 클릭을 하게 했다는 것은 고객의 호기심을 자극하는 데 성공했다는 것!

- **CTR이 높다! = 호기심을 자극하는 데 성공했다**

2. CPC

CPC~Cost Per Click~는 광고로 고객을 우리 사이트로 데려옴에 얼마를 썼는지를 직접적으로 파악할 수 있는 데이터예요.

- **CPC = 광고비 ÷ 클릭 수**

CPC는 광고비를 클릭 수로 나눈 값인데요, **클릭당 비용**으로 보면 됩니다. CPC 5,000원이라고 한다면, 1번 클릭을 받는 데 5,000원이 들었다는 의미예요. CPM과 마찬가지로 소재 이미지/문구/노출 대상에 따라 같은 비용으로도 클릭수는 많아지거나 적어질 수 있어요.

광고비를 각각의 클릭수로 나누면 각 광고가 동일하게 클릭됐을 때 광고비가 얼마를 쓰였는지 계산이 가능해요. 그러면 같은 광고비를 쓰더라도 어떤 광고가 더 사용자의 클릭을 받아 우리 페이지까지 방문하게 하는지를 파악할 수 있겠죠. 즉 **여러 광고의 CPC를 비교해보면 클릭 관련 광고 효율을 판단**할 수 있답니다.

광고 C

광고 D

노출: 7,400 클릭: 50 광고비: 120,000원   노출: 8,390 클릭: 170 광고비: 210,000

[그림 4-8] 광고C와 D 효율 비교 예시

3. 효율

[그림4-7]에 광고 C와 광고 D의 데이터를 예로 들어봤어요. 노출과 클릭, 광고비 데이터가 있으니 어느 광고가 더 효율적인지 판단할 수 있는데요. 광고C와 광고 D중 어떤 광고가 더 효율적일까요? 이를 비교하기 위해서는 다음과 같은 계산이 필요해요.

세일즈	CPM	CPC	CTR
광고 C	16,216원	2,400원	0.68%
광고 D	25,030원	1,235원	2.03%

- $CPM_{광고C}$ = 16,216원 = 120,000원 ÷ 7,400$_{노출}$ × 1,000
- $CPM_{광고D}$ = 25,030원 = 210,000원 ÷ 8,390$_{노출}$ × 1,000
- $CPC_{광고C}$ = 2,400원 = 120,000원 ÷ 50$_{클릭}$
- $CPC_{광고D}$ = 1,235원 = 210,000원 ÷ 170$_{클릭}$
- $CTR_{광고C}$ = 0.68% = 50$_{클릭}$ ÷ 7,400$_{노출}$
- $CTR_{광고D}$ = 2.03% = 170$_{클릭}$ ÷ 8,390$_{노출}$

[그림 4-9] 효율 계산

효율은 같은 노력(비용)으로 더 많은 성과를 얻는 것을 뜻해요.
그래서 '광고의 효율이 좋다(높다)'라는 것은

- 같은 광고비로 더 좋은(많은) 성과를 얻거나
- 적은 광고비로 비슷한 성과를 얻어냄을 의미하죠.

CPM과 CPC는 노출과 클릭이라는 성과 데이터를 광고비로 나눈 개념이기에 광고의 효율을 분석할 때 활용할 수 있어요.

> Q. 각각의 CPM과 CPC를 비교해보니, **CPM은 광고 C가, CPC는 광고 D가 더 저렴했네요.** 이 경우에는 어떤 광고가 더 효율이 좋다고 볼 수 있을까요?

사실 마케터에게 광고 C와 광고 D 중 **어떤 광고가 더 효율적이냐는 질문이 온다면, 마케터는 반문해야 합니다.** '광고의 목적이 뭐예요?'라고요.

데이터는 어떤 행동이나 작업의 결과입니다. 각각의 행동은 분명 목적이 있겠죠? 광고의 가장 궁극적인 목적은 판매 유도 및 매출 증대이지만, 고객이 상품을 구매하기까지는 여러 과정이 수반되죠.

평소에 잘 아는 브랜드가 마침 사용자가 필요로 할 때 광고로 보여지면 바로 구매까지 이어지겠지만, 그런 경우는 흔치 않죠. 그래서 많은 브랜드는 평소에 고객에게 각자의 존재를 미리 알려두는 사전 작업을 하기도 합니다. **당장에는 구매하지는 않더라도 (잠재)고객에게 존재를 인지시켜 정말 필요로 할 때 해당 브랜드를 떠올리게 하는 것이죠.**

그래서 광고는 그저 보여주는 것을 목표로 할 때가 있고, 특정한 행동을 유발하는 것을 목표로 삼을 때가 있습니다. **보여주는**

것을 목표로 한다면 '도달'과 '노출'이 목표에 달성했는지를 판단하는 데이터가 될 거예요. 그리고 웹사이트 방문과 같은 **고객의 행동을 목표로 한다면 '클릭'**이 목표에 달성했는지 평가하는 데이터가 됩니다.

결국 광고 C와 광고 D의 효율을 비교한다면 광고의 목적에 따라 효율을 다르게 평가할 수 있어요. 보여주는 것(인지) 즉 브랜딩이 목표라면 CPM으로 광고 C와 광고 D를 비교해서 CPM이 더 싼 광고 C가 효율적이라는 결론이 나오죠. 하지만 사이트 방문이 목표라면 각각의 CPC를 비교해 광고 D가 더 효율적이라는 결론을 내릴 수 있습니다. 즉, 노출 측면에서는 광고 C가, 클릭 측면에서는 광고 D가 효율이 좋다는 뜻이죠.

지금까지 설명해 한 내용은 다음과 같이 정리해 볼 수 있어요.

- **효율은 목적에 따라 달리 평가해야 한다**
- **CPM, CPC가 높다 = 비싼 광고다**
- **CPM은 노출 측면에서, CPC는 클릭 측면에서 효율을 판단할 수 있다.**

페이지 데이터

> **SUMMARY**
> - PV, UV, 스크롤 히트맵
> - 상세페이지: 고객이 기대한 내용, 명확한 타깃 대상, 타깃 입장에서의 셀링 포인트가 보여야 함.

상세페이지(상품 소개 페이지) 데이터

페이지가 읽힌 횟수 PV

 소비자가 우리 상품이나 서비스를 구매하는 마지막 관문은 '구매하기' 버튼을 클릭하는 것인데요. '구매하기' 버튼 클릭은 상품(서비스) 소개 페이지를 읽는 것으로 결정되죠. 상품의 매력, 구매해야 하는 이유 등을 (잠재)고객에게 설득하는 역할을 상품 소개 페이지가 하기 때문이죠. 그래서 페이지가 얼마나 읽혔는지를 측정하면 외부에서 웹사이트로 들어오게 한 유입 링크의 성과와, 상세 페이지(상품 소개 페이지)가 고객을 설득하는 데 필요한 정보를 담고 있는지의 여부를 확인 할 수 있어요.

해당 페이지가 얼마나 읽혔는지를 확인하는 데이터가 **PV**$_{Page\ View}$ 인데요. 페이지별로 읽힌 횟수를 의미하기 때문에 PV가 높으면 **'많이 읽혔다'**로 해석할 수 있습니다. 여기서 많이 읽혔다는 것은 외부에서 사이트로 들어오게 하는 다양한 링크를 많이 클릭했다는 것을 의미하죠.

광고를 많이 하면 적게하는 경우와 동일한 클릭률이라도 더 많은 고객이 클릭해서 들어오기에 PV가 높아질 거예요. 광고가 아니더라도 입소문에 의해 링크가 공유되거나 특정한 키워드를 검색했을 때 URL이 검색 결과로 나타나 클릭해 들어오는 경우도 있겠죠.

PV가 높다는 것은 결국 우리 사이트로 들어오는 모든 길, 즉 유입 링크의 성과가 좋다는 것을 의미해요. 또한 페이지 내 사용자가 원하는 정보가 있으면, 다시 방문을 하거나 유입된 페이지를 읽고 내용에 만족하거나 호기심이 생겨 다른 페이지로 이동하면 (이동하게 된 페이지의) PV 가 증가하겠죠. 즉, **PV는 고객의 관심을 측정할 수 있는 데이터**라 이해하면 돼요.

간혹 사이트에서 다른 페이지로 넘어가는 기능 또는 다른 페이지를 추천하는 기능 등의 UX/UI 로 인해 PV가 달라지는 경우도 있어요.

페이지 별로 PV를 비교해 보면 어떤 원인으로 PV가 증가하고 저하되는지 확인할 수 있는데요. 그 근거는 아래와 같아요.

- **유입경로** : 유입 경로 별로 많이/적게 보는 페이지가 다른가
- **키워드** : 어떤 검색어로 들어온 페이지의 PV가 높은가/낮은
- **디바이스** : 디바이스별로 (iOS, 안드로이드) PV의 차이가 있는가
- **인구통계** : 성별, 연령 별로 많이/적게 보는 페이지가 다른가

이런 데이터를 참고할 때 PV의 증감 이유를 찾을 수 있고, 보다 구체적인 개선안을 도출해서 PV를 개선할 수 있어요. 물론 이 과정을 반복해야 되겠죠.

PV 데이터의 개념을 정리하자면, 다음과 같아요.

- **PV가 높다 = 많이 봤다**

UV 순 방문자 수

UV$_{\text{Unique Visitor}}$는 PV와 마찬가지로 우리 페이지가 얼마나 많이 읽혔는지를 보여주는 데이터예요. 하지만 PV와는 달리 **사용자 단위로 접근**하는 개념이죠. PV는 한 명이 여러 페이지를 읽거나 같은 페이지를 반복$_{\text{Reload}}$해서 읽어도 증가하기에 사용자 수의 증감을 판단하는 게 쉽지 않아요. 하지만 사용자 단위로 데이터를 측정하면 한 명이 같은 페이지를 반복해서 읽었는지, 특정 페이지로 유입된 사용자가 다른 페이지를 보는지 등의 추가 활동 여부를 알 수 있어서 고객의 행동을 파악할 수 있죠.

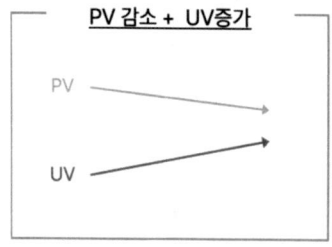 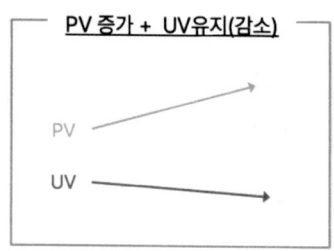

[그림 4-10] UV와 PV가 다르게 나타나는 양상

UV도 유입경로, 키워드 등 다른 데이터와 함께 보면 다양하게 분석할 수 있는데요. [그림 4-9]처럼 UV를 PV와 동시에 보며 변화를 분석해 보는 것처럼요. 예를 들어 왼쪽의 그림처럼 PV가 감소되지만 UV가 증가하는 양상, 그리고 오른쪽처럼 PV는 증가하지만 UV는 유지되거나 감소하는 패턴을 보이면 다음과 같이 해석할 수 있어요.

- **왼쪽** [PV 감소 + UV증가]: (광고 등으로) 신규 방문자 수가 증가하고 있지만, 페이지에서 매력을 느끼지 못하거나 다른 페이지로 넘어가는 UX에 문제가 있을 가능성이 있어요. 페이지 별 이탈률도 확인해 봐야 해요.

- **오른쪽** [PV 증가 + UV유지 또는 감소]: 페이지를 본 사용자가 다른 페이지로 넘어가서 더 보는 상태죠. 이는 곧 유용한 콘텐츠가 많다는 걸 의미해요. 하지만, 신규 방문자는 줄거나 정체되고 있다는 점에서 외부 유입에 문제(광고 효율이 떨어지는 등)가 있는지 확인해 봐야 해요.

UV의 증가는 곧 신규 사용자의 증가를 의미해요. 신규 사용자가 증가하지만 PV가 감소한다는 것은 새로운 사용자를 유입시키는 데 성공했지만, 사이트 내부의 콘텐츠가 기대에 못 미치거나 다른 문제로 만족도가 떨어지는 것을 의심해 볼 수 있어요.

반대로 PV가 괜찮게 나오지만 UV가 감소하는 것은 사이트 콘텐츠와 내부 UX에는 문제가 없지만, 외부에 문제가 생긴다는 의미예요. 그렇다면 광고 등의 외부 유입을 점검해 볼 필요가 있는 거죠.

이처럼 데이터 각각의 의미를 연결해서 생각해 보면 어느 단계에 어떤 문제가 발생하는지를 찾을 수 있고 해당 문제를 개선해 더 나은 성과를 얻을 수 있어요.

전환과 CVR

$CVR_{ConVersion\ Rate}$은 광고를 보고 들어온 잠재 고객을 잘 설득해 구매까지 이어지게 했는지를 판단하는 데이터예요. 전환이란 우리가 원하는 사용자의 행동을 의미하는데요, 일반적으로 전환은 구매를 뜻하지만 **앱 설치, 회원가입, (메일주소 등의) 정보 획득** 등도 전환으로 보기도 해요.

- CVR = 구매 수 ÷ 클릭 수

전환을 위해 사용된 비용은 다음과 같이 부르고 각각을 계산해 효율을 따져볼 수 있어요.

- $CPL_{Cost\ Per\ Lead}$, $CPS_{Cost\ Per\ Sales}$, $CPI_{Cost\ Per\ Install}$

스크롤 히트맵

 그런데 광고를 보고 클릭을 해서 페이지에 들어온다고 한들 그 페이지를 다 읽는 경우는 많지 않아요. 열린 첫 화면만 보고 바로 '뒤로가기'를 하는 사용자도 있고, 어느 정도 아래 화면까지 내려 가다가 '뒤로가기'를 하는 경우도 있죠. 그래서 사용자가 페이지를 끝까지 읽거나 페이지에 오래 머무를수록 구매 전환의 확률이 높아집니다.

 마케터는 상품 소개 페이지에 상품의 장점과 소비자가 해당 상품을 구매해야 하는 여러 이유를 이성적으로 그리고 감성적으로 표현해 두기 때문에 소비자가 더 많은 내용을 읽을수록 설득당할 확률이 높아지고, 구매로 이어질 수 있기 때문이에요. 예를 들어, 마케터가 상품의 매력을 5가지로 표현해뒀는데 이 중 한 개만 읽거나 하나도 안읽은 사람이 상품을 구매하는 것보다는, 5가지를 모두 읽은 사람이 구매할 확률이 더 높은 것처럼요.

 그래서 사용자가 페이지의 마지막 부분까지 읽게 만드는 것이 중요하고, 이러한 사용자 행동을 데이터로 측정해 페이지의 개선점을 찾는 것이 필요해요. 여기서 사용자가 페이지를 어디까지 읽고, 얼마나 집중해서 읽었는지를 측정하는 방식이 **스크롤 히트맵**이에요.

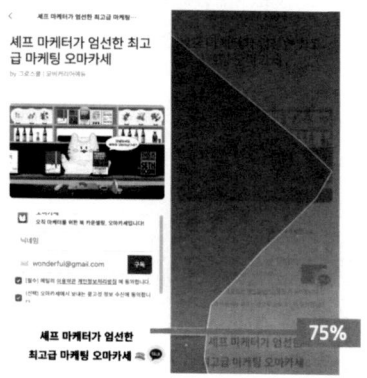

[그림 4-11] 스크롤 히트맵 예시 (출처: 뷰저블)

[그림 4-12] 스크롤 히트맵과 Hot/Cold 해석 방법

[그림 4-12]처럼, 스크롤 히트맵은 페이지에 들어온 모든 사용자가 본(사용자의 100%) 지점을 빨간색, 아무도 내려가서 보지 않은(사용자의 0%) 지점을 검은색으로 표시해요. 그리고 많이 본 지점부터 적게 본 지점을 무지개색 순서로 보여주죠. 즉, 따뜻한 색상이 많이 본 지점, 차가운 색상이 적게 본 지점이고, [그림 4-11]에 보이는 실선은 주목도를 뜻해요. 해당 지점을 본 사용자가 그 지점에서 얼마나 머물렀는가를 의미하죠.

[그림 4-12]처럼, 스크롤 히트맵은 페이지에 들어온 모든 사용자가 본(사용자의 100%) 지점을 빨간색, 아무도 내려가서 보지 않은(사용자의 0%) 지점을 검은색으로 표시해요. 그리고 많이 본 지점부터 적게 본 지점을 무지개색 순서로 보여주죠. 즉, 따뜻한 색상이 많이 본 지점, 차가운 색상이 적게 본 지점이고, [그림 4-11]에 보이는 실선은 주목도를 뜻해요. 해당 지점을 본 사용자가 그 지점에서 얼마나 머물렀는가를 의미하죠.

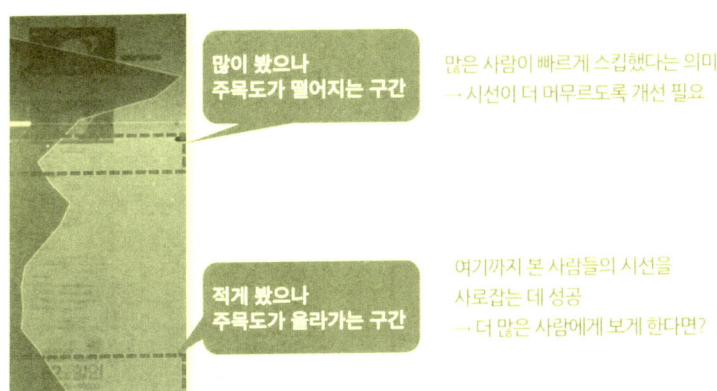

[그림 4-13] 스크롤 히트맵 해석 방법

사례
- 클릭 600건 이상 발생
- 20개 넘는 소재 중 좌측 소재만 반응 (전체 노출의 95% 이상)
- 전환은 1건, 이탈 높음

위의 사례는 [그림 4-4]에서 언급한 바와 같이 다른 광고 소재들을 재치고 압도적인 클릭을 받은 소재예요. 여기서 문제는 해당 소재가 600건 이상의 클릭수가 나타났는데, 이중 구매 전환까지 이어진 경우는 단 1건 밖에 없었다고 해요. 이 상황을 어떻게 해석하면 좋을까요?

우선 다른 광고에 비해 압도적인 클릭을 받았다는 사실을 비춰 보면 광고 소재의 매력이 떨어지거나 유입이 적었다고 보기는 어려워요. 클릭만을 유도하는 자극적인 이미지도 아니고요. 그렇다면 적어도 유입에는 문제가 없다고 볼 수 있죠.

잠재 고객을 많이 데려온 것에 성공을 했음에도 구매가 발생하지 않았다는 것은 무엇을 의미할까요? 이는 바로 소개 페이지에서 잠재 고객을 설득하지 못했다는 걸 뜻해요. [그림 4-13]의 데이터를 보면 광고를 보고 클릭해 들어온 사용자 중 70%가 강의 제목을 보자마자 바로 뒤로 가기 버튼을 누른 걸 확인할 수 있죠. 곧 소개 페이지에 문제가 있다고 해석할 수 있겠죠?

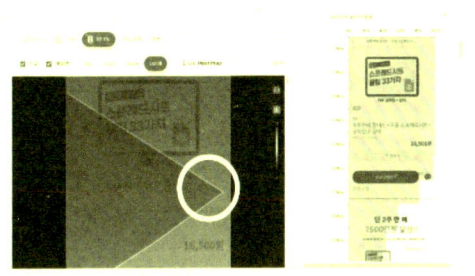

07.03~07.05 뷰저블 데이터

강의 제목을 보자마자 70% 이상의 사용자가 이탈
[그림 4-14] 스크롤 히트맵

생각해 보면 '요즘 기업들이 엑셀을 버린 이유'라는 문구를 보고 클릭해 들어왔는데, 그 '엑셀을 버린 이유'가 나타나지 않고 '단 2주 만에 1500만원 달성'이라는 문구가 보이죠. 이는 사용자 입장에서 전혀 이해할 수도 관심도 없는 내용이 펼쳐지니 바로 나갈 수 밖에 없을 거예요. 즉, **어떤 링크를 클릭한다는 것은 분명한 목적이 있다**는 거예요. 그리고 그 목적에 부합하는 내용이 클릭 후 펼쳐지는 화면에 없다면 바로 이탈이 발생하는 것이죠. 엑셀을 버린 이유가 궁금해서 들어왔다면, 그와 관련 내용이 조금이라도 있어야 페이지를 조금 더 읽게 만들 수 있어요.

따라서 담당자는 이 데이터를 바탕으로 다음과 같이 전환이 저조한 원인을 떠올렸어요.

- 광고와 페이지 간의 괴리
- 소재에 비해 부족한 후킹(주목 요소)
- '엑셀을 버린 이유'에 대한 내용과 근거 부족

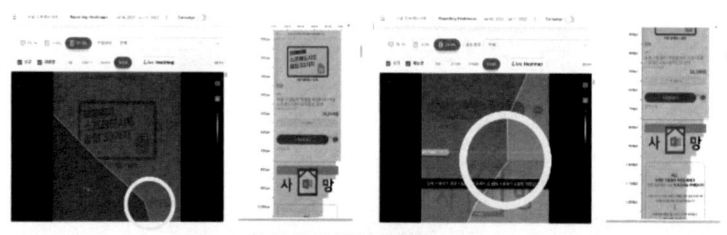

[그림 4-15] 스크롤 히트맵

이를 바탕으로 소개 페이지를 '엑셀을 버린 이유'라는 소재와 어울리게 수정했고, 그 결과 페이지에 방문한 사용자들은 더 아래까지 읽을 뿐만 아니라 체류시간도 길어졌죠. 이 작업은 [그림 4-15]와 같이 수정 후부터 9건의 구매가 이루어지면서 개선 아이디어가 틀리지 않았다는 것을 알 수 있었고 성과 개선에 성공할 수 있었어요.

[그림 4-16] 상세페이지 내용 개선 후 전환 테이블 (7일~11일 참고)

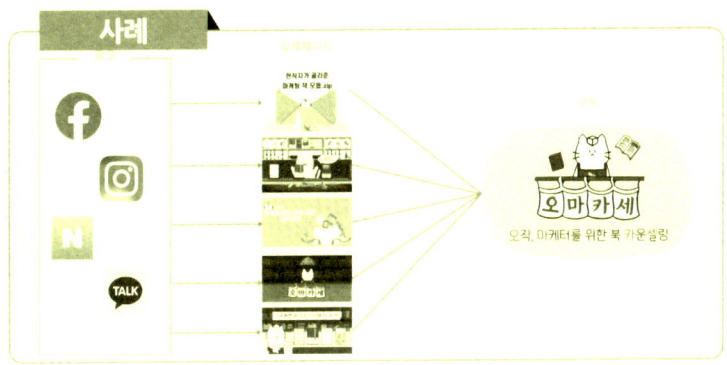

다음 사례는 '오마카세'라는 마케팅 추천도서를 선정해 내용을 요약해 주는 무료 뉴스레터 구독자를 모집한 캠페인이었어요. 여기서 5개의 마케팅 팀이 뉴스레터를 구독 신청할 수 있는 각기 다른 상세페이지를 만들고, 그 페이지로 유입시키는 메타, 네이버, 카카오 광고를 집행하며 데이터를 측정해봤죠.

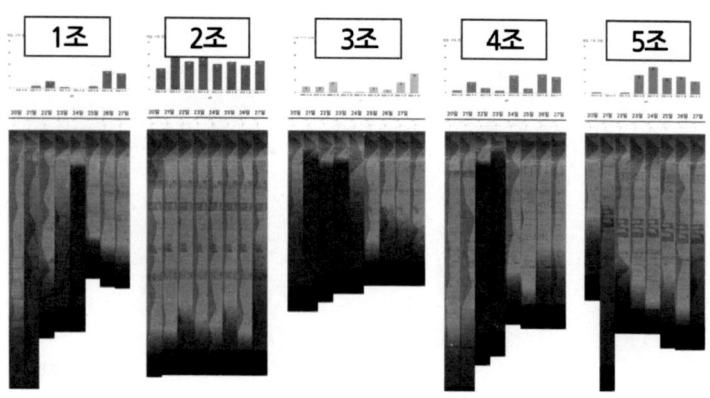

[그림 4-17] 날짜별 구독자 수 추이와 스크롤 히트맵 화면

[그림 4-17]의 좌측부터 우측방향으로 1팀, 2팀 3팀, 4팀, 5팀의 데이터를 볼 수 있는데요. 상단의 막대 그래프는 날짜별 구독자 수이고, 하단의 스크롤 히트맵은 날짜별 스크롤 히트맵 화면이에요. 여기서 2팀이 다른 팀들에 비해 구독자 수를 많이 모은 것을 확인할 수 있는데요. 2팀의 스크롤 히트맵도 따뜻한 색이 화면의 아래까지 보이는 것도 확인할 수 있어요. 다른 팀 데이터를 통해 스크롤 히트맵의 찬(Cold) 색상 영역이 넓을수록 구독자 수가 적게 나타나는 것도 확인할 수 있어요.

가운데에 위치한 3팀의 경우, 초기 4일 동안은 어두운 영역이 많았으나 페이지를 개선하며 따뜻한 영역을 늘리는 데 성공했어요. 이에 따라 구독자 수도 증가하고 있는 걸 확인할 수 있죠.

즉, 이 사실을 통해 잠재 고객으로 하여금 **상세페이지의 내용을 끝까지 읽게 만들어야 하는 것이 중요하다**는 걸 알 수 있죠? 그렇다면 어떻게 해야 고객이 끝까지 페이지를 읽게 할 수 있을까요?

먼저, **핵심 타깃을 명시해주는 문구가 상위에 노출될수록 사용자의 시선을 사로잡고 아래까지 끌고오게 할 수 있어요**. 예를 들어, '마케팅 책을 요약해 드립니다'보다는 '무스펙 비전공자 취준생, 인사이트를 찾는 주니어 마케터'를 써넣는 거죠. 이처럼 상품 자체의 설명 보다 '이런 사람이 보면 좋다'라는 내용을 명시해주면, 그 대상에 해당하는 사람은 자연스럽게 아래 내용을 찾게 될 거예요.

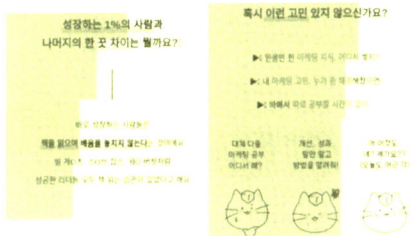

[그림 4-18] 타깃의 입장에서 표현한 셀링포인트 제시 예시

[그림 4-19] 타깃이 반응할 만한 후킹이미지

[그림 4-18]을 보면, **타깃 입장에서의 셀링포인트를 강조한 문구와 이미지**(우측)가 그렇지 않은 경우(좌측)보다 더 눈길을 끌 수 있다는 걸 알 수 있죠? 타깃이 반응할 만한 색상, 문구, 이미지, 용어를 포함하는 것도 도움이 되겠죠([그림 4-19] 참고).

모바일에서도 잘 보이게 표현하는 것도 중요해요. 이제는 웹이나 PC 보다 스마트폰 화면을 통해 정보를 접하는 일이 더 많기 때문인데요. 이미지를 만드는 작업은 PC에서 하다 보니, 모바일에서는 잘 안보이는 경우도 꽤나 많고, 그렇다면 사용자는 이를 잘 안 읽게 되기 때문이죠.

정리하자면 아래와 같은 사항을 고려해 광고와 상세페이지를 만들어야 전환율이 높아질 수 있겠어요. 그렇지 않으면 사용자가 내용을 끝까지 읽기도 전에 서둘러 페이지를 빠져나갈 거예요!

- **유입 전 사용자가 기대한 내용을 페이지 안에 충실히 포함시켜야 해요:** 유입 전 채널과 페이지의 간극이 클 때, 방문 목적과 페이지 내용이 다를 때 또는 원하는 정보가 없을 때 이탈률이 높아져요.
- 타깃이 누구인지 명확하게 표현해야 해요.
- 타깃의 입장에서 셀링 포인트가 보여야 해요.

- **접속하는 기기에 맞게 가시성을 확보해야 해요.**: 모바일로 접속했는데 웹 화면이 뜨면 안되겠죠?
- **페이지 로딩 속도가 느리지 않아야 해요.**: 속도가 느리면 사용자는 바로 '뒤로 가기'를 누를 거예요.

마케터는 이 사항들을 고려해 광고와 상세페이지를 만들고 클릭, 스크롤 히트맵 등의 데이터를 보면서 광고와 페이지를 꾸준히 개선해야 하죠. 그러기 위해서는 GA~Google Analytics~ 뷰저블 등의 가시화 도구를 통해 데이터를 읽는 방법과 각 데이터의 의미를 알아야 하고, 엑셀 등의 툴로 데이터를 정리하고 처리하는 스킬이 필요해요.

매출 데이터

ROAS 광고비 대비 매출

ROAS~Return On Ad Spend~는 광고비로 얼마를 벌었냐를 계산해 주는 데이터예요.

- ROAS (%) = 매출 ÷ 광고비

ROAS는 계산이 쉽고 직관적이어서 마케팅 효율을 매출 관점으로 따져볼 때 많이 사용해요. ROAS가 100%라면, 광고비 100만 원을 써서 매출로 100만 원이 발생했다는 것을 뜻하고, ROAS가 200%라면 소비한 광고비의 2배를 팔았다는 의미예요.

> Q. 광고비 **50만 원**을 써서 **200만 원**의 매출이 발생한 광고 A와, **2만 원**을 써서 **10만 원** 매출이 발생한 광고 B 중 어떤 광고가 더 효율이 좋은 가요?

- A광고 ROAS = 매출 ÷ 광고비 = 200만원 ÷ 50만원 = 400%
- B광고 ROAS = 매출 ÷ 광고비 = 10만원 ÷ 2만원 = 500%

B 광고의 ROAS가 더 높은 것으로 계산되는데, 이는 B 광고가 A보다 광고비 대비 매출이 높다는 것을 의미해요. 하지만 매출 자체는 A가 더 높다는 점에서, ROAS는 비율이기 때문에 절대적인 수익을 비교 하기는 어렵다는 점도 기억해 주세요.

LTV 고객 생애 가치

LTV_{Life Time Value}는 고객이 앞으로 가져올 이익을 의미해요. 한 고객이 브랜드를 꾸준히 소비한다고 할 때 앞으로 얼마를 지불할 것인지를 측정하는 건데요, LTV의 계산은 비즈니스의 특성에 맞게 다양한 방식으로 계산해야 하죠.

예를 들어 넷플릭스 같은 OTT 구독 모델이라면,
- **LTV = 사용자 평균 구독 기간(개월 수) × 월 구독료**

로 계산할 수 있어요.

사용자가 처음 상품을 구매해서 구독 해지 또는 회원 탈퇴까지의 기간이 어느정도 되는지를 측정하고, 그 기간 동안 구매하는 금액과 빈도를 고려해 계산하면 돼요.

이때 해당 서비스를 이용하는 사용자 수가 많고 데이터가 누적될 수록 더 정확한 LTV를 계산할 수 있어요. LTV는 한명의 고객을 확보한다고 했을 때 그 고객이 얼마만큼의 이익을 가져오는 지 알려주는 데이터이기에 수익 예측과 마케팅 예산 계획 등에 활용될 수 있어요.

CAC 고객 획득 비용

CAC Customer Acquisition Cost 는 1명의 고객 획득 시 든 비용을 의미해요.
- **AC = 마케팅 총 지출 ÷ 신규 확보 고객 수**

특정 기간 지출한 마케팅 비용을 그 마케팅으로 확보한 고객 수로 나눈 데이터예요. CAC가 3만 원이라고 한다면 1명의 고객을 확보할 때 3만원이 필요하다는 의미죠. 이 역시도 상대적인 비교를 통해 마케팅 효율을 측정하는 지표이지만, CAC는 새로운 고객을 확보함에 얼마의 광고비를 썼는가를 비교할 수 있는 데이터입니다.

> - CAC = 5만 원
> - LTV = 30만 원
>
> - CAC = 15만 원
> - LTV = 15만 원

CAC는 LTV와 함께 생각해보면 현재 진행 중인 마케팅의 적절성 여부를 판단할 수 있어요. 좌측처럼 CAC가 5만원이고 LTV가 30만원이면 한 명의 신규 고객을 확보함에 5만 원이 들었고, 그 고객이 우리에게 30만 원을 썼다는 것을 의미하겠죠. 단순하게 보면 '+25만 원'이 되기에 바람직한 상황으로 생각해 볼 수 있어요.

하지만 우측의 경우 15만 원을 써서 한 명을 고객으로 만들었는데 그 고객이 우리에게 쓴 돈은 15만 원이라는 뜻이니 마케팅 성과는 '±0'원이 나옵니다. 이 상황은 이익이 없기 때문에 그리 좋은 상황은 아니라는 것을 알 수 있어요. 물론 마케팅의 목표가 '신규 고객 확보'만이었다면 이 상황도 나쁘지는 않겠지만, 비즈니스는 결국 이익을 남기는 것을 목표로 하기 때문에 장기적으로는 개선이 필요한 상황임을 알 수 있어요.

유입 경로와 데이터 도구

> **SUMMARY**
> - UTM: 사용자가 어떤 채널에서 클릭을 했는지, 어떤 광고 이미지가 어떤 방식으로 보여졌는지 확인가능한 꼬리표
> - 데이터 분석툴: GA, SQL, 파이썬, 태블루

UTM으로 사용자 유입 경로 파악하기

유입 경로와 UTM

지금까지는 광고를 보고 자사 서비스로 유입되는 상황에 대해 다뤘지만, 고객이 우리를 찾아 들어오는 길은 굉장히 다양해요. 광고 클릭, 신문이나 방송을 통한 인지 및 유입, 다른 정보를 탐색하다가 우연히 구글이나 네이버 검색 결과를 통해 발견, 인플루언서 영상이나 인스타그램을 보고 들어오는 등 다양한 길이 있는데요. 광고를 보고 검색해서 들어오거나 광고로 알고 있던 상품을 인플루언서가 우연히 언급하고, 신문에서 접한 뒤 검색해

서 찾아 들어오는 등 여러 경로를 다양한 순서로 밟으며 우리 사이트까지 이어지게 되죠.

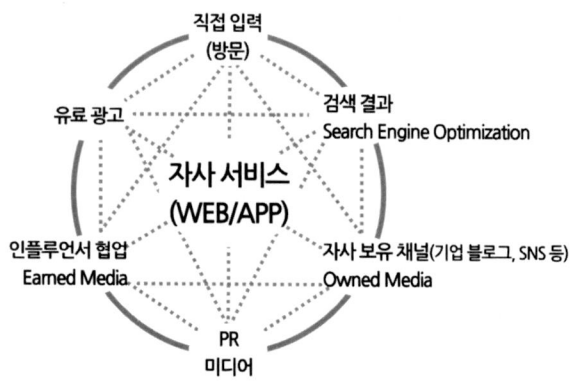

[그림 4-17] 서비스 유입 경로 유형

만약 고객이 어떤 경로로 우리를 찾게 되었는지, 웹사이트에 오기 전 어디에서 무엇을 보고 들어왔는지를 알 수 있다면 어느 경로를 통해 많이/적게 오는지 파악할 수 있겠죠? 그렇다면 해당 소재 광고비 몰아주기, 취약 채널 강화하기 등으로 성과를 개선할 수 있을 거예요.

그런데 광고 클릭을 통해 특정 링크로 들어온 사용자의 데이터를 자세히 알고 싶을 때도 있을 거예요. 인스타그램 광고 A,B,C와 구글 키워드 광고 D, 네이버 광고 E, F를 집행하고 있을 때 인스타그램 광고 B와 네이버 광고 F의 유입 성과를 비교해야 하는 것처럼요. 그럴 때에는 각각의 링크 뒤에 붙은 꼬리표를 통해 유입 경로를 분석할 수 있죠. 그 꼬리표는 광고가 노출된 사이트(플랫폼) 종류, 광고의 목적 또는 유형을 각각 기록해놓은 건데요, 이를 UTM_{Urchin Traffic Monitor}이라고 해요. 즉, **URL 뒤에 UTM을 붙여 사용자가 어떤 채널에서 클릭을 했는지, 어떤 광고 이미지가 어떤 방식으로 보여졌는지를 확인할 수 있어요.**

[그림 4-18] UTM 활용 예시

이렇게 UTM이 붙은 링크를 클릭해서 사이트에 들어오면 **GA-**_{Google Analytics} 같은 분석툴은 UTM 데이터를 읽어서 [그림 4-18]처럼 'facebook' **플랫폼**에서 'display' **광고 유형**의, 'FB_도그냥서비스기획스쿨' 캠페인을 통해 들어온 **사용자 수**, 이 링크를 클릭해 들어온 사용자들의 **체류 시간** 등을 정리해서 보여주죠.

UTM과 GA를 통해 어떤 경로로 들어온 사용자가 구매 전환이 가장 높았는지, 이탈률이 높았는지 등을 파악하고 분석할 수 있어요. 그래서 외부에서 우리 사이트로 들어오게 하는 모든 링크에는 반드시 철저하게 UTM을 달아야 해요.

구글 애널리틱스

UTM을 단 링크는 GA 같은 분석툴에서 유입경로를 분석할 수 있다고 했는데요. 이런 **분석툴을 통해 페이지나 사이트 방문자가 언제 어디에서 접속했으며, 어떤 기기를 쓰는지, 방문 직전에는 어떤 사이트에 있었는지** 등을 알 수 있어요. 사이트 방문자에 대해 분석하는 것을 '**웹 로그 분석**'이라 하고, 웹 로그 분석을 가능하게 해주는 도구가 바로 GA 같은 '**웹 로그 분석 도구**'예요. 웹 로그 분석 도구는 방문자의 특성을 알 수 있는 정보와 방문자가 사이트 내에서 한 행동을 파악하죠.

- **방문자 특성**: 유입 경로, 접속 지역, 검색어, 사용 기기 등
- **방문자 행동**: 신규/재방문, 페이지뷰, 체류시간, 전환 등

각각의 정보를 조합해보면 다음과 같은 정보를 도출할 수 있어요.

- 30대 여성이 가장 많이 본 페이지는?
- 구매를 가장 많이 한 성별/연령 조합은?

이런 정보를 바탕으로 웹페이지와 서비스를 개선하거나 마케팅 전략 을 수립할 수 있겠죠? GA의 경우 방문자 정보를 광고시스템 구글애즈와 연동할 수 있어 특정 고객만을 대상으로 광고를 보다 정교하게 보여줄 수 있다는 장점도 있어요.

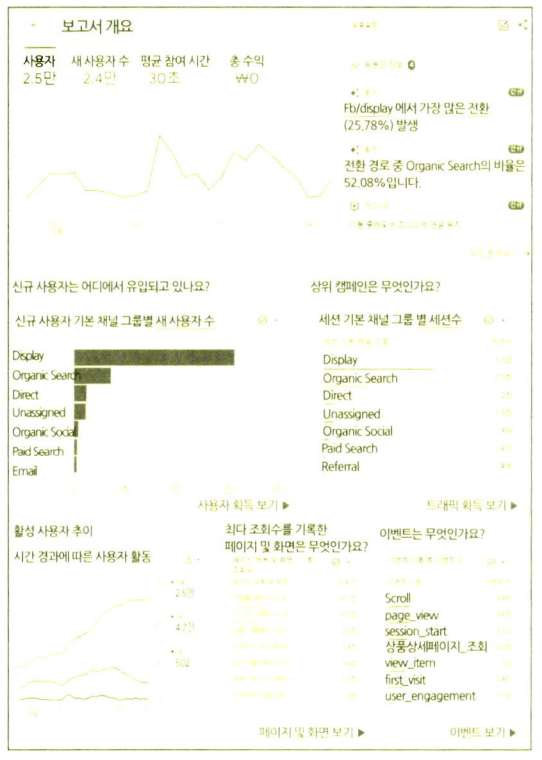

[그림 4-22] GA4 화면 예시

SQL

언젠가부터 마케터 채용 공고에 'SQL Structured Query Language 사용 가능자 우대'라는 조건이 붙기 시작했는데요. SQL은 **데이터가 쌓여 있는 곳, 즉 데이터베이스에서 필요한 데이터를 꺼내올 때 사용하는 코딩**이에요. SQL로 데이터를 읽어올 뿐만 아니라 데이터베이스에 데이터를 저장하거나 수정하고, 삭제할 수도 있어요.

	A	B	C	D
1	2013-02-11	63	103	none
2	2013-02-12	72	43	none
3	2013-02-13	93	67	none
4	2013-02-14	63	87	none
5	2013-02-15	67	119	none
6	2013-02-16	66	32	promotion
7	2013-02-17	20	97	none
8	2013-02-18	64	54	none
9	2013-02-19	128	86	promotion

[그림 4-23] 데이터 베이스에 저장된 데이터 예시 (sample_table)

카페의 경우 고객이 음료를 결제하면 언제, 어떤 메뉴를 구매했고, 어떤 쿠폰을 썼는지 등의 정보가 데이터베이스에 저장돼요. 그런데 카페를 운영하다 보면 '12월 아침 시간 아이스 아메리카노의 평균 주문량', '여름 시즌 빙수의 주말 판매량'처럼 특정한 조건의 데이터가 필요할 때가 있어요. 과거 데이터를 다운 받아서 원하는 조건만 찾는 것이 일반적인 방법이지만, 데이터 양이 너무 많다면 데이터를 처리하는 것도 쉽지 않을 뿐더러 다운로드한 데이터에서 원하는 정보만 뽑아내는 것도 쉽지 않죠.

이때 SQL을 쓰면 방대한 데이터베이스에서 필요한 정보만 뽑아올 수 있어요. SQL은 데이터베이스에서 범위를 정하고, 특정한 조건을 지정해 데이터를 가져오는데요. [그림 4-23]과 같이 데이터베이스에 데이터가 저장되어 있다면 "D열이 'promotion'인 행 중에 A열과 C열의 값을 가져와라"와 같이 조작할 수 있어요. 표 형태로 저장되어 있는 데이터들을 '테이블'이라고 하고, 그림 4-19 테이블의 이름을 'sample_table'이라고 하면 [그림 4-24]와 같은 명령을 통해 원하는 데이터를 가져올 수 있죠.

```
SELECT A, C
FROM sample_table
WHERE D = 'promotion';
```

[그림 4-24] 쿼리 예시

위의 명령을 내리면 아래와 같은 결과를 얻게 돼요.
- 2013-02-16 32
- 2013-02-19 86

SQL은 이렇게 원하는 데이터를 가져오기 위해 정해진 규칙을 따라 질의어를 만들어 사용하는데요. 이 과정이 데이터(조건)를 문의(요청)한다고 해서 '쿼리를 날린다', '쿼리를 짠다'라고도 표현합니다.

파이썬

파이썬_{Pyhton}은 웹 개발에 사용되는 코딩 언어예요. 파이썬에는 데이터 처리, 분석, 그래프 그리기를 쉽게 해주는 기능(라이브러리)이 있는데요. 이 기능을 통해 데이터 분석을 쉽게 할 수 있다는 점에서 파이썬은 데이터를 다루려는 사람들에게 굉장히 인기가 많은 도구예요.

파이썬에서 제공하는 '**판다스** _{Pandas}, **넘파이** _{NumPy}, **맷플롯립**_{Matplotlib}, **시본** _{Seaborn}' 같은 라이브러리와 도구를 활용하면 데이터를 모은 통계적인 계산이나 복잡한 그래프를 통한 데이터 분석을 할 수 있죠.

광고 데이터나 페이지 데이터를 분석할 때에는 광고관리자와 GA 화면에서 충분한 데이터를 확인할 수 있지만, **각 데이터를 보다 정교하게 또는 여러 데이터를 한번에 분석하고자 할 때는 각 데이터를 합치고, 처리해 분석하는 것이 가능하다는 점에서 파이썬이 빛을 발할 수 있어요.**

```python
import matplotlib.pyplot as plt
import numpy as np

# 데이터 생성
x = np.linspace(0, 10, 100)
y = np.sin(x)

# 그래프 그리기
plt.figure(figsize=(10, 6))
plt.plot(x, y, label='sin(x)')
plt.title('Simple Sine Wave Graph')
plt.xlabel('x')
plt.ylabel('sin(x)')
plt.legend()
plt.grid(True)
plt.show()
```

[그림 4-25] 파이썬의 데이터 시각화 예시 코드

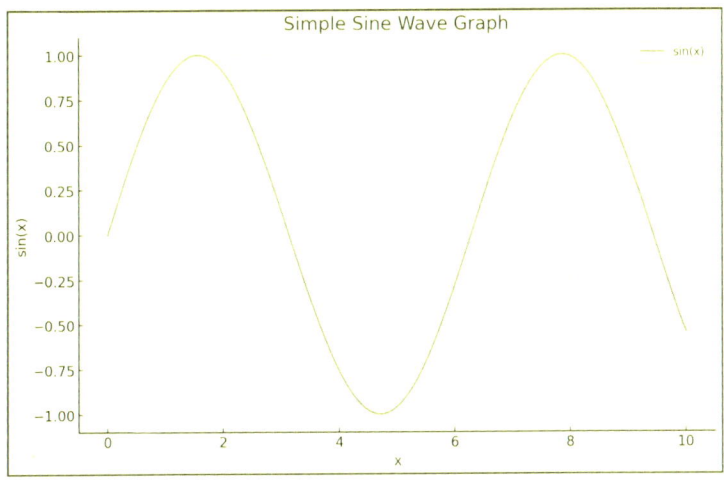

[그림 4-26] [그림 4-22] 코드로 생성된 그래프

태블루

　데이터는 일종의 결과값이고 상황을 나타내는 정보이기에 여러 사람에게 빠르게 공유될 때 더 큰 의미가 있어요. 모든 구성원이 현재 목표를 달성하고 있는지 혹은 목표보다 미흡한지에 대해 알고 있어야 속히 공감대를 형성하고 그에 맞는 계획을 세울 수 있겠죠. 개발자만 정보를 알고 있는 상황에서, 개발자에게 데이터를 받은 누군가가 그를 정리하고 정리된 내용을 다른 사람에게 전달하는 식으로 한다면 그 과정에서 정보가 누락되고 또 지연될 수 있기 때문에 그래요. 그래서 **많은 조직에서는 중요한 데이터를 모든 구성원이 함께 실시간으로 볼 수 있도록 데이터를 보기 쉽고 변화를 빠르게 인지할 수 있게 정리해서 보여줍니다.** 중요한 데이터를 한 화면에서 많은 사람들이 볼 수 있게 만든 것을 **대시보드**~Dash board~라 하고요.

　태블루~Tableau~는 대시보드를 만들어 주는 도구예요. **사용자가 보는 화면과 데이터베이스를 연결해서 다양한 그래프로 데이터의 변화를 표현하는 툴**이죠. 예를 들어 매출, 신규고객 수, 페이지뷰 수 등 마케팅과 관련된 주요한 데이터 변화를 확인할 수 있어요. 데이터 변화를 대시 보드로 만들고, 이 결과를 중요한 결정에 활용할 수 있기 때문에 점점 많은 기업이 태블루를 사용해 대시보드를 제작하는 추세예요.

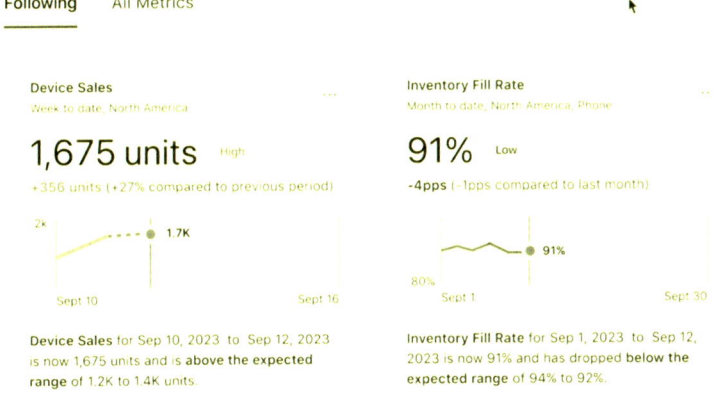

[그림 4-27] 태블루 대시 보드 예시 화면 (출처: tableau.com 태블루 데모)

마치며

지금까지 마케터에게 데이터란 어떤 의미인지, 성과 지표를 어떻게 받아들이고 해석할 수 있을지에 대해 알아봤어요. **광고 효율을 평가하고 데이터를 해석할 때 캠페인 또는 광고의 '목적'이 무엇이었는지 인지**하고 시작해야 한다는 걸 잊지 않았으면 좋겠어요. 실무에서의 모든 작업은 결국 목표에 맞는 성과를 이끌어내기 위한 과정이니까요!

'Welcome, 마케터'와 함께 디지털 광고시장 생태계 트렌트를 알아보는 것부터 전체적인 업무 프로세스를 자세히 살펴봤는데요, 어느새 교육을 마무리할 시간이 다가왔어요. 귀한 시간과 노력을 통해 성장해 있을 여러분을 상상하니 교육을 준비한 모든 시간이 더 뜻깊어집니다.

한 가지 더 당부드리고 싶은 점은, 여러분이 직접 온보딩의 중요성을 잘 이해하고 이 의미를 잘 이어줬으면 좋겠어요. 추후 여러분이 사수가 되어 후배 교육을 담당할 때에도요. 혹여 너무 바빠서 교육 시간이 충분하지 않다면, 'Welcome, 마케터'를 슥 건네주고 후배의 질문에 경청하는 건 어떨까요!

마지막까지 잘 따라와줘서 정말 감사합니다.

에필로그

마케터, you are always WELCOME!

우리의 마케터 커리어는 모두 서툰 신입사원부터 시작됐어요. 서툴지만 직접 업무에 부딪혀가며 배우고, 반성하고, 성장했죠. 그리고 마케팅 직무는 경험하지 않고는 어디에서도 자세한 업무 가이드를 알려주지 않는다는 걸 깨달았어요. 그 때문인지 이 책을 쓰는 데 먼저 취업한 마케터 선배로서 후배들에게 조금이나마 도움을 주고 싶은 마음도 컸습니다.

저희는 직접 배우고 성장하고자 노력하는 신입의 자세를 높이 평가합니다. 유튜버 면접왕이형의 말을 인용하면, '신입은 존재로 일하고, 배우려는 자세가 엄청난 성과'이기 때문이죠.

이 '배우려는 자체가 엄청난 성과'가 되는 조직 문화가 당연해질 때까지 함께하고 싶어요. 이 책을 읽는 모든 신입 마케터에게 도움될 수 있다는 것에 감사하고, 여러분을 응원하고 격려하며 마칩니다.

WELCOME, 마케터

초판 1쇄 발행 2024년 3월 4일
초판 2쇄 발행 2024년 11월 26일

지은이	김예진, 신하은, 이수진, 최기영, 한예지
펴낸이	김나영
펴낸곳	모비커리어에듀
출판등록	2020년 5월 7일(제 2022-000059호)
주소	04785 서울시 성동구 뚝섬로 13길 38, KT&G 상상플래닛 701호
전화	070-4323-1234
ISBN	979-11-982760-7-0

© 2024 모비커리어에듀
이 책은 저작권법에 따라 보호받는 저작물이므로 무단 전재와 무단 복제를 금지하며,
내용의 전부 또는 일부를 이용하려면 반드시 저작권자와 모비커리어에듀의 서면 동의를 받아야 합니다.